JULGAMENTOS DE CASOS REPETITIVOS

Critérios de Seleção dos Casos Paradigmáticos e Formação de Precedentes

Bruno Cavalcanti Angelin Mendes

JULGAMENTOS DE CASOS REPETITIVOS

Critérios de Seleção dos Casos Paradigmáticos e Formação de Precedentes

DANIEL AMORIM ASSUMPÇÃO NEVES
Prefácio

HUMBERTO DALLA BERNARDINA DE PINHO
Apresentação

2021

EDITORA *Jus*PODIVM
www.editorajuspodivm.com.br

EDITORA *Jus*PODIVM
www.editorajuspodivm.com.br

Rua Canuto Saraiva, 131 – Mooca – CEP: 03113-010 – São Paulo – São Paulo
Tel: (11) 3582.5757
• Contato: https://www.editorajuspodivm.com.br/sac

Copyright: Edições *Jus*PODIVM

Diagramação: Equipe *Jus*PODIVM

Capa: Ana Caquetti

M538j Mendes, Bruno Cavalcanti Angelin.
Julgamentos de Casos Repetitivos: Critérios de Seleção dos Casos Paradigmáticos e Formação de Precedentes / Bruno Cavalcanti Angelin Mendes – São Paulo: Editora JusPodivm, 2021.
256 p.

Bibliografia.
ISBN 978-65-5680-450-7

1. Direito Processual Civil. 2. Julgamentos. I. Mendes, Bruno Cavalcanti Angelin. II. Título.

CDD 341.465

Deus, por tuas mãos eu cheguei até aqui. Tu colocaste um sonho no meu coração e eu confiei que não seria impossível realizá-lo.

À minha mãe Lúcia, minha eterna inspiração, pois se alcei tantos voos foi porque desde cedo zelou pelas minhas asas.

Ao Douglas, pela alma leve e por todo o apoio nessa jornada.

AGRADECIMENTOS

A Deus, por me presentear com esse um sonho e conduzi-lo à sua realização. Tanto a conclusão do Doutorado em Direito na Universidade Estácio de Sá quanto a publicação da tese em forma de livro pela renomada Editora Juspodivm se tornaram realidade, firmando a conquista de mais uma etapa vitoriosa em minha vida pessoal e acadêmica.

À minha família, minha maior riqueza e fonte de inspiração. Minha mãe Lúcia e meus irmãos, que, mesmo sem ter a dimensão do que esse estágio acadêmico representa, foram fiéis partícipes dessa empreitada como meus maiores incentivadores.

Ao Douglas, pelo amor e apoio incondicional, pela paciência em ouvir as minhas incertezas e angústias ao longo da pesquisa, mas, sobretudo, por ter acreditado no meu potencial desde o primeiro momento.

Ao professor Doutor Aluisio Gonçalves de Castro Mendes, por todo o conhecimento acadêmico partilhado, desde as aulas no Mestrado, no Doutorado e por suas obras, até as valiosas críticas e sugestões que se reverteram de cogentes inclusões e complementos durante a realização deste trabalho.

Aos professores Doutores Rafael Mario Iorio Filho, Vicente Paulo Barretto e Vanice Regina Lírio do Valle, por todos os ensinamentos compartilhados.

Ao meu amigo, Douglas Bracale (*in memoriam*), por todo o apoio no momento de ingresso no curso e, certamente, por continuar me acompanhando em cada etapa dessa jornada.

Aos meus amigos, colegas de Universidade e de trabalho mais próximos, que, ao lerem esse registro, decerto sentirão o meu agradecimento, pela compreensão nas minhas ausências, pela torcida constante e pelas palavras de conforto.

Meus sinceros agradecimentos.

"De velho poema inglês tirou notável pensador religioso de nosso século o título de uma de suas mais conhecidas obras: 'No man is an island' – homem algum é uma ilha. O verso poderia servir de epígrafe a qualquer reflexão sobre as condições e as necessidades da vida contemporânea. Passageiros do mesmo barco, habitantes deste irrequieto planeta vão progressivamente tomando consciência clara da alternativa essencial com que se defrontam: salvar-se juntos ou juntos naufragar. A história individual terá sempre, naturalmente, o seu lugar nos registros cósmicos; acima dela, porém, e em grande parte a condicioná-la, vai-se inscrevendo, em cores mais berrantes, a história coletiva. Os olhos da humanidade começam a voltar-se antes para o que diz respeito a todos, ou a muitos, do que para o que concerne a poucos, ou a um só".[1]

José Carlos Barbosa Moreira

1 MOREIRA, José Carlos Barbosa. **Temas de direito processual** – terceira série. São Paulo: Saraiva, 1984, p. 173-174.

PREFÁCIO

Os números são impressionantes e causam grande preocupação. A cada ano o Poder Judiciário julga um maior número de processos, mas o passivo não diminui porque a litigiosidade é crescente. Numa sociedade moderna como a nossa, na qual é inevitável o surgimento de conflitos de massa, a tutela individual clássica já não se mostra adequada ao atendimento do pleno acesso à ordem jurídica justa e ao bom funcionamento do exercício jurisdicional.

As formas procedimentais mais significativas para lidar com tal "estado de coisas" são a tutela coletiva e os instrumentos de coletivização da tutela individual, com ênfase no incidente de resolução de demandas repetitivas e no recurso especial e extraordinário repetitivo.

Há pontos de contato entre tais fenômenos processuais, em especial a eficácia *inter partes* ou *erga omnes* das decisões proferidas, ainda que por técnicas diferentes. São duas faces da mesma moeda, ainda que guardadas, naturalmente, suas naturezas jurídicas distintas e as inegáveis diferenças procedimentais.

A doutrina pátria bem observou uma particularidade de nosso sistema de precedentes vinculantes: temos entre nós os chamados "precedentes vinculantes dolosos", ou seja, quando o Poder Judiciário cria um precedente vinculante sabe exata, e previamente, o que está fazendo.

Ocorre, entretanto, que essa ciência prévia não é concomitante à propositura da ação, bem ao contrário, ela se dá somente no tribunal, quando se instaura o incidente de resolução de demandas repetitivas num recurso, remessa necessária ou processo de competência objetiva, ou ainda quando se afetam recursos especiais ou extraordinários para servirem como paradigmas no julgamento nos tribunais superiores.

Entendo que essa é uma das principais – e das mais importantes – diferenças entre a tutela coletiva e a coletivização da tutela individual. O processo coletivo já é proposto como tal, sendo todos os atos processuais praticados, por todos os sujeitos processuais, com a ciência e consciência de que o resultado daquele processo gerará efeitos *erga omnes* ou *inter partes*.

No julgamento de casos repetitivos, que segundo o art. 928 do CPC compreende os dois fenômenos processuais aqui tratados como formas procedimentais de coletivização da tutela individual, o processo se inicia com pretensões meramente individuais. Assim o encara o autor, assim o encara o réu, assim o encara o juízo que primeiramente o decide, salvo nos processos de competência originária, que, de tão raros, não conseguem desviar do rumo as conclusões atingidas.

Nessa quadra, mostra-se a relevância da corajosa obra escrita por Bruno Cavalcanti Angelin Mendes. E é corajosa porque toca em tema muito maltratado pela doutrina e ignorado por nossos tribunais: a seleção do processo no qual se instaurará o IRDR e dos recursos especiais e extraordinários que servirão como recursos paradigmas no julgamento por amostragem.

Há na obra uma análise mais genérica dos processos repetitivos e das formas procedimentais criadas – e reformuladas – pelo legislador no CPC/2015. Também há um interessante capítulo referente à teoria da decisão e como ela deve ser interpretada para a fixação da tese jurídica na formação e aplicação dos precedentes vinculantes.

Para mim, entretanto, o capítulo essencial da obra é aquele destinado à sugestão de critérios mais robustos para a seleção dos casos paradigmáticos. Sim, é verdade que o art. 1.036, § 6º, do CPC, prevê para o julgamento por amostragem dos recursos excepcionais a seleção somente de recursos admissíveis que contenham abrangente argumentação e discussão a respeito da questão a ser decidida. Também é verdade que o dispositivo pode ser utilizado, com as devidas adaptações e no espírito do microssistema de julgamento de processos repetitivos, na escolha do processo no qual se instaurará o incidente de resolução de demandas repetitivas. Mas não menos verdade é que o dispositivo passa longe de ser suficiente a garantir uma seleção qualificada.

Aspectos quantitativos – volume e diversidade de argumentos – e qualitativos – conteúdo e completude das alegações – são devidamente analisados. A preocupação com o contraditório, absolutamente ausente do nosso dia a dia forense quanto ao "procedimento" (se é que existe algum...) de seleção, é lembrada muito corretamente na presente obra. Preocupa-se também o autor com a afetação subjetiva, por meio da qual é necessária a garantia de participação ampla e democrática na seleção, inclusive por meio do *amicus curiae*.

E finalmente, mas não menos importante, a primazia do processo coletivo sobre o processo individual, critério esse que me parece de extrema relevância dada a combinação da realidade da tutela coletiva com a coletivização da tutela individual.

Recomendo a leitura da obra e elogio seu autor por ter "colocado o dedo na ferida", chamando a atenção para a verdadeira displicência que nossos tribunais vêm demonstrando nas escolhas dos casos paradigmáticos nos julgamentos de casos repetitivos.

São Paulo/SP, outubro de 2020.

Daniel Amorim Assumpção Neves
Doutor pela Universidade de São Paulo (USP).
Professor Convidado pelo Prof. Antônio Carlos Marcato nos Cursos de Mestrado e Doutorado em Direito Processual Civil da USP.

APRESENTAÇÃO

É inegável que as controvérsias sobre questões jurídicas idênticas têm gerado um volume significativo de processos em trâmite no âmbito dos Tribunais, cujo cenário se agrava pelo descompasso em relação à velocidade de resposta jurisdicional, além das questões afetas à convergência nesses posicionamentos.

Diante disso, claramente transparece um desafio ao Judiciário, que viu o caráter individualista do Processo Civil, descortinado pelo CPC/1973, dar espaço ao coletivo, cada vez mais encorpado, inclusive, a partir do CPC/2015, devido, dentre outros fatores, à massificação das relações jurídicas.

É nesse contexto que o tema dos julgamentos de casos repetitivos, em especial, dos contornos de sua aplicação prática visando a adequada e razoável fixação das teses jurídicas se mostra de grande importância para o estudo do Direito Processual Civil.

Feitas essas ponderações, registro o enorme prazer de ter recebido o convite para apresentar o livro do professor Bruno Cavalcanti Angelin Mendes. O texto que ora apresento, intitulado *"Julgamentos de Casos Repetitivos: critérios de seleção dos casos paradigmáticos e formação de precedentes"*, é fruto da tese apresentada pelo autor no curso de Pós-Graduação *Stricto Sensu* em Direito, em nível de Doutorado, da Universidade Estácio de Sá.

Com a finalidade de desenvolver o tema, o autor fez larga pesquisa doutrinária e jurisprudencial em temática de julgamentos de casos repetitivos a fim de compreender o que deles surgia em comum, no que diz respeito à sensibilidade das partes – ao arguir a necessidade e legitimidade de seus processos –, assim como do julgador, no que diz respeito à seleção da amostragem para a elucidação das questões comuns e a fixação das respectivas teses jurídicas.

Como ponto de partida, o autor considera, em linha com a doutrina majoritária sobre o tema, que o Incidente de Resolução de Demandas Repetitivas (IRDR), criado pelo legislador em 2015, e os recursos extraordinário e especial repetitivos, decorrentes das reformas legislativas realizadas entre os anos de 2006 e 2008, compõem, nos termos do art. 928 do CPC/2015, o chamado microssistema de julgamento de casos repetitivos, o que permite, em visão de complementariedade, a adoção de uma sistemática convergente de tratamento desses institutos no âmbito de todo o Poder Judiciário.

Com efeito, ao tratar do julgamento desses casos repetitivos, as preocupações trazidas na abordagem são cruciais e perpassam desde o risco de prolação de decisões com base em casos paradigmáticos que não se revelam adequados até mesmo à consequência desse contexto quanto às garantias constitucionais do acesso à justiça, isonomia, segurança jurídica e da razoável duração do processo – nesse ponto, em razão do sobrestamento dos feitos –, de modo que sobretudo, ao final, ante a seleção de casos sem a observância de critérios válidos e coerentes, possam vir a existir decisões não abrangentes e, portanto, ilegítimas, gerando dificuldades práticas com a sua reprodução indevida.

Com base nessas questões substanciais e que estão no âmago do Processo Civil, há uma preocupação jurídica autêntica em relação aos critérios que deverão ser usados pelos Juízes e Tribunais no exercício de suas funções, sendo este justamente o ponto central da obra ora oferecida ao público.

Observando com assertividade a existência de uma lacuna doutrinária, o autor apresenta uma proposta de critérios conexos entre si de seleção dos casos paradigmáticos, enquanto efetivas balizas à discricionariedade judicial, com a finalidade de promover a formação legítima da tese jurídica, mormente observando a sua projeção de modo adequado a casos com julgamento pendente, assim como futuros.

Sob esse prisma, a seleção dos casos paradigmas é questão sensível no tocante à legitimação ao processo constitucionalizado, inclusive sob a perspectiva da teoria da decisão, a fim de que a decisão se mostre apta a garantir a coerência e a integridade na aplicação do direito.

A leitura do livro, cujos capítulos foram pensados de forma didática e concatenada, naturalmente conduzirá o interlocutor, com o qual dialoga, a conclusões que agregarão em seus respectivos campos de aprofundamento acadêmico e prático.

Ademais, nessa sessão, cabe, ainda que brevemente, dizer que o autor, enquanto professor de Direito Processual Civil e, atualmente, Professor colaborador no LL.M. em Direito: Infraestrutura e Regulação na Fundação Getúlio Vargas (FGV Direito Rio), tem acentuado conhecimento no ramo do Direito Público, uma vez que desde o início da sua carreira acadêmica, ainda com a Especialização *lato sensu*, seguida do Mestrado e Doutorado, vem se debruçando sobre os problemas atinentes à operacionalização do Direito Processual Civil.

Vale lembrar, nesse sentido, que essa ligação forte com a disciplina já rendeu outros bons frutos, sendo o antecessor ao presente livro justamente a publicação de sua dissertação de mestrado, apresentada na mesma Instituição no ano de 2013, com o título *"Precedentes Judiciais Vinculantes"*, de onde, inclusive, partiu a inspiração para o tema aprofundado na presente obra.

Nessa perspectiva, resta claro que o autor oferece ao público uma obra que muito poderá contribuir para o desenvolvimento do direito sob o ponto de vista da prática forense, por embasar a atuação de Advogados, membros do Ministério Público e Magistrados.

Por fim, ao cumprimentar o autor, sobretudo pela atualidade de sua publicação, recomendo a leitura da obra, de cujo sucesso estou plenamente seguro, dada a importância do tema e a dedicação ao enfrentá-lo.

Rio de Janeiro/RJ, outubro de 2020.

Humberto Dalla Bernardina de Pinho

Professor Titular de Direito Processual Civil.

Promotor de Justiça no Estado do Rio de Janeiro.

LISTA DE ABREVIATURAS E SIGLAS

ADC	Ação Declaratória de Constitucionalidade
ADI	Ação Direta de Inconstitucionalidade
ADO	Ação Direta de Inconstitucionalidade por Omissão
ADPF	Arguição de Descumprimento de Preceito Fundamental
AgIn	Agravo de Instrumento
AgRg	Agravo Regimental
CC	Código Civil - Lei 10.406/2002
CCJ	Comissão de Constituição e Justiça
CDC	Código de Defesa do Consumidor - Lei 8.078/1990
CF/1988	Constituição da República Federativa do Brasil de 1988
CNH	Carteira Nacional de Habilitação
CNJ	Conselho Nacional de Justiça
COFINS	Contribuição para o Financiamento da Seguridade Social
CPC/1973	Código de Processo Civil de 1973 - Lei 5.869/1973
CPC/2015	Código de Processo Civil de 2015 - Lei 13.105/2015
DJ	Diário da Justiça
DJe	Diário da Justiça Eletrônico
EC	Emenda Constitucional
EDcl	Embargos de Declaração
EDiv	Embargos de Divergência
FPPC	Fórum Permanente de Processualistas Civis
GLO	*Group Litigation Order*
HC	Habeas Corpus
IAC	Incidente de Assunção de Competência
IRDR	Incidente de Resolução de Demandas Repetitivas
KapMuG	*Kapitalanleger-Musterverfahrensgesetz*
LACP	Lei da Ação Civil Pública
LC	Lei Complementar

LINDB	Lei de Introdução às Normas do Direito Brasileiro
MI	Mandado de Injunção
MS	Mandado de Segurança
PIS	Programa de Integração Social
PL	Projeto de Lei
PLS	Projeto de Lei do Senado
ProAfR	Proposta de Afetação
QO	Questão de Ordem
Rcl	Reclamação Constitucional
RE	Recurso Extraordinário
REsp	Recurso Especial
RISF	Regimento Interno do Senado Federal
RISTF	Regimento Interno do Supremo Tribunal Federal
RISTJ	Regimento Interno do Superior Tribunal de Justiça
RITJSP	Regimento Interno do Tribunal de Justiça do Estado de São Paulo
STF	Supremo Tribunal Federal
STJ	Superior Tribunal de Justiça
STM	Superior Tribunal Militar
TRF	Tribunal Regional Federal
TRF2	Tribunal Regional Federal da 2ª Região
TRF4	Tribunal Regional Federal da 4ª Região
TRT	Tribunal Regional do Trabalho
TSE	Tribunal Superior Eleitoral
TST	Tribunal Superior do Trabalho

SUMÁRIO

INTRODUÇÃO

O cenário enfrentado pelo Poder Judiciário neste início do século XXI suscita atenção e cautela. As controvérsias sobre questões jurídicas idênticas multiplicam-se em grande número de processos no âmbito dos tribunais, sobretudo os de segunda instância, os quais são chamados a resolver uma avalanche de novos conflitos de massa em descompasso ao número de casos em julgamento.

O perfil das demandas hodiernas, que sob a égide do Código de Processo Civil de 1973 (CPC/1973) tinha um caráter individualista, passou a ser essencialmente coletivo. Constata-se a pulverização e massificação das relações jurídicas, em razão de fatores como o crescimento da população, a transparência no acesso à informação e às novas tecnologias, a ampliação no grau de instrução e educação das pessoas e a relativa melhoria das condições de vida, o que fez com que as pessoas, cada vez mais conscientes de seus direitos e deveres na sociedade da informação, buscassem o Judiciário para resolver as suas contendas.

Com efeito, por esse quadro e parafraseando o saudoso Professor José Carlos Barbosa Moreira, não há uma fórmula perfeita.[1] Exigiu-se do processo uma nova postura, tanto dogmática, quanto pragmática, para atender ao perfil das novas demandas, antes represadas em excesso por alguns óbices que impediam o amplo acesso à justiça. Em brevíssimas linhas, no que cabe

1 Em relação ao cenário e desafios enfrentados pela Justiça, José Carlos Barbosa Moreira ponderou: "Não poucos críticos da situação atual deixam entusiasmar-se por um determinado remédio que lhes parece capaz de debelar todos os males. Só têm olhos para suposta panaceia. Desdobram-se, a propósito de tudo e até sem propósito algum, em exortações ao uso da receita. Há casos de autêntica obsessão. [...] A verdade é que simplesmente não existe fórmula de validade universal para resolver por inteiro a equação. Temos de combinar estratégias e táticas, pondo de lado o receio de parecermos incoerentes se, para enfermidades de diferente diagnóstico, experimentarmos remédios também diferenciados. O simplismo das palavras de ordem, já indesejável na política, revela-se aqui funesto." (BARBOSA MOREIRA, José Carlos. O futuro da justiça: alguns mitos. *In:* BARBOSA MOREIRA, José Carlos. **Temas de direito processual** – oitava série. São Paulo: Saraiva, 2004, p. 6-7.)

em introito, esse contexto abriu caminho para a edição da Lei 13.105, de 16/03/2015 – o Código de Processo Civil de 2015 (CPC/2015).[2]

Em decorrência desse espectro sociojurídico, cabe uma pausa reflexiva diante de duas situações:

A primeira situação tem por base a ação movida pelo Centro de Formação de Condutores B. Ltda em face da União, requerendo o reconhecimento da ilegalidade da Resolução 543/2015 do Conselho Nacional de Trânsito (CONTRAN), que determinou, dentre outras questões, a obrigatoriedade de realização de aulas em simulador de direção veicular. Em síntese, alegou o autor que o órgão excedeu os limites do seu poder regulamentar ao prever a obrigatoriedade da inclusão de aulas no referido simulador para os candidatos à obtenção da Carteira Nacional de Habilitação (CNH). Em março de 2017, havia pelo menos 490 ações em trâmite na primeira e segunda instâncias da Justiça Federal, dentre ações ordinárias, mandados de segurança e ações civis públicas, algumas inclusive, com tutela provisória deferida.

A segunda situação tem por base a ação de indenização por perdas e danos ajuizada por J.M.A. em face de P.P.N. Incorporações SPE Ltda. e MRV Engenharia e Participações S.A., alegando ter celebrado, em 05 de fevereiro de 2011, compromisso de compra e venda para aquisição de unidade autônoma no empreendimento P.P.N., com previsão de entrega das chaves em abril de 2013, mas só recebido o apartamento em outubro de 2014. Nesse caso e em diversos outros pelo país, a controvérsia sobre algumas questões jurídicas comuns conduziu à arguição de: nulidade das cláusulas de tolerância de cento e oitenta dias e de prazo alternativo para entrega da unidade, cabimento de indenização por perdas e danos e não incidência de correção monetária sobre o saldo devedor, dentre outras.

Os casos ilustrativos reúnem características similares, porquanto comungam, em suas respectivas situações, não apenas da efetiva repetição de processos contendo controvérsia sobre questão comum de direito, mas também do risco de ofensa à isonomia e à segurança jurídica. Além disso, quando levados à instauração restava ausente qualquer recurso repetitivo afetado. Assim, presentes os pressupostos legais nesses casos, as questões jurídicas comuns a eles deram ensejo à instauração de incidentes de julgamento de casos repetitivos.

---

2 A exposição de motivos do CPC/2015 apresenta relevante diagnóstico: BRASIL. Congresso Nacional. Senado Federal. **Código de processo civil:** anteprojeto / Comissão de Juristas Responsável pela Elaboração de Anteprojeto de Código de Processo Civil. Brasília: Senado Federal, Presidência, 2010, p. 24-37.

O primeiro caso ensejou o Incidente de Resolução de Demandas Repetitivas (IRDR) 5024326-28.2016.4.04.0000/PR[3] perante a 2ª Seção do Tribunal Regional Federal da 4ª Região (TRF4), no qual houve o primeiro deferimento, pelo Superior Tribunal de Justiça (STJ), de pedido de suspensão nacional de processos em decorrência de IRDR.[4] O segundo diz respeito ao Recurso Especial (REsp) 1.729.593/SP[5], que consubstanciou a primeira situação de recurso especial repetitivo que, oriundo de um julgamento de IRDR, foi afetado como recurso paradigma.

Situando a matéria cabe uma intervenção na análise dos casos para dois esclarecimentos preambulares necessários:

O primeiro é o de que o IRDR e os recursos extraordinário e especial repetitivos, acima ilustrados, compõem, nos termos do art. 928 do CPC/2015, o chamado microssistema de gestão e julgamento de casos repetitivos, sendo que o primeiro instituto, criado pelo legislador de 2015, vem a complementar o movimento legislativo que se iniciou nos anos de 2006 e 2008 com os recursos repetitivos, que, inclusive, foram remodelados, garantindo a adoção da sistemática no âmbito de todo o Poder Judiciário.

Em segundo lugar, por mais que os objetos desses incidentes não sejam propriamente os casos, mas as questões jurídicas comuns, optou-se por usar, na presente abordagem, a expressão "casos repetitivos" por duas razões, ambas ligadas ao ideal de "respeito ao passado": (i) sob o viés formal, refere-se

---

3 BRASIL. Tribunal Regional Federal da 4ª Região (2ª Seção). **IRDR 5024326-28.2016.4.04.0000/PR.** Processual Civil. Incidente de Resolução de Demandas Repetitivas – IRDR. Admissão. Resolução Nº 543/2016 do CONTRAN. Simulador de direção veicular. Afetação do Agravo de Instrumento. Relatora: Des. Federal Marga Inge Barth Tessler, 16 de setembro de 2016. Disponível em: https://www2.trf4.jus.br/trf4/controlador.php?acao=consulta_processual_resultado_pesquisa&txtValor=50243262820164040000&selOrigem=TRF&chkMostrarBaixados=&todasfases=&selForma=NU&todaspartes=&hdnRefId=&txtPalavraGerada=&txtChave=&numPagina=2. Acesso em: 11 nov. 2020.

4 BRASIL. Superior Tribunal de Justiça (Corte Especial). SIRDR 7/PR. Relator: Min. Paulo de Tarso Sanseverino, 21 de junho de 2017. **Diário da Justiça Eletrônico**: Edição 2229, Brasília, DF, 23 jun. 2017.

5 BRASIL. Superior Tribunal de Justiça (2ª Seção). ProAfR no REsp 1.729.593/SP. Proposta de afetação. Recurso Especial contra acórdão proferido em incidente de resolução de demandas repetitivas – IRDR. Art. 256-H do RISTJ c/c o art. 1.037 do CPC/2015. Processamento sob o rito dos recursos especiais repetitivos. Compra e venda de imóvel na planta. Controvérsias envolvendo os efeitos do atraso na entrega do bem. Relator: Min. Marco Aurélio Bellizze, 11 de setembro de 2018. **Diário da Justiça Eletrônico**: Edição 2516, Brasília, DF, 18 set. 2018.

à permanência da expressão escolhida pelo legislador do CPC/2015 após o devido processo legislativo e que culminou na redação do art. 928; (ii) sob o aspecto material, diz respeito à relação da expressão com o tema dos precedentes, afiançado pelo art. 927, III, já que a partir desses "casos" é que a *ratio decidendi* será formada, ainda que o objetivo principal seja a questão jurídica. Tais pontos serão aprofundados ao longo do texto, no tempo devido.

Com efeito, em relação aos casos exemplificativos, é certo que eles não guardam apenas como característica comum o preenchimento dos pressupostos para instauração dos incidentes. Dizem mais: ao acurado exame, há em comum também a ausência de fundamentação, ou pelo menos uma anotação, nas decisões proferidas em sede de admissibilidade, esclarecendo quais foram os critérios de seleção considerados pelo tribunal para que fossem admitidos como casos paradigmáticos (ou paradigmas), isto é, a "amostragem"[6] adequada para o julgamento sob o rito aplicável às demandas repetitivas.

Em outras palavras, não é possível notar um mínimo lastro que permita entender quais foram os parâmetros utilizados pelo órgão julgador para aferir a representatividade adequada desses casos em relação às outras diversas demandas repetitivas, a fim de garantir a legitimidade democrática na futura fixação da tese jurídica.

Pertinente ao tema, registra-se que o CPC/2015 não trouxe expressamente a previsão de critérios de seleção em relação aos casos repetitivos. Apesar de não indicar de modo expresso, ressalta-se, antecipadamente, a compreensão de que alguns dos critérios propostos mais adiante, são jus-

6 Em 2003, o STF alterou o seu Regimento Interno para dar maior aplicabilidade ao pedido de uniformização de interpretação de lei federal referente a pronunciamentos divergentes sobre questões de direito proferidas nas Turmas Recursais dos Juizados Especiais Federais, conforme a Lei 10.259/2001. Na ocasião, o então Ministro Sepúlveda Pertence, logo seguido por José Carlos Barbosa Moreira, concebeu a expressão "julgamento por amostragem", a qual ganhou destaque na doutrina, e disseminou-se em ampla utilização sobretudo depois que a Lei 11.418/2006 promoveu a extensão da técnica para todos os recursos extraordinários repetitivos, ao incluir o art. 543-B no CPC/1973, seguido da Lei 11.627/2008, que ampliou essa sistemática também para os recursos especiais ao acrescentar o art. 543-C ao código revogado. A partir dessa dinâmica dos recursos repetitivos (atualmente regulado pelos arts. 1.036 ao 1.041 do CPC/2015), ante a constatação de uma questão de direito comum a vários recursos, dois ou mais seriam selecionados como "amostra" ou "amostragem" para o seu julgamento servir de padrão ou paradigma, isto é, sendo a tese fixada aplicável aos demais casos repetitivos idênticos. (THEODORO JUNIOR, Humberto. **Curso de direito processual civil.** v. 3. 50. ed. Rio de Janeiro: Forense, 2017, p. 1411.)

tificados pelas influências da legislação processual.[7] Ademais, em nível de doutrina, a literatura jurídica ainda se mostra tímida sobre o tema, pois as manifestações notadas ao longo da investigação apresentaram-se carentes de maior aprofundamento teórico.

Diante desse cenário, o risco de decisões com base em casos paradigmas inadequados é iminente. É possível ponderar, nesse passo, que a aplicação das técnicas de julgamento de casos repetitivos possa reverter-se de afronta à própria garantia do acesso à justiça, caso haja equívoco na identificação dos filtros necessários e na própria seleção da amostragem, chegando-se a casos que não sejam fielmente representativos da controvérsia jurídica em julgamento, o que poderá ensejar a formação de teses jurídicas inadequadas, assim como a sua reprodução indevida, bem como dos prejuízos à razoável duração do processo em razão do sobrestamento dos feitos.

Logo, há uma preocupação jurídica legítima com os critérios que deverão ser usados pelos órgãos julgadores durante o exercício dessa função, seja pelo viés da hermenêutica crítica quanto aos limites à discricionariedade judicial, mas também pela atenção à formação da tese jurídica que de modo legítimo venha a ser aplicada aos casos pendentes e futuros, evitando, assim, um impacto possivelmente deletério de decisões desconexas com a realidade, que ocorreria se a hipótese fosse de ausência de critérios válidos de seleção.

Alexandre de Freitas Câmara traz certeiro diagnóstico sobre o estado atual do objeto do presente estudo ao destacar que "problema sério para ser enfrentado (e para o qual o capítulo do CPC que regula a matéria não dá solução), então, é o da definição do caso concreto em que o IRDR será instaurado".[8]

Assim sendo, considerando que o ordenamento jurídico-processual, em matéria de casos repetitivos, preza pela concepção de uma cultura de respeito aos precedentes judiciais, cabe investigar quais são as demandas que adequadamente devem representar os demais casos semelhantes. Com base nisso, o problema que se exibe é: quais devem ser os critérios utilizados pelos órgãos julgadores na seleção dos casos paradigmas (representativos da

---

7 Como exemplo, entende-se que o critério da "argumentação abrangente", adiante proposto, decorre da leitura do art. 1.036, §6º do CPC/2015, que assim dispõe: "somente podem ser selecionados recursos admissíveis que contenham abrangente argumentação e discussão a respeito da questão a ser decidida."

8 CÂMARA, Alexandre de Freitas. **O novo processo civil brasileiro.** 5. ed. São Paulo: Atlas, 2019, p. 486.

controvérsia) em sede de julgamento de casos repetitivos, a fim de lastrear a concepção de precedentes judiciais coerentes?

É fato que não existe clareza ou uniformidade quanto a eventuais critérios utilizados na prática – se é que são usados, em raciocínio que se admite por hipótese –, o que é no mínimo incoerente, porque, se de um lado o sistema jurídico pátrio clama pelo anseio de uniformização da jurisprudência, não seria razoável que os órgãos jurisdicionais também firmassem o uso de critérios, de maneira uniforme entre os seus pares, desde a admissibilidade dos incidentes?

Assim, o objetivo principal perseguido nesta obra é apresentar uma proposta de um rol de critérios de seleção dos casos paradigmas que viabilize a concepção adequada e legítima de precedentes coerentes. Em breve prognóstico, é indubitável que tais critérios, uma vez concebidos a partir dos parâmetros de coerência, integridade e respeito ao contraditório, terão maiores condições de garantir a legitimidade democrática da decisão, em conformidade com a Constituição.

Portanto, para o aprofundamento do recorte temático, a presente abordagem foi estruturada em quatro capítulos:

O primeiro capítulo trata do microssistema de gestão e julgamento de casos repetitivos. De uma maneira geral, enquanto capítulo introdutório, busca-se apresentar as bases teóricas que foram consideradas, pelo CPC/2015, para conformação do IRDR e dos recursos repetitivos. Por essa razão, far-se-á uma breve contextualização sociojurídica dos fatos importantes ocorridos durante as últimas reformas processuais, denotando as influências das ondas renovatórias do acesso à justiça e do direito comparado, para, ao final, situar, a partir das diretrizes de eficiência dos meios processuais e de racionalidade do sistema processual, as linhas mestras em torno do microssistema de julgamento de casos repetitivos, por seus elementos essenciais: os princípios, a natureza jurídica, o objeto, os pressupostos de cabimento, a competência, a legitimidade e o procedimento.

O segundo capítulo começará a afunilar para o recorte temático, uma vez que ao se falar em critérios de seleção, basicamente estar-se-á conceber limites à competência do tribunal. Em vista disso, cumprindo o imperativo de uma abordagem transversal e interdisciplinar, o capítulo trará a percepção parcial da teoria da decisão, cotejando uma integração com as bases filosóficas do CPC/2015, especialmente em tema da discricionariedade judicial e no seu enfrentamento a partir das alavancas geradas pela nova legislação, mormente pela supressão das referências ao "livre" convencimento na redação atual.

Assim, serão oferecidos contornos ao tratamento da competência de forma específica a cada um dos incidentes e aos momentos decisórios ligados à fase de admissibilidade, por sua relevância quando se trata de seleção dos casos paradigmas.

O terceiro capítulo visará imergir na apresentação de proposta de quatro critérios a serem observados pelos órgãos jurisdicionais – compreendidos por questões didáticas sob a designação de "tribunal" – quando do julgamento de casos repetitivos, ou seja: a argumentação abrangente, o contraditório efetivo, a afetação subjetiva e a representação processual ampla. Antes, porém, far-se-á uma breve análise da acepção mais coerente para caracterizar essa atividade do tribunal, assim como as razões que fundamentam a necessidade de observância desses critérios, o que, de modo preambular pode-se notar em um duplo viés: tanto como limites à competência do tribunal,[9] quanto para conferir a representatividade adequada, a fim de embasar a formação de precedentes coerentes.

O quarto capítulo, por fim, pretende lapidar a concepção da importância dos critérios de seleção a partir de três pilares fundamentais: o primeiro liga-se ao dever de fundamentação ao órgão julgador ao desenvolver a atividade de seleção, pontuando o preenchimento de cada um dos requisitos, sob a forma de análise de complementariedade proposta, a fim de assegurar o caráter democrático da decisão; o segundo refere-se à pacificação da matéria de julgamento de casos repetitivos em relação ao microssistema de formação de precedentes; o terceiro busca unir as duas análises iniciais, firmando a responsabilidade da doutrina, a partir da teoria da decisão, em dispor dos critérios de seleção dos casos paradigmas.

Em linhas gerais, uma vez evidenciado que a seleção dos casos paradigmas é questão sensível e fundamental, por conferir um lastro de legitimação ao processo constitucionalizado, espera-se que a contribuição acerca dos

9 O ponto será melhor explorado em seu capítulo próprio, mas vale destaca que o próprio Regimento Interno do Tribunal de Justiça do Estado de São Paulo (RITJSP) traz, em seu art. 192, *caput*, a competência quanto ao procedimento a ser adotado para a apreciação da admissibilidade do incidente, ressaltando que cada órgão julgador poderá suprir eventuais lacunas, nos limites de sua competência. Veja-se o dispositivo: "Art. 192. O procedimento de cada tipo de uniformização de jurisprudência seguirá as prescrições legais e regimentais específicas, podendo cada órgãos julgador, nos limites de sua competência, suprir eventuais lacunas." É nesse sentido, pois, que os critérios de seleção, diante da lacuna legislativa, podem ser pensados pela jurisprudência e pela doutrina, a partir dos parâmetros existentes nos autos e que possam denotar condições de legitimação da decisão.

critérios a ser ofertada nesta obra, sob a perspectiva da teoria da decisão, mostre-se adequada para fim de garantir, como objetivo, a coerência e a integridade na aplicação do direito.

"As leis não bastam. Os lírios não nascem da lei",[10] já dizia o poeta Carlos Drummond de Andrade no capítulo "Nosso tempo", da obra "A rosa do povo". Inspirado na letra, é chegada a hora da doutrina, em mais um de seus influxos, galgar o papel que lhe é de direito no "tempo presente" e, a partir da hermenêutica crítica alinhada ao contexto sociojurídico contemporâneo, pensar os institutos e técnicas à luz das necessidades do processo e fornecer os devidos aportes para que os profissionais do direito deles façam uso coerente e uniforme.

É o que se buscará perseguir nas linhas vindouras.

10 ANDRADE, Carlos Drummond de. Nosso tempo. *In:* ANDRADE, Carlos Drummond de. **A rosa do povo.** 1. ed. São Paulo: Companhia das Letras, 2012, p. 23-29.

Capítulo 1

O MICROSSISTEMA DE GESTÃO E JULGAMENTO DE CASOS REPETITIVOS

O estudo que ora se enceta tem como ponto de partida o fenômeno provocado por uma avalanche de casos repetitivos que assolaram o Judiciário brasileiro com maior intensidade a partir da década de 1980, mormente com relação aos litígios de massa, sendo este apenas um dos fatores que conduziram à percepção de ineficiência do sistema processual em sua função de assegurar a real efetividade das normas de direito material por meio do processo.[1]

O início do século XXI exibe um cenário de aumento progressivo de conflitos de massa, sobretudo em razão de fatores como o crescimento da população, de modo especial em países de dimensões continentais como o Brasil, mas também por outras questões confluentes como a transparência no acesso à informação e o aumento no grau de instrução e educação das pessoas, a gradativa melhoria das condições de vida, formatando o que Norberto Bobbio denominou de "era dos direitos", com múltiplos efeitos decorrentes dessa leitura para os Estados Democráticos de Direito.[2]

Com efeito, diante da coletivização das demandas civis e da tentativa de conferir força aos pronunciamentos judiciais em um ambiente de tradição *civil law*, em caráter de coerência e uniformidade a partir de influências da

---

1 Para José Carlos Barbosa Moreira, com a sua peculiar clareza: "Querer que o processo seja efetivo é querer que desempenhe com eficiência o papel que lhe compete na economia do ordenamento jurídico. Visto que esse papel é instrumental em relação ao direito substantivo, também se costuma falar da instrumentalidade do processo. Uma noção conecta-se com a outra e por assim dizer a implica. Qualquer instrumento será bom na medida em que sirva de modo prestimoso à consecução dos fins da obra a que se ordena; em outras palavras, na medida em que seja efetivo. Vale dizer: será efetivo o processo que constitua instrumento eficiente de realização do direito material" (BARBOSA MOREIRA, José Carlos. Por um processo socialmente efetivo. **Revista de Processo**, São Paulo, v. 27, n. 105, p. 183-190, jan./mar. 2002, p. 181).

2 MENDES, Aluisio Gonçalves de Castro. **Incidente de resolução de demandas repetitivas:** sistematização, análise e interpretação do novo instituto processual. Rio de Janeiro: Forense, 2017, p. 3.

common law, os institutos processuais passam a sofrer impactos em variados graus de reciprocidade, visíveis no campo da teoria da decisão e dos anseios de uniformidade do Direito, elementos que compõem o "pano de fundo" necessário a justificar a discussão acerca dos novos rumos na sistemática processual brasileira.[3]

Por esse viés histórico e por outras questões decorrentes das transformações pelas quais a sociedade brasileira passou e que levaram à reformulação do ordenamento jurídico-processual nacional, de um perfil essencialmente individualista para uma perspectiva claramente coletiva, nota-se um árduo esforço legislativo no sentido de prever mecanismos que viessem a atender não apenas ao tratamento da multiplicidade de questões de direito que se repetem diariamente, mas que, a partir das decisões proferidas nesses casos, também pudesse colaborar e conduzir, de forma direta, a uma jurisprudência estável, íntegra e coerente, em claro reforço às influências do sistema de precedentes nos últimos anos, a partir do direito estrangeiro, na cultura jurídica pátria.

O objetivo precípuo deste capítulo será analisar, sob a ótica das novas tendências do direito processual, especialmente, a partir da edição da Lei 13.105/2015 – o Código de Processo Civil de 2015 (CPC/2015) –, os institutos que compõem o chamado microssistema de gestão[4] e julgamento de casos repetitivos, nele compreendidos, de acordo com a redação do art. 928 do CPC/2015, o novo instituto do Incidente de Resolução de Demandas Repetitivas (IRDR) e os já existentes Recursos Extraordinário e Especial Repetitivos. Com esse movimento legislativo nota-se que a introdução dos recursos repetitivos, nos anos de 2006 e 2008, foi complementada pelo CPC/2015 com a concepção do IRDR, garantindo que a sistemática seja adotada no âmbito de todo o Poder Judiciário.

---

3 MENDES, Bruno Cavalcanti Angelin. **Precedentes judiciais vinculantes:** a eficácia dos motivos determinantes da decisão na cultura jurídica. 2. ed. Curitiba: Juruá, 2015, p. 52-54.

4 Adiante, no início da seção específica sobre as características do microssistema de gestão e julgamento dos casos repetitivos, será esclarecido que o termo "gestão" se justifica em relação às questões de fundo organizacional e não menos importantes, no tocante aos momentos anterior e posterior à decisão judicial que conduz à formação da tese jurídica. Em breves linhas, vê-se que o direito brasileiro pretendeu conduzir o tratamento dos casos repetitivos sob um forte aspecto gerencial, ao dispor de uma série de normas que regulam a coordenação para o julgamento e a organização das decisões proferidas, observando múltiplos objetivos, em especial, a racionalidade e a vinculação.

Frente a essas questões, far-se-á uma breve abordagem do contexto sociojurídico que envolveu tanto o momento anterior, quanto os fatos importantes ocorridos durante as últimas reformas processuais até chegar na redação do atual CPC/2015. Assim, o foco para essa análise será a incursão sobre o tratamento das demandas repetitivas no ambiente nacional destacando, inclusive, as influências do direito comparado, para, ao final deste capítulo e a partir das diretrizes de eficiência dos meios processuais e racionalidade do sistema processual, situar as linhas mestras do microssistema de julgamento de casos repetitivos cunhado pelo CPC/2015.

1.1 OS MEIOS PROCESSUAIS DE RESOLUÇÃO DOS LITÍGIOS DE MASSA NO CONTEXTO SOCIOJURÍDICO CONTEMPORÂNEO

Nesta seção inicial, pretende-se pavimentar o caminho para a abordagem do tratamento contemporâneo das demandas repetitivas no Brasil. Para tanto, far-se-á uma breve revisitação de questões históricas que desaguaram na conclusão pela insuficiência do modelo individualista do processo, concebido a partir de um paradigma do Estado Liberal, frente às nuances modernas dos conflitos de massa, que tem por fato gerador a variedade de relações jurídicas complexas, fundadas em interesses coletivos, transindividuais e multitudinário.

Para Humberto Theodoro Júnior, a sociedade contemporânea passou por uma mudança de perspectiva no endereçamento dos conflitos jurídicos e meios de sua resolução em juízo, em razão do surgimento dos conflitos coletivos, a par dos sempre existentes conflitos individuais, pois "as crises de direito deixaram de se instalar apenas sobre as relações entre um indivíduo e outro e se expandiram para compreender outras relações plurilaterais, ensejadoras de conflitos que envolvam toda a coletividade ou um grande número de seus membros".[5]

Diante desse quadro de crise de acesso à justiça, cujos conceitos básicos também farão parte da análise, evidentemente o resultado resvala diretamente na percepção de ineficiência do Poder Judiciário, que além disso, sofre com limitações estruturais e de recursos humanos diante dessa grande procura por partes dos cidadãos.

O perfil que veio sendo notado de massificação de demandas individuais idênticas gerou um cenário de litigiosidade repetitiva, caracterizado,

---

5 THEODORO JUNIOR, Humberto. **Curso de direito processual civil.** v. 3. 50. ed. Rio de Janeiro: Forense, 2017, p. 920.

portanto, pelas demandas repetitivas que, nas lições de Alexandre de Freitas Câmara, são "aquelas demandas idênticas, seriais, que, em grandes quantidades, são propostas perante o Poder Judiciário", e que, "são idênticas por terem objeto e causa de pedir idênticas, ainda que mudem as partes".[6]

Portanto, um breve esforço cronológico sobre as evoluções legislativas brasileiras em matéria de demandas repetitivas e algumas notas sobre as influências dos institutos de direito comparado serão apresentados com a finalidade de abrir espaço para abordar o tratamento da matéria dado pelo CPC/2015, em particular, sob a vertente de um microssistema de julgamento de casos repetitivos ou de questões comuns, em linha com uma tendência mundial na qual se fortaleciam os mecanismos e instrumentos processuais voltados à tutela desses direitos, com o fim de dirimir os conflitos de massa e demais questões comuns que se apresentavam ao crivo do Judiciário.

1.1.1 Sociedade, conflitos de massa e insuficiência do processo individual: o papel da técnica processual diante da nova realidade

Para a adequada abordagem acerca das questões repetitivas no Brasil faz-se necessário uma incursão no contexto histórico de desenvolvimento das demandas judiciais a partir de um recorte temporal que compreende, ao menos, a promulgação da Constituição Federal de 1988 (CF/1988). O substrato fático foi o processo de redemocratização do país, momento em que se observou um crescimento exponencial dos litígios levados ao Judiciário e, assim, de uma gama de novos processos, mormente em razão dos direitos e garantias versados na Constituição.

Como consequência dessa relação entre a democratização do acesso ao Judiciário e a própria judicialização das relações políticas e sociais, dado que o Estado brasileiro não estava sistematicamente preparado para a nova realidade, observou-se uma crise no cerne deste Poder, ocasionada principalmente pela baixa qualidade dos serviços, tanto em decorrência da crescente demanda, quanto pela falta de estrutura material e de pessoal, com reflexos negativos quanto ao tempo e qualidade da prestação jurisdicional.[7]

6 CÂMARA, Alexandre de Freitas. **O novo processo civil brasileiro.** 5. ed. São Paulo: Atlas, 2019, p. 484.

7 MENDES, Aluisio Gonçalves de Castro. **Ações coletivas e meios de resolução coletiva de conflitos no direito comparado e nacional.** 4. ed. São Paulo: Revista dos Tribunais, 2014, p. 33-34.

Algumas legislações no Brasil, mesmo que anteriores à CF/1988, tiveram destaque em relação a esse cenário de crescimento das ações de massa e das demandas de caráter coletivo, no tocante a temas como a assistência judiciária, as ações coletivas e as soluções alternativas à jurisdição, dentre as quais, os seguintes normativos: Lei 4.717/1965 (Lei da Ação Popular), Lei 7.347/1985 (Lei da Ação Civil Pública), Lei 8.078/1990 (Código de Defesa do Consumidor), Lei 9.099/1995 (Lei dos Juizados Especiais) e Lei 9.307/1996 (Lei de Arbitragem).

O modelo de jurisdição desenvolvido no Brasil antes do CPC/2015 teve por alicerce instrumentos legislativos cravados em um paradigma liberal de litígios do século anterior, em especial, o CPC/1973 com um perfil nitidamente individualista, pois se apoiou em uma tradição de rigidez formalista ligada ao princípio do dispositivo e à igualdade formal, sendo o processo visto como instrumento essencialmente individual de solução de conflitos.[8] Para Teori Albino Zavascki, o sistema processual "foi moldado para atender à prestação da tutela jurisdicional em casos de lesões a direitos subjetivos individuais, mediante demandas promovidas pelo próprio lesado".[9]

Com efeito, o direito processual teve que adaptar-se a demandas e a temas não previstos pelo legislador pretérito, mas que gradativamente foram sendo introduzidos no ordenamento pátrio a fim de conduzir a uma nova realidade de busca por solução pacífica, célere e eficaz dos conflitos de interesses.

Contribuíram para esse endereçamento questões como a informatização dos processos judiciais, a virtualização de procedimentos, a coletivização de demandas civis, em sua maioria àquelas ligadas ao direito ambiental e consumerista, dentre outras, que geraram a necessidade de novos métodos, também coletivos, para atender a essa nova realidade e, assim, para a solução desses conflitos.[10]

---

8 CUNHA, Leonardo José Carneiro da. O regime processual das causas repetitivas. **Revista de Processo**, São Paulo, v. 35, n. 179, p. 139-174, jan. 2010.

9 ZAVASKI, Teori Albino. **Processo coletivo:** tutela de direitos coletivos e tutela coletiva de direitos. 4. ed. São Paulo: Revista dos Tribunais, 2009, p. 12.

10 "Na verdade, a necessidade de instrumentos supraindividuais não é nova, pois há muito ocorrem lesões a direitos, que atingem coletividades, grupos, ou certa quantidade de indivíduos, que poderiam fazer valer os seus direitos de um modo coletivo. A diferença é que, na atualidade, tanto na esfera da vida pública como privada, as relações de massa expandem-se continuamente, bem como o alcance dos problemas correlatos, fruto do crescimento da produção, dos meios de comunicação e do consumo, bem como do número de funcionários públicos e de trabalhadores, de aposentados e pensionistas,

A complexidade das relações jurídicas, a partir de interesses coletivos e transindividuais, pode ser prontamente notada, por exemplo, em conflitos ambientais, cuja titularidade pertence a uma classe inteira, ou mesmo à sociedade em geral, bem como em relações de consumo, como no caso dos contratos de adesão em que não raro, devido à fixação unilateral das cláusulas, se observa um contexto de relações contratuais eivadas de ilegalidade e que atingem um conjunto de pessoas, considerando o perfil de uma sociedade de consumo massivo.

Diante desse quadro, o CPC/1973, concebido em princípios liberais, foi gradualmente perdendo sua eficácia pela incapacidade de acompanhar as mudanças, pois mesmo as técnicas então existentes para um tratamento um pouco mais racional das demandas, a exemplo da figura do litisconsórcio enquanto reunião de demandas individuais, mostraram-se incapazes de dar o devido tratamento aos conflitos decorrentes dessas relações multitudinárias.[11]

Assim, a insuficiência do modelo de processo individual descortinou uma grave crise de acesso à justiça, demonstrando a vulnerabilidade do Poder Judiciário no exercício pleno de suas funções constitucionais, já que "a pretensão trazida pela parte ao processo clama por uma solução que se faça justa a ambos os participantes do conflito e do processo",[12] como já notavam Antônio Carlos de Araújo Cintra, Ada Pellegrini Grinover e Cândido Rangel Dinamarco, e cuja perspectiva não pode ser do acesso estritamente formal à justiça, isto é, a mera admissão do processo ou a possibilidade de ingresso em

---

da abertura de capital das pessoas jurídicas e consequente aumento do número de acionistas e dos danos ambientais causados. Multiplicam-se, portanto, as lesões sofridas pelas pessoas, seja na qualidade de consumidores, contribuintes, aposentados, servidores públicos, trabalhadores, moradores, etc., decorrentes de circunstâncias de fato ou relações jurídicas comuns." (MENDES, Aluisio Gonçalves de Castro. **Incidente de resolução de demandas repetitivas:** sistematização, análise e interpretação do novo instituto processual. Rio de Janeiro: Forense, 2017, p. 15.)

11 Para Aluisio Gonçalves de Castro Mendes, apesar do litisconsórcio constituir-se em um instituto apropriado para os pequenos grupos, "diante da massificação moderna, na qual conflitos e as questões jurídicas e fáticas envolvem milhares ou milhões de pessoas, clara é a incapacidade do fenômeno litisconsorcial para a efetivação da prestação jurisdicional no âmbito coletivo." (MENDES, Aluisio Gonçalves de Castro. **Ações coletivas e meios de resolução coletiva de conflitos no direito comparado e nacional.** 4. ed. São Paulo: Revista dos Tribunais, 2014, p. 30.)

12 CINTRA, Antônio Carlos de Araújo; GRINOVER, Ada Pellegrini; DINAMARCO, Cândido Rangel. **Teoria geral do processo.** 31. ed. São Paulo: Malheiros, 2015, p. 55.

juízo, mas do alcance de uma "ordem jurídica justa", na conhecida expressão cunhada por Kazuo Watanabe.[13]

Assim, com a mudança no perfil das demandas, portanto, no plano do direito material, o mesmo se exigiu no plano do acesso à justiça e da tutela jurisdicional, em nome da preservação da isonomia enquanto garantia basilar da democracia. Oportuno, pois, trazer algumas questões acerca desse movimento, mormente com foco no papel dos tribunais, assim como do legislador na promoção de meios e instrumentos processuais capazes de, com adequação e efetividade, enfrentar e solucionar os litígios coletivos ou de massa.

1.1.2 O acesso à ordem jurídica justa sob a perspectiva de uma tutela judicial em âmbito coletivo

Com efeito, a busca pelo exercício da garantia do acesso à justiça, nas lições de Cândido Rangel Dinamarco, tem como elemento antecedente a existência das chamadas crises jurídicas. O acesso à justiça tem seus contornos delineados no bojo do princípio da inafastabilidade da jurisdição previsto no art. 5º, XXXV da CF/1988, mormente para entregar aos órgãos do Judiciário, num aspecto político, a atividade de condução das referidas crises jurídicas, geradoras de estados de insatisfação nas pessoas. É o que Cândido Rangel Dinamarco conceitua de "sentimentos de infelicidade", posto que os indivíduos, ao frustrarem-se na pretensão de acesso a determinados bens da vida, socorrem-se da via da jurisdição para tanto.[14]

Nessa senda, o significado de acesso à justiça transcende a simples garantia do direito de ação,[15] ou seja, consubstancia-se no exercício da própria tutela jurisdicional, entregando à quem tiver razão quanto ao direito em debate. Logo, a partir das lições de Mauro Cappelletti e Bryant Garth de que o acesso à justiça é um elemento básico de um sistema jurídico que se

---

13 WATANABE, Kazuo. Acesso à justiça e sociedade moderna. *In:* GRINOVER, Ada Pellegrini; DINAMARCO, Cândido Rangel; WATANABE, Kazuo (coord.). **Participação e processo.** São Paulo: Revista dos Tribunais, 1988, p. 128.

14 DINAMARCO, Cândido Rangel. **Instituições de direito processual civil.** v. 1. 3. ed. São Paulo: Malheiros, 2003, p. 198.

15 Ao abordar o art. 5, XXXV da CF/1988, Cândido Rangel Dinamarco afirma que "esse dispositivo não se traduz em garantia de mero ingresso em juízo ou somente do julgamento das pretensões trazidas, mas da própria tutela jurisdicional a quem tiver razão". (DINAMARCO, Cândido Rangel. **Instituições de direito processual civil.** v. 1. 3. ed. São Paulo: Malheiros, 2003, p. 198.)

presta tanto à proclamação quanto à garantia de direitos,[16] a questão relativa à efetividade destes torna o próprio conceito de justiça mais denso, diante do histórico de superação dos obstáculos a essa garantia constitucional.

A amplitude do acesso à justiça não deve ser atribuída de modo exclusivo à conformação do princípio da inafastabilidade da jurisdição, ou seja, apenas a partir da previsão contida na CF/1988, posto que o interesse da literatura jurídica pátria foi notado já no pós-guerra mundial, portanto, ainda no início dos anos 1980, e se pautou tanto no movimento internacional de ampliação do acesso à justiça, quanto em um contexto de eclosão de movimentos sociais em busca da abertura política. Para Boaventura de Sousa Santos, "a consagração constitucional de novos direitos econômicos e sociais e sua expansão paralela à do Estado-Providência transformou o direito ao acesso à justiça num direito charneira, um direito cuja denegação acarretaria a de todos os demais".[17]

A partir dessa construção histórica, sobretudo no cenário brasileiro a partir de meados do século XX, hodiernamente se tem em voga a ideia de "acesso à ordem jurídica justa", a qual encontra, na visão de alguns autores, obstáculos à sua adequada conformação. Essa questão está plenamente inserida no contexto das "ondas renovatórias" do processo identificadas por Mauro Capelletti e Bryant Garth[18] como as soluções práticas que tem como fim remover os obstáculos para que as partes, uma vez reduzidas as diferenças entre elas no processo, disponham de efetivo acesso à justiça.[19]

Para Mauro Cappelletti e Bryant Garth, os principais movimentos do acesso à justiça estão divididos em três ondas renovatórias ligadas a seus

---

16 CAPPELLETTI, Mauro; GARTH, Bryant. **Acesso à justiça.** Tradução: Ellen Gracie Northfleet. Porto Alegre: Sergio Antonio Fabris, 1988, p. 12.

17 Boaventura de Souza Santos, a partir de uma perspectiva global do tema, argumenta que: "As lutas sociais a que fiz referência aceleraram a transformação do Estado liberal no Estado-Providência, um Estado activamente envolvido na gestão dos conflitos e concertações entre classes e grupos sociais, e apostado na minimização possível das desigualdades sociais no âmbito do modo de produção capitalista dominante nas relações económicas." (SANTOS, Boaventura de Souza. **Pela mão de Alice:** o social e o político na pós-modernidade. 12. ed. São Paulo: Cortez, 2008, p.165-166).

18 CAPPELLETTI, Mauro; GARTH, Bryant. **Acesso à justiça.** Tradução: Ellen Gracie Northfleet. Porto Alegre: Sergio Antonio Fabris, 1988, p. 31-73. E, ainda: CAPPELLETTI, Mauro. O acesso à justiça e a função do jurista em nossa época. **Revista de Processo**, São Paulo, n. 61, p. 144-160, jan./mar. 1991.

19 Sobre o tema, vale consultar: CARNEIRO, Paulo Cesar Pinheiro. **Acesso à justiça:** juizados especiais cíveis e ação civil pública. Rio de Janeiro: Forense, 1999. NALINI, José Renato. **O juiz e o acesso à justiça.** São Paulo: Revista dos Tribunais, 1994.

respectivos obstáculos identificados: (i) a primeira diz respeito à assistência judiciária aos pobres e se liga ao obstáculo econômico; (ii) a segunda se refere à representação dos interesses difusos em juízo e visa contornar o óbice organizacional; (iii) a terceira onda, o "enfoque do acesso à justiça", visa superar o obstáculo de ordem processual.

Em relação aos obstáculos e os avanços necessários nas esferas social e jurídica visando a superação destes em prol do acesso à justiça, na primeira onda, a ação do Estado era exigida para propiciar a assistência judiciária efetiva a informação adequada aos mais necessitados.

Na segunda onda, como a condução do processo da forma tradicional (*inter* partes) se mostrou insuficiente para a tutela de interesses particulares de alcance coletivo, de grupos vulneráveis (proteção ambiental, consumidor, etc.) ou de categorias e grupos não organizados (direitos coletivos, difusos e individuais homogêneos), se tornou evidente, então, a necessidade de meios efetivos de tutela jurisdicional coletiva.

Por fim, na terceira onda, a superação do obstáculo de ordem processual dar-se-ia com a especialização, reforma e simplificação dos institutos e procedimentos judiciais, em especial, tornando-os mais racionais – alternativas aos juízos ordinários e aos procedimentos usuais –, um tipo de justiça com viés de conciliação e mediação e, ainda, com a participação de membros e grupos sociais diretamente interessados e conhecedores da questão para a solução do litígio.

No Brasil, Antônio Carlos de Araújo Cintra, Ada Pellegrini Grinover e Cândido Rangel Dinamarco apontam quatro pontos sensíveis enquanto possíveis óbices à garantia ao acesso à ordem jurídica justa:[20] (i) o primeiro diz respeito à admissão do processo, e exige a eliminação de óbices econômicos (altos custos processuais), de acesso à informação (sobre os direitos) e jurídicos (garantia para litigar sobre direitos metaindividuais); (ii) o segundo, relativo ao modo de ser do processo, exige a atenção devido processo legal formal e do contraditório efetivo; (iii) o terceiro, relativo à justiça das decisões, impõe ao juiz a atuação com justiça e razoabilidade (devido processo legal substancial); e, (iv) o quarto, de efetividade das decisões, demanda que o processo dê o direito a quem for devido, com o uso adequado das medidas processuais.

20 CINTRA, Antônio Carlos de Araújo; GRINOVER, Ada Pellegrini; DINAMARCO, Cândido Rangel. **Teoria geral do processo.** 31. ed. São Paulo: Malheiros, 2015, p. 55-58.

O amplo acesso a uma ordem jurídica justa perpassa pela superação dos óbices notados, impondo ao processo o abandono de uma postura de tratamento essencialmente individual das causas, geradora, por vezes, de desigualdades sociais, para firmar-se sob uma perspectiva de condução pela via das tutelas pluri-individual ou coletiva, com a devida atenção à massificação das relações jurídicas.[21]

Sob o ponto de vista da ciência processual, exigiu-se uma nova postura tanto dogmática quanto pragmática para atender às novas demandas, uma vez que, conforme assevera Cândido Rangel Dinamarco, "não basta alargar o âmbito de pessoas capazes de ingressar em juízo, sendo também indispensável aprimorar internamente a ordem processual, habilitando-a a oferecer resultados úteis e satisfatórios".[22]

A evolução do acesso à justiça no direito brasileiro pôde ser sentida, historicamente, por diversas reformas processuais e novos textos legislativos editados. Deve-se destacar, contudo, que antes mesmo da teorização das ondas renovatórias, no ordenamento pátrio concebeu a Lei 1.060/1950 que trouxe a garantia da Justiça Gratuita, além de assegurar o serviço de assistência judiciária em forma de embrião do que viria a ser as defensorias públicas, cuja organização e manutenção coube ao Estado, e ainda, a indicação de advogado responsável pelo patrocínio da causa do necessitado.

No tocante às demais ondas renovatórias, seguindo a ordem cronológica, registra-se que o CPC/1973, o Código Buzaid teve, nos seus mais de quarenta anos de vigência, um elevado número de reformas e atualizações pontuais

---

21 "A consolidação do Estado-Providência significou a expansão dos direitos sociais e, através deles, a integração de classes trabalhadoras nos circuitos do consumo anteriormente fora do seu alcance. Esta integração, por sua vez, implicou que os conflitos emergentes dos novos direitos sociais fossem constitutivamente conflitos jurídicos cuja dirimição caberia em princípio aos tribunais, litígios sobre a relação de trabalho, sobre a segurança social, sobre a habitação, sobre os bens de consumo duradouros etc. [...] De tudo isto resultou uma explosão de litigiosidade à qual a administração da justiça dificilmente poderia dar resposta. Acresce que esta explosão veio a agravar-se no início da década de 70, ou seja, num período em que a expansão económica terminava e se iniciava uma recessão que se prolonga até hoje e que, pela sua pertinácia, assume um caráter estrutural. Daí resultou a redução progressiva dos recursos financeiros do Estado e sua crescente incapacidade para dar cumprimento aos compromissos assistenciais e providenciais assumidos para com as classes populares da década anterior." (SANTOS, Boaventura de Souza. **Pela mão de Alice:** o social e o político na pós-modernidade. 12. ed. São Paulo: Cortez, 2008, p.165-166.)

22 DINAMARCO, Cândido Rangel. **Instituições de direito processual civil.** v. 1. 6. ed. São Paulo: Malheiros, 2005, p. 117.

que, apesar de necessárias para a busca constante da garantia do acesso à justiça e a adaptação à nova realidade, contribuíram para descaracteriza-lo como um todo homogêneo, revelando a necessidade de elaboração de uma nova lei para a substituição integral do diploma processual.[23]

Teori Albino Zavaski aduz que o CPC/1973 passou por sucessivas reformas e alterações, buscando a ampliação da efetividade processual e o acesso à justiça, sobretudo a partir de 1994, "não com o objetivo de introduzir mecanismos novos, mas o de aperfeiçoar ou de ampliar os já existentes no Código de Processo, de modo a adaptá-lo às exigências dos novos tempos".[24]

Com a sua promulgação em 1988, a Constituição Federal veio permeada por um cenário democrático de consagração de diversos direitos individuais, inseridos no cerne do art. 5º, que trouxe, ainda, o princípio da inafastabilidade da jurisdição, em atenção ao acesso à justiça, no inciso XXXV em perspectiva ampliada em relação à Constituição anterior, por assegurar que "a lei não excluirá da apreciação do Poder Judiciário lesão ou ameaça a direito" e não apenas a "qualquer lesão de direito individual".

As ondas renovatórias do processo civil também dialogam com as legislações editadas no campo do direito material pós-CF/1988, como o Código de Defesa do Consumidor (CDC) - Lei 8.078/1990, que além de afiançar direitos de consumidores enquanto grupo vulnerável, também se comunica com o vigente Código Civil (CC) - Lei 10.406/2002, através de conceitos abertos e cláusulas gerais.

Ademais, quanto à vertente processual, o acesso à justiça foi objeto de atenção pelo legislador em normas como a Lei de Arbitragem - Lei 9.307/1996, que trouxe uma nova forma de composição de conflitos para desafogar o Judiciário, bem como, as leis relativas aos juizados especiais: Lei 9.099/1995 (juizados especiais cíveis e criminais no âmbito do Distrito Federal e Estados), Lei 10.259/2001 (juizados especiais federais) e Lei 12.153/2009 (juizados especiais fazendários).

As repercussões das ondas renovatórias no Brasil apresentaram incidência, também, no âmbito do processo coletivo, sendo o Brasil, inclusive,

---

23 MENDES, Aluisio Gonçalves de Castro; ÁVILA, Henrique. O novo CPC e algumas das principais alterações. **Revista Justiça e Cidadania**, Rio de Janeiro, n. 176, p. 42-46, abr. 2015, p. 42.

24 ZAVASKI, Teori Albino. **Processo coletivo:** tutela de direitos coletivos e tutela coletiva de direitos. 4. ed. São Paulo: Revista dos Tribunais, 2009, p. 15.

pioneiro dentre os países de *civil law* na criação e implementação de instrumentos de tutela coletiva.[25]

Em linhas gerais, o modelo de ações coletivas desenvolvido no Brasil se deu a partir das *class actions* norte-americanas e, sobretudo, por meio de estudos da doutrina italiana na década de 1970, tendo a problemática sido recebida e desenvolvida por José Carlos Barbosa Moreira,[26] quanto ao desenho de proteção dos interesses coletivos, difusos e individuais homogêneos, cujo estudo refletiu a tipologia de interesses supra individuais que seria refletida, na década de 1980, no bojo do art. 81 do CDC.[27]

Em apertada síntese, os direitos difusos (a exemplo do equilíbrio ambiental) e coletivos *stricto sensu* (como a qualidade de ensino em certa instituição) são marcados pela característica da indivisibilidade, pois a tutela para um integrante da coletividade produzirá efeitos para todo o grupo, distanciando-se, apenas, nas relações internas do grupo, já que os primeiros estão ligados por circunstâncias fáticas, enquanto os últimos, o vínculo que os une decorre de uma relação jurídica anterior. Os direitos individuais homogêneos partem de questões de fato ou de direito de origem comum, mas por razões de política legislativa, esses direitos podem ser agregados em um só processo.

---

25 GRINOVER, Ada Pellegrini. Direito processual coletivo. In: GRINOVER, Ada Pellegrini; MENDES, Aluisio Gonçalves de Castro; WATANABE, Kazuo (Coord.). **Direito processual coletivo e o anteprojeto de código brasileiro de processos coletivos.** São Paulo: Revista dos Tribunais, 2007, p. 11. ZAVASCKI, Teori Albino. **Processo coletivo:** tutela de direitos coletivos e tutela coletiva de direitos. 4. ed. São Paulo: Revista dos Tribunais, 2009, p. 30. ROQUE, André Vasconcelos. Ações coletivas e procedimentos para a resolução de casos repetitivos. *In:* DIDIER JR., Fredie; CUNHA, Leonardo Carneiro da (coord.). **Julgamento de casos repetitivos.** Salvador: Juspodivm, 2017, p. 16-18.

26 Tais questões foram desenvolvidas no seguinte estudo: BARBOSA MOREIRA, Jose Carlos. A ação popular do direito brasileiro como instrumento de tutela dos chamados "interesses difusos". *In*: BARBOSA MOREIRA, José Carlos. **Temas de direito processual civil** – primeira série. 2. ed. São Paulo: Saraiva, 1988, p. 110-123. Além desse texto e de outros estudos de José Carlos Barbosa Moreira, relevantes trabalhos também foram apresentados por Ada Pellegrini Grinover e Waldemar Mariz de Oliveira Júnior, como: GRINOVER, Ada Pellegrini. A tutela dos interesses difusos. **Revista da Procuradoria Geral do Estado de São Paulo,** n. 12, 1979. OLIVEIRA JÚNIOR, Waldemar Mariz de. Tutela jurisdicional dos interesses coletivos. *In:* **Estudos sobre o Amanhã**: ano 2000, São Paulo, caderno 2, 1978.

27 ROQUE, André Vasconcelos. Ações coletivas e procedimentos para a resolução de casos repetitivos. *In:* DIDIER JR., Fredie; CUNHA, Leonardo Carneiro da (coord.). **Julgamento de casos repetitivos.** Salvador: Juspodivm, 2017, p. 17-18.

Com efeito, em breve retrospectiva, a primeira norma a tutelar os direitos difusos, em particular, aqueles ligados ao patrimônio ambiental, foi a Lei da Ação Popular - Lei 4.717/1965, ou seja, ainda antes da teorização das categorias de direitos no ordenamento pátrio e – importa referir, dada a relevância do mecanismo processual - que inclusive foi inserido posteriormente no art. 5º, LXXIII da CF/1988. Após, foi editada a Lei 6.931/1981 tratando da política nacional do meio ambiente e conferindo, ao Ministério Público, a titularidade das ações ambientais de responsabilidade civil e penal.

Em seguida, foi editada a Lei da Ação Civil Pública (LACP) - Lei 7.347/1985, que veio a dispor de fato de uma tutela coletiva, por meio de princípios e regras específicos, aos direitos transindividuais relativos ao consumidor e ao meio ambiente, rompendo, pois, com o paradigma do processo individual. A CF/1988 ampliou a sua força com a dilatação de sua aplicação a todos os interesses e direitos metaindividuais. Sobre essa evolução, Bruno Wurmbauer Junior explica que "em 1990, o já mencionado CDC, Lei 8.078/1990, deu um passo além, complementando a Lei 7.347/1985 e com ela formando um bem trabalhado microssistema processual, cujas normas e princípios se irradiam pelas normas e questões de direito processual coletivo no país".[28]

Assim, em síntese, o microssistema processual de tutela coletiva foi fruto da constatação da inadequação e insuficiência do processo civil clássico de perfil individualista, em face dos direitos de massa, sendo balizado por esforços para a renovação das formas e meios de acesso à justiça sob influência das ondas renovatórias.

---

28 WURMBAUER JUNIOR, Bruno. **Novo código de processo civil e os direitos repetitivos**. 2. ed. Curitiba: Juruá, 2016, p. 24. Sobre esse contexto, complementa o autor: "Malgrado o CDC e a LAC formarem entre si um belo arranjo normativo de direito processual supraindividual, doutrinadores de escol tentaram editar um código de processos coletivos. Com efeito, dois anteprojetos foram apresentados: o primeiro, coordenado pela professora Ada Pellegrini Grinover, pela Universidade de São Paulo – USP, e o segundo, capitaneado pelo Desembargador Aluisio Gonçalves de Castro Mendes da Universidade do Estado do Rio de Janeiro – UERJ. Ambos não prosperaram, mas acabaram por inspirar o PLC 5.139/2009, que tratava da nova Lei da Ação Civil Pública. No entanto, este projeto também não teve sucesso e acabou sendo rejeitado, no mérito, pela Comissão de Constituição e Justiça e de Cidadania da Câmara dos Deputados em 17.03.2010."

Pelas legislações citadas, aliadas a outras leis que foram editadas entre o final do século XX e início do século XIX,[29] nota-se a evolução no tratamento do direito processual coletivo no país, pois muitos direitos difusos e coletivos *stricto sensu* não tinham, até a década de 1980, instrumentos processuais capazes de proporcionar uma tutela adequada, de modo que passaram a ter, portanto, a partir dessas leis, como no caso da proteção ao meio-ambiente, o regime de proteção e defesa do consumidor, e nesse passo, a discussão de serviços públicos regulados como as telecomunicações, energia elétrica, petróleo e gás, entre outros.

Não obstante aos avanços sentidos, há pontos que carecem de atenção quanto à tutela coletiva no Brasil, podendo-se destacar, em rol exemplificativo: o elevado tempo de tramitação das ações civis públicas; embora com normas como o CDC, a LACP e o CPC, além de carências na própria legislação sobre processos coletivos, a exemplo da fragilidade na comunicação por edital em Diário Oficial para eventuais interessados quanto a direitos individuais homogêneos (art. 94 do CDC), a falta de avanços na própria legislação processual coletiva, cujas adaptações teóricas a institutos existentes como a litispendência, conexão, continência e prevenção, ainda geram problemas na prática; e a própria resistência do Poder Público às ações coletivas quando se nota, por exemplo, reformas como a que recaiu sobre o art. 16 da LACP[30], restringindo a coisa julgada *erga omnes* aos limites da competência territorial do órgão prolator.[31]

Com efeito, medidas como a última aludida colocam os instrumentos de tutela coletiva na contramão dos anseios de ampliação e vinculação dos efeitos das decisões que permeiam o CPC/2015, revelando falhas no objetivo de proporcionar a uniformidade, celeridade e economia processual.

---

29 Dentre elas: a Lei de apoio às pessoas portadoras de deficiência – Lei 7.853/1989, o Estatuto da Criança e do Adolescente (ECA) – Lei 8.069/1990, a Lei de Improbidade Administrativa (LIA) – Lei 8.429/1992; o Estatuto das Cidades – Lei 10.257/2001, o Estatuto do Idoso – Lei 10.741/2003 e a Lei de Defesa da Concorrência – Lei 12.529/2011.

30 Na redação anterior, o art. 16 da LACP previa: "A sentença civil fará coisa julgada *erga omnes*, exceto se a ação for julgada improcedente por deficiência de provas, hipótese em que qualquer legitimado poderá intentar outra ação com idêntico fundamento, valendo-se de nova prova". Com a alteração pela Lei 9.494/1997, o dispositivo passou a prever que tal sentença civil fará coisa julgada *erga omnes* "nos limites da competência territorial do órgão prolator".

31 ROQUE, André Vasconcelos. Ações coletivas e procedimentos para a resolução de casos repetitivos. *In:* DIDIER JR., Fredie; CUNHA, Leonardo Carneiro da (coord.). **Julgamento de casos repetitivos.** Salvador: Juspodivm, 2017, p. 18-27.

Ademais, em alguns casos não está claro, de início, a relevância social quando estão em debate questões jurídicas que tem expressão individual significativa, a exemplo das questões relativas a cobranças de juros abusivos, de valores relativos a serviços de telefonia, as quais, de modo geral, confluem para um cenário de resistência dos próprios jurisdicionados.

Portanto, estes foram alguns fatores que dirigiram ao tratamento dos direitos individuais homogêneos fora da jurisdição coletiva, com efeitos deletérios ao sistema, dada a multiplicidade de ações individuais repetitivas, a sobrecarga ao Judiciário, a duração excessiva dos feitos, e ainda, o risco de decisões qualitativamente diversas, entre outros.[32]

1.1.3 O interesse pela disciplina jurídica das demandas repetitivas no Brasil e alguns aportes a partir da tutela coletiva no direito comparado

Deste modo, os problemas atinentes ao processo coletivo se afiguraram latentes ao ponto de fragilizar o adequado tratamento dos conflitos decorrentes das relações jurídicas complexas da sociedade moderna. Além disso, o cenário de litigiosidade contida[33] revelado pela abertura do Poder Judiciário por influência das ondas renovatórias de acesso à justiça, gerou um número elevado de novas ações, as quais em vista das já existentes, conduziram a um quadro de evidente sobrecarga ao referido Poder.

Para ter uma dimensão recente desse panorama, dados dos últimos levantamentos feitos pelo Conselho Nacional de Justiça (CNJ) revelam que o Poder Judiciário brasileiro finalizou o ano de 2019 com cerca de 62,9 milhões de processos em tramitação no país.[34]

Dentre os diversos processos em trâmite, grande parte deles têm fundamento a partir de um pano de fundo – e não origem – comum, isto é, são demandas derivadas de situações fáticas ou jurídicas similares, refletindo um acentuado volume de processos como resultado da extrema litigiosidade da sociedade contemporânea.

---

32 MANCUSO, Rodolfo de Camargo. **Ação civil pública em defesa do meio ambiente, do patrimônio cultural e dos consumidores**. 9. ed. São Paulo: Revista dos Tribunais, 2004, p. 156.

33 WATANABE, Kazuo (org.). **Juizado especial de pequenas causas.** São Paulo: Revista dos Tribunais, 1985, p. 2.

34 BRASIL. Conselho Nacional de Justiça (CNJ). **Justiça em números 2020:** ano-base. Brasília: CNJ, 2020, p. 93.

É nesse cenário de massificação de demandas individuais idênticas e seriais submetidas ao crivo do Poder Judiciário que se encontram os chamados casos repetitivos, assim entendidos os que identidade de objeto e causa de pedir, divergindo, pois, no aspecto subjetivo (partes).[35]

Nesse sentido, Bruno Wurmbauer Júnior aduz que os direitos repetitivos "resultam, por isso mesmo, numa intensa massificação de demandas: milhares de indivíduos movem processos judiciais distintos que tratam dos mesmos assuntos, advogam as mesmas teses em desfavor das mesmas pessoas, com pedidos e causas de pedir praticamente iguais".[36]

Luiz Fux associa o elevado quantitativo de demandas "ao denominado 'contencioso de massas', no qual milhares de ações em trâmite no território nacional versavam sobre a mesma questão jurídica, revelando ações homogêneas que não deveriam ser reguladas processualmente como aquelas que compõem a litigiosidade de varejo".[37]

Na esteira desse quadro de litigiosidade repetitiva, portanto, o legislador é chamado a agir para conformação da ordem jurídica constitucional na área processual, na medida em que apontando para a busca do amplo acesso à justiça, esse objetivo perpassa pela concepção de mecanismos processuais céleres e adequados para, a partir de uma nova sistemática processual construída visando implementar uma solução eficaz dos problemas gerados pelos conflitos de massa, garantir a observância do princípio da inafastabilidade da jurisdição.

Esse contexto abre espaço para a incidência daquilo que Bruno Dantas chamou de tutela pluri-individual, assim entendida como "a atividade estatal voltada à justa composição das lides concernentes a direitos individuais homogêneos que se multiplicam em diversas demandas judiciais nas quais haja controvérsia, preponderantemente, sobre questões de direito". Segundo o autor, o objetivo precípuo da tutela pluri-individual, a ser viabilizado por meio de técnicas processuais voltadas à garantia de proteção e efetividade dos direitos de massa, terá duplo viés: "racionalizar e atribuir eficiência ao funcionamento do Poder Judiciário, e, por outro, assegurar igualdade e a razoável duração do processo".[38]

---

35 CÂMARA, Alexandre de Freitas. **O novo processo civil brasileiro.** 5. ed. São Paulo: Atlas, 2019, p. 484.

36 WURMBAUER JUNIOR, Bruno. **Novo código de processo civil e os direitos repetitivos.** 2. ed. Curitiba: Juruá, 2016, p. 36.

37 FUX, Luiz. **Teoria geral do processo.** 2. ed. Rio de Janeiro: Forense, 2016, p. 37.

38 Para Bruno Dantas, as técnicas processuais a esse fim devem notar: "i) que os direitos substanciais devem ser divisíveis e ter origem comum, de fato ou de direito, enquadrando-

Antes, contudo, de abordar a sistemática adotada no Brasil, vale perfazer alguns aportes acerca dos instrumentos de tutela coletiva e de direitos repetitivos a partir do direito comparado, dada utilidade para o conhecimento e aperfeiçoamento do direito nacional,[39] e que inspiraram o tratamento da matéria pelo direito pátrio.

Para o foco da presente obra, o direito britânico oferece significativa contribuição pelo instituto da *Group Litigation Order* (GLO), e do direito alemão, o *Musterverfahren*, o qual foi indicado de forma expressa na exposição de motivos do CPC/2015 como aquele que inspirou a concepção do IRDR.[40] Vale citar, apenas a título de registro, a importância das *class actions* norte-americanas, pois, apesar de não render maiores comentários nesta exposição, certamente contribuíram para a conformação da tutela processual coletiva em vários países, dentre eles, o Brasil.

Tratando inicialmente da técnica inglesa, cabe consignar que o *Group Litigation Order*, apesar de ser a forma mais conhecida, não era a única a tratar dos litígios de múltiplas partes. Segundo Neil Andrews, o modelo inglês admite três formas para tratamento desses litígios:[41] (i) a *representative* proceedings ou processos por representação ou técnicas representativas; (ii) a *Group Litigation Order* (GLO); e (iii) a *consolidated litigation* ou litígios consolidados ou reunião das partes.

-se na moldura conceitual dos direitos individuais homogêneos; ii) a necessidade de dar uma solução a uma multiplicidade de demandas em curso no Poder Judiciário; iii) que em todas as demandas a controvérsia comum deve girar em torno da mesma questão de direito; e, iv) que em todas as demandas a controvérsia predominante deve ser jurídica sem maiores questionamentos sobre o suporte fático." (DANTAS, Bruno. **Teoria dos recursos repetitivos:** tutela pluri-individual nos recursos dirigidos ao STF e ao STJ - arts. 543-B e 543-C do CPC. São Paulo: Revista dos Tribunais, 2014, p. 83-84.)

39 DAVID, René. **Os grandes sistemas do direito contemporâneo.** 3. ed. São Paulo: Martins Fontes, 1998, p. 5.

40 Após ser mencionado, em um dos parágrafos do Anteprojeto do Novo CPC, que a inspiração do IRDR partiu do direito alemão, na mesma página consta a nota de rodapé 19, nos seguintes termos: "No direito alemão a figura se chama *Musterverfahren* e gera decisão que serve de modelo (= *Muster*) para a resolução de uma quantidade expressiva de processos em que as partes estejam na mesma situação, não se tratando necessariamente, do mesmo autor nem do mesmo réu." (BRASIL. Congresso Nacional. Senado Federal. **Código de Processo Civil:** anteprojeto / Comissão de Juristas Responsável pela Elaboração de Anteprojeto de Código de Processo Civil. Brasília: Senado Federal, Presidência, 2010.)

41 ANDREWS, Neil. **O moderno processo civil:** formas judiciais e alternativas de resolução de conflitos na Inglaterra. Orientação e revisão da tradução: Teresa Arruda Alvim Wambier. 2. ed. São Paulo: Revista dos Tribunais, 2012, p. 539-574.

Por meio de processos por representação, um autor entra com uma ação representando a si e a outros, ou seja, a classe representada, agindo, portanto, na qualidade de representante do grupo como substituto processual, mediante técnica de legitimação extraordinária. Passando à última das técnicas, os litígios consolidados, trata-se de uma forma de favorecer as ações com múltiplas partes, representando, pois, o deslocamento da competência a um único juízo que será o responsável para o processamento de causas afins (similar a reunião de processos por conexão ou continência no direito pátrio), e é considerada um mecanismo processual de *opt-in*.[42-43]

A GLO, que representou uma nova perspectiva na condução das questões repetitivas, constitui-se em uma ferramenta de gerenciamento judicial de ações de massa (*mass clains*), que envolve a opção *opt-in* por parte de cada um dos indivíduos. Assim, em caso de multiplicidade de demandas que reclamem solução conjunta, a GLO pode ser aprovada, caso em que, ao emitir a ordem, a Corte deverá: (i) determinar a criação de um cadastro, no qual todos os casos a ela submetidos serão listados; (ii) especificar as questões comuns, como parâmetro para absorção de outras demandas; (iii) especificar a Corte de gerenciamento, responsável pelo cadastro para fins de admissão de ingresso ou exclusão de ações individuais, a qual poderá determinar que uma ou mais demandas individuais funcionem como ações-piloto (*test claims*), em raciocínio similar ao que ocorre em julgamento de casos repetitivos no Brasil, e ao *Musterverfahren*, na Alemanha.[44]

Neil Andrews lembra que o instituto da GLO é visto como o principal meio para lidar em relação a ações indenizatórias por danos causados a grandes grupos de pessoas ou entidades afetadas, sendo características principais do procedimento: "o tribunal deve aprovar ordem de litígio em grupo; far-se-á uso extensivo dos poderes de gerenciamento de casos e de

42 DANTAS, Bruno. **Teoria dos recursos repetitivos:** tutela pluri-individual nos recursos dirigidos ao STF e ao STJ - arts. 543-B e 543-C do CPC. São Paulo: Revista dos Tribunais, 2014, p. 95.

43 Por meio do mecanismo de *opt-in,* qualquer parte em uma demanda judicial poderia optar, expressamente, por ter seu caso decidido conjuntamente com outros que apresentassem questões comuns de fato ou de direito.

44 DANTAS, Bruno. **Teoria dos recursos repetitivos:** tutela pluri-individual nos recursos dirigidos ao STF e ao STJ - arts. 543-B e 543-C do CPC. São Paulo: Revista dos Tribunais, 2014, p. 96.

orientação de questões; decisões sobre assuntos comuns a todas as partes envolvidas serão vinculantes para o grupo e em favor deste".[45]

Por outro lado, a técnica alemã do *Musterverfahren*, enquanto instituto que, em maior expressão, deu base ao IRDR no CPC/2015, foi instituída, em caráter experimental, no âmbito das ações relacionadas ao mercado de capitais (mercado mobiliário), mediante a aprovação da *Kapitalanleger--Musterverfahrensgesetz* (KapMuG) ou Lei sobre o Procedimento-Modelo nos conflitos jurídicos no mercado de capital, no ano de 2005. Contudo, é necessário lembrar que a vivência em torno do instituto remonta ao final da década de 1970, quando o seu uso foi notado, ainda sem regulamentação legal, pelos órgãos judiciais com competência para as causas administrativas. Feito o registro, em 2008, o modelo público do *Musterverfahren* foi inserido no ordenamento legal do ramo jurisdicional alemão que cuida da Assistência e Previdência Social.[46]

Assim, a Alemanha possui dois sistemas diferenciados: (i) o *Musterverfahren* (processo-modelo) da jurisdição administrativa e da previdência e assistência social, como padrão voltado para o direito público; e, (ii) o *Musterverfahren* (procedimento-modelo) dos litígios referentes ao mercado de capitais (KapMuG), como padrão voltado para o direito privado.

Com efeito, dado que o instituto do *Musterverfahren* tem as suas bases em um cenário de grande quantidade de demandas individuais na Alemanha,[47] duas notas são oportunas nessa seção, diante do objetivo voltado às contribuições históricas às demandas repetitivas: (i) quanto ao sistema de justiça administrativa, a escolha dos processos-modelo deve ser orientada por critérios objetivos, para que os processos escolhidos para julgamento

---

45 ANDREWS, Neil. **O moderno processo civil:** formas judiciais e alternativas de resolução de conflitos na Inglaterra. Orientação e revisão da tradução: Teresa Arruda Alvim Wambier. 2. ed. São Paulo: Revista dos Tribunais, 2012, p. 52.

46 Acerca dos fatos históricos que permearam a aprovação da *Kapitalanleger-Musterverfahrensgesetz* (KapMuG), – que, inclusive, teve sua vigência renovada em 2010 e, depois da reforma de 2012, tem derrogação prevista para 2020, caso não seja incorporado em definitivo antes – assim como uma análise mais aprofundada do instituto do *Musterverfahren*, dado que o presente trabalho tem um recorte diferenciado da perspectiva do direito comparado, importante consultar: MENDES, Aluisio Gonçalves de Castro. **Incidente de resolução de demandas repetitivas:** sistematização, análise e interpretação do novo instituto processual. Rio de Janeiro: Forense, 2017, p. 27-53.

47 Sob o ponto de vista histórico, o caso das ações intentadas, em Frankfurt, em face da empresa Deutsche Telekon é recorrentemente lembrado, justamente porque conduziu à edição da KapMuG.

figurem adequadamente como representativos da controvérsia;[48] (ii) quanto ao mercado mobiliário, o procedimento-modelo pode ser resumido em três partes: (a) na primeira, tem-se a formulação de requerimento de admissibilidade perante o órgão de primeiro grau, havendo a determinação de publicidade, em caso de deferimento; (b) na segunda, há o processamento e julgamento do caso-piloto pelo tribunal de segundo grau; e, (c) na terceira, os demais casos individuais serão julgados conforme o entendimento firmado no caso-modelo.

O procedimento-modelo no mercado mobiliário, enquanto o que mais se assemelha ao perfil do IDRD no Brasil, caracteriza-se, portanto, como uma técnica que tem por escopo chegar a uma decisão sobre questões fáticas ou jurídicas, cujo entendimento firmado será extensível à multiplicidade de demandas similares.

Em breve histórico das questões repetitivas no Brasil, desde de 2001, com o pedido de uniformização da interpretação da lei federal nos Juizados Especiais Federais (art. 14, §§ 5º a 9º da Lei 10.259/2001), assim como pela alteração legislativa que promoveu a ampliação da suspensão de liminares em casos repetitivos (art. 4º, §8º da Lei 8.437/1992, acrescentado pela Medida Provisória 2.180-35/2001), se observa uma atenção a institutos e a condução processual de questões afetas aos casos repetitivos.[49]

Nesse contexto, além das diretrizes idealizadas por reformas constitucionais, sobretudo as originadas a partir da Emenda Constitucional (EC) 45/2004, que foi intitulada de Reforma do Judiciário e trouxe a possibilidade de edição de súmula vinculante pelo STF no art. 103-A da CF/1988,[50] destacam-se as reformas de caráter infraconstitucional, por meio da edição de normas tendentes a abrandar a pressão sentida a partir da multiplicidade

---

48 O registro é feito nessa oportunidade, dado o recorte pretendido com o trabalho, mas será aprofundado adiante no capítulo específico que trata da seleção dos casos paradigmas.

49 ROQUE, André Vasconcelos. Ações coletivas e procedimentos para a resolução de casos repetitivos. *In:* DIDIER JR., Fredie; CUNHA, Leonardo Carneiro da (coord.). **Julgamento de casos repetitivos.** Salvador: Juspodivm, 2017, p. 27.

50 Sobre esse ponto, cabe destacar que com a EC 45/2004, a principal medida apresentada visando a reforma do Poder Judiciário brasileiro foi a criação da súmula vinculante do STF, que teve como viés a uniformização acerca da interpretação do direito, sendo que quanto à redução da volumetria de processos, embora possa ter influências nesse cenário, há de se considerar pela experiência, enquanto fator de prejudicialidade, a demora até que tais feitos sejam de fato apreciados pela Corte. Assim, muitas outras demandas individuais acabam chegando aos Tribunais antes mesmo da edição da súmula.

de demandas idênticas, sobretudo, junto aos tribunais superiores, as quais impediam que outras matérias importantes fossem analisadas com o rigor e a profundidade que lhes eram exigidas.

No ambiente infraconstitucional, veja-se inicialmente a Lei 11.277/2006 que incluiu o art. 285-A no CPC/1973, trazendo a possibilidade de prolação de sentença de improcedência *prima facie* nos casos em que a matéria controvertida submetida a julgamento fosse unicamente de direito e no juízo já houvesse sido proferida sentença de total improcedência em outros casos idênticos. Assim, a lei dispensava a citação e autorizava a prolação de sentença reproduzindo a decisão anterior.

Na sequência, as Leis 11.418/2006 e 11.672/2008 foram editadas trazendo a sistemática alusiva ao processamento e julgamento de casos representativos da controvérsia constitucional e infraconstitucional, ou seja, de recursos extraordinário e especial repetitivos, respectivamente, perante o Supremo Tribunal Federal (STF) e o Superior Tribunal de Justiça (STJ).

Para Teresa Arruda Alvim e Bruno Dantas, essas leis foram pioneiras ao introduzir, no âmbito das Cortes Superiores, a característica da "identidade da questão de direito federal", seja constitucional ou infraconstitucional, como fator relevante para a deflagração da técnica de julgamento de casos repetitivos que chamam de tutela recursal pluri-individual.[51]

Inicialmente, a Lei 11.418/2006, cujo tema principal foi a repercussão geral no Recurso Extraordinário (RE), trouxe, enquanto extrapolação aos limites da previsão do referido instituto, o tema dos recursos extraordinários repetitivos, inserindo o art. 543-B no CPC/1973, cuja regra semelhante já se encontrava prevista no então art. 321, §5º do Regimento Interno do Supremo Tribunal Federal (RISTF).

Na sequência, com relação ao Recurso Especial (REsp), a Lei 11.672/2008 versou sobre o julgamento de recursos sobre idêntica matéria no âmbito do STJ, e assim, incluindo a previsão no CPC/1973 do recurso especial repetitivo com o art. 543-C. O pressuposto para tratamento sobre o rito estabelecido era, portanto, a existência de multiplicidade de recursos interpostos com fundamento em idêntica controvérsia constante de legislação federal infraconstitucional.

51 ALVIM, Teresa Arruda; DANTAS, Bruno. **Recurso especial, recurso extraordinário e a nova função dos tribunais superiores no direito brasileiro.** 4. ed. São Paulo: Revista dos Tribunais, 2017, p. 522.

Assim, com tais leis versando sobre a técnica de julgamento de recursos em matérias similares a partir de casos representativos da controvérsia, restou evidente a preocupação, no ordenamento pátrio, com o tratamento das demandas repetitivas. Nessa senda, Teresa Arruda Alvim Wambier e Maria Lúcia Lins Conceição de Medeiros, já denotavam um duplo objetivo no julgamento de recursos repetitivos, ao referir-se – em raciocínio que se estende ao recurso extraordinário repetitivo – como a "técnica voltada, ao mesmo tempo, à homogeneização da jurisprudência e à aceleração e simplificação do julgamento dos recursos pelo STJ. Valorização do precedente do STJ e racionalização do julgamento dos recursos especiais são ideais em que essa nova regra se sustenta".[52]

Portanto, a partir do interesse do ordenamento processual brasileiro em conferir atenção quanto às demandas repetitivas, com destaque, notadamente, para a realidade do século XXI devido ao incremento progressivo dos conflitos de massa e da propagação de uma enormidade de litígios e processos sobre uma mesma questão jurídica, o legislador pátrio começou a esboçar as linhas iniciais do que viria a ser o IRDR ainda em 2010, por ocasião dos trabalhos realizados no bojo da Comissão de Juristas presidida pelo Ministro do STF Luiz Fux.

A ideia de criação do instituto, inicialmente denominado de Incidente de Coletivização, foi de Paulo Cezar Pinheiro Carneiro, impelido pelo desejo de fortalecimento dos precedentes, mas com a pretensão de ter um caráter preventivo já a partir das fortes condições de abrangência notadas ainda na primeira instância, distinguindo-o do existente incidente de uniformização da jurisprudência.[53]

No documento publicizado[54] com as linhas iniciais mestras que norteariam as discussões e formatação do CPC/2015, além da sinalização do

---

52 WAMBIER, Teresa Arruda Alvim; MEDEIROS, Maria Lúcia Lins Conceição de. Recursos repetitivos: realização integral da finalidade do novo sistema impõe mais do que a paralisação dos recursos especiais que estão no 2º grau. **Revista de Processo**, São Paulo, v. 36, n. 191, p. 187-197, jan. 2011.

53 MENDES, Aluisio Gonçalves de Castro. **Incidente de resolução de demandas repetitivas:** sistematização, análise e interpretação do novo instituto processual. Rio de Janeiro: Forense, 2017, p. 2.

54 Como excerto relevante nesse sentido, vale citar: "Tendo como premissa esse objetivo, construiu-se a proposta de instituição de um incidente de coletivização dos denominados litígios de massa, o qual evitará a multiplicação das demandas, na medida em que o seu reconhecimento numa causa representativa de milhares de outras idênticas, imporá a suspensão de todas, habilitando o magistrado na ação primeira, dotada de amplíssima

nome provisório – o que por certo contribuiu para a sua modificação em razão das questões relativas ao então Projeto de Lei 5.139/2009 de nova Lei da Ação Civil Pública – trouxe razões expressivas por considerar este instrumento como meio para evitar a multiplicação de demandas de massa e de promoção da isonomia constitucional.

Sobre esse momento de concepção sistêmica do instituto, na linha de destacar a atenção a princípios como a economia processual, a isonomia e a razoável duração do processo, além dos prejuízos da dispersão dos casos e da repetição do julgamento da mesma *quaestio juris*, Cândido Rangel Dinamarco e Bruno Vasconcelos Carrilho Lopes destacam que "a implantação dessa técnica insere-se no contexto de um movimento voltado a superar os inconvenientes dos *microprocessos* que se multiplicam às dezenas, centenas ou quiçá milhares, todos portadores da mesma questão jurídica a ser decidida tantas vezes quantas forem esses microprocessos".[55]

Com a edição do CPC/2015, de modo a racionalizar e conferir efetividade ao tratamento da matéria de casos repetitivos, o legislador buscou organizar de maneira sistêmica os institutos processuais concebidos pelas últimas reformas, particularmente, com o tratamento diferenciado conferido aos recursos repetitivos nos arts. 1.036 a 1.041, além de inovar com a introdução do Incidente de Resolução de Demandas Repetitivas (IRDR) ao longo dos arts. 976 ao 987, como uma solução simétrica ao que já existia para os tribunais superiores e, ainda, assegurar-lhes o caráter de observância obrigatória, com o objetivo de garantir a uniformidade do direito.[56]

1.2 OS CASOS REPETITIVOS NO CÓDIGO DE PROCESSO CIVIL DE 2015

A partir dos fatos históricos e subsequentes legislações que conduziram a um cenário de ruptura de valores sociais e jurídicos e, portanto, a necessidade de mudanças na lei processual, sucedeu a edição do CPC/2015, tendo

---

defesa, com todos os recursos previstos nas leis processuais, proferir uma decisão com largo espectro, definindo o direito controvertido de tantos quantos se encontram na mesma situação jurídica, trazendo uma solução de mérito consagradora do princípio da isonomia constitucional." (BRASIL. Congresso Nacional. Senado Federal. **Código de processo civil**: anteprojeto / Comissão de Juristas Responsável pela Elaboração de Anteprojeto de Código de Processo Civil. Brasília: Senado Federal, Presidência, 2010.)

55 DINAMARCO, Cândido Rangel; LOPES, Bruno Vasconcelos Carrilho. **Teoria geral do novo processo civil**. São Paulo: Malheiros, 2016, p. 216.

56 No quarto capítulo se debruçará sobre a qualidade e vinculação das teses jurídicas firmadas a partir do julgamento de casos repetitivos.

como vetores basilares a eficiência do Poder Judiciário e uniformidade do Direito por meio da valorização dos precedentes.

Assim, com o fim de perseguir esses vetores, a legislação processual civil, que trouxe o novel instituto do IRDR (arts. 976 a 987) ligado ao anseio de caminhar para uma jurisprudência uniforme, estável, íntegra e coerente, assim como reformulou e uniu o regramento dos recursos especiais e extraordinários repetitivos (art. 1.036 a 1.041), foi além, pois garantiu a confluência de princípios e normas para uma interpretação que permitisse a condução e sistematização da matéria de forma una, ressalvados alguns pontos de necessária distinção.

Com efeito, faz-se presente na disciplina desta temática a ideia de sistema, mormente no Brasil pela matriz romano-germânica a que se filia, sendo resultado dessa ligação com o direito codificado.[57] Assim, ao enfatizar a abordagem sistematizada do fenômeno jurídico, com os códigos enquanto compilações sistemáticas de todas as normas jurídicas de um determinado ramo do direito, e ao se ter como norte a superação do paradigma positivista de completude do ordenamento jurídico, nota-se a identificação doutrinária de microssistemas dentro do sistema jurídico,[58] de modo que essa leitura é útil em decorrência dos ganhos advindos das integrações normativas dos institutos que os compõem.

Nesse passo, pretende-se, na presente seção, abordar as características e os elementos centrais que gravitam em torno das técnicas processuais que veiculam as demandas surgidas como consequência desse contexto de litigiosidade repetitiva, as quais integram um verdadeiro microssistema de gestão e julgamento desses casos repetitivos, cujas disposições e normas

57 Eichler Hermann aduz que as estruturas do direito privado das legislações europeias têm por base a sistemática do Direito Romano. Nesse sentido, referidas leis refletem um modo de pensar próprio do âmbito de influência jurídica romano-germânica, o qual está relacionado à propagação mundial do Código Civil, em especial, com influências nas codificações dos países sul-americanos. (EICHLER, Hermann. Codificação do direito civil e teoria dos sistemas de direito. **Revista de direito civil**, v. 2, p. 43-58, out./dez. 1977, p. 36.)

58 Dentro do sistema jurídico brasileiro, o mais conhecido é o microssistema de proteção e defesa do consumidor que decorre do Código de Defesa do Consumidor (CDC), mas deve-se frisar a importância dos microssistemas em matéria de direito ambiental, de tutela coletiva e dos juizados especiais. Sobre o primeiro, vale consultar: OLIVA, Milena Donato. Desafios contemporâneos da proteção do consumidor: codificação e pluralidade de fontes normativas. **Revista Brasileira de Direito Civil**, Belo Horizonte, v. 16, p. 15-33, abr./jun. 2018.

de regência se complementam reciprocamente e devem ser interpretadas conjuntamente.[59]

Nessa leitura sistematizada envolvendo o IRDR e os recursos repetitivos, alguns temas propedêuticos como os princípios informadores do microssistema, a natureza jurídica, o objeto e a técnica processual de julgamento, assim como de institutos estruturais do direito processual como os pressupostos para instauração (ou requisitos de cabimento), legitimidade, competência e o procedimento, serão tratados de maneira centralizada.

Vale destacar que, com relação à legitimidade e à competência, por serem os elementos que guardam diferenças entre o IRDR e os recursos repetitivos, as devidas ressalvas serão feitas ao longo do texto, seja nesta mesma seção, no caso da legitimidade, ou enquanto temática do próximo capítulo, no que tange à competência. Especificamente nesse último ponto, a condução em apartado se justifica em razão do recorte temático proposto, o qual reclama, pois, obrigatório aprofundamento.

Como questão elucidativa preliminar, cabe frisar que a característica de "gestão" ligada ao título do capítulo em curso não foi por acaso. Muitas técnicas e mecanismos, já referenciados na seção inicial desta obra, foram inseridos no sistema processual ao longo das reformas do CPC/1973, sem, contudo, trazer resultados satisfatórios na gestão e julgamento dos processos repetitivos.

Com efeito, a partir das disposições do CPC/2015, resta claro que o direito brasileiro, a exemplo dos ordenamentos alemão e britânico,[60] pretendeu conduzir o tratamento dos casos repetitivos a partir de um forte aspecto gerencial, visto que não basta julgá-los (viés jurídico): é imperioso que haja uma efetiva racionalidade nos momentos anterior e posterior ao exercício da atividade finalística do órgão julgador, ou seja, aquela destinada ao proferimento da decisão e, assim, da consequente formação da tese jurídica.

---

59 Nesse sentido é enunciado 345 do FPPC.

60 Tomando por base a *Group Litigation Order* (GLO), Daniel de Andrade Lévy a caracteriza como uma ferramenta de gerenciamento judicial de ações de massa, assumindo, de fato, um cunho mais gerencial do que jurídico, já que o objetivo "é possibilitar que uma estrutura enxuta do Poder Judiciário possa confrontar-se com uma quantidade enorme de demandas". (LÉVY, Daniel de Andrade. O incidente de resolução de demandas repetitivas no anteprojeto do novo Código de Processo Civil: exame à luz da *Group Litigation Order* britânica. **Revista de Processo**, v. 36, n. 196, p. 165-206, jun. 2011, p. 186.)

Portanto, o fenômeno de tratamento das demandas de massa não comporta uma solução que se afigure simplista, ou seja, com a mera modificação da ordem processual. Para a obtenção de um resultado efetivo, além da introdução de novos institutos e técnicas e aprimoramento de outras já existentes, é necessário que o novo modelo seja acompanhado de medidas de cunho estrutural, tais como a organização do sistema judicial, a capacitação de pessoas e o suporte a novas tecnologias, mas sobretudo, de ações de gestão que, alicerçadas em uma visão estratégica e não meramente burocrática do processo, se mostrem capazes de conduzir à uma padronização decisória e à disseminação da interpretação acerca do direito e das melhores práticas, incluindo, a adoção de ritos mais simples e flexíveis, dentre outras medidas, rumo ao objetivo pretendido.[61]

Assim, tanto nas normas da lei processual civil, quanto em regramentos de organização CNJ e dos diversos tribunais,[62] é possível constatar algumas diretrizes que informam esse viés de gestão a que se liga o microssistema, por suas técnicas de julgamento de casos repetitivos.

A partir das normas do CPC/2015, a título de exemplo, a gestão no momento anterior pode ser percebida quando se estabelece que após a instauração do IRDR, deverá ocorrer a sua mais ampla e específica divulgação e publicidade, por meio de registro eletrônico no CNJ (art. 979, *caput*), ou com a obrigação, aos tribunais, de manter banco eletrônico de dados atualizados com informações específicas sobre questões de direito submetidas ao incidente (art. 979, §1º) e registro eletrônico das teses jurídicas constantes do

---

61 A doutrina já se debruça sobre os principais pontos positivos que direcionam a essa característica de gestão. Vale consultar: LÉVY, Daniel de Andrade. O incidente de resolução de demandas repetitivas no anteprojeto do novo Código de Processo Civil: exame à luz da *Group Litigation Order* britânica. **Revista de Processo**, v. 36, n. 196, p. 165-206, jun. 2011, p. 186.)

62 Para ter como exemplo de um tribunal, no âmbito do STJ, por meio da Emenda Regimental 26/2016, foi criada a Comissão Gestora de Precedentes (art. 40, V, RISTJ), que tem como algumas de suas funções (art. 46-A), "I - supervisionar os trabalhos do Núcleo de Gerenciamento de Precedentes – Nugep, em especial os relacionados à gestão dos casos repetitivos e dos incidentes de assunção de competência, bem como ao controle e ao acompanhamento de processos sobrestados na Corte em razão da aplicação da sistemática dos recursos repetitivos e da repercussão geral", e "V - acompanhar, inclusive antes da distribuição, os processos que possuam matéria com potencial de repetitividade ou com relevante questão de direito, de grande repercussão social, a fim de propor ao Presidente do Tribunal medidas para a racionalização dos julgamentos desta Corte por meio de definições de teses jurídicas em recursos repetitivos ou em assunção de competência".

cadastro contendo, no mínimo, os fundamentos determinantes da decisão e os dispositivos normativos a ela relacionados, para possibilitar a identificação dos processos abrangidos pela decisão do incidente (art. 979, §2º). A gestão quanto ao momento posterior pode notada, por exemplo, na obrigação imposta aos tribunais em dar publicidade a seus precedentes, organizando-os por questão jurídica decidida e divulgando-os, preferencialmente, na rede mundial de computadores (art. 927, §5º).

No CNJ, a Resolução 235/2016 detém esse viés gerencial ao dispor sobre a padronização de procedimentos administrativos decorrentes de julgamentos de repercussão geral, de casos repetitivos e de Incidente de Assunção de Competência (IAC) previstos no CPC/2015, no STJ, no Tribunal Superior Eleitoral (TSE), no Tribunal Superior do Trabalho (TST), no Superior Tribunal Militar (STM), nos Tribunais Regionais Federais (TRF), nos Tribunais Regionais do Trabalho (TRT) e nos Tribunais de Justiça dos Estados e do Distrito Federal.

Nessa linha, o microssistema exige uma organização com vistas ao atingimento de suas funções sob um terá duplo viés: (i) o de racionalizar, atribuir eficiência, celeridade e economia processuais, no funcionamento do Poder Judiciário; (ii) e o de viabilizar a aplicação da tese por todos os órgãos jurisdicionais em respeito aos valores de igualdade, estabilidade, coerência e integridade do Direito.

Aliás, com azo nesse segundo viés, cabe aclarar, ainda, que o microssistema de gestão e julgamento de casos repetitivos, por suas técnicas, integra um outro microssistema: o de formação e aplicação de precedentes vinculantes, junto com a técnica processual do Incidente de Assunção de Competência (IAC).[63] As observações pertinentes serão feitas no capítulo final, por tratar especificamente da matéria concernente a tal microssistema.

Assim, considerando o foco sobre a caracterização do microssistema, o qual requerer a presença de elementos fundamentais e convergentes às técnicas processuais que dele fazem parte, compete dar início a essa abordagem por meio dos princípios que despontam como base de sua edificação, isto

63 Nesse sentido, mas com distinção em relação à nomenclatura: "Em outras palavras, existe um microssistema de formação concentrada de precedentes obrigatórios, formado pelos incidentes de assunção de competência e pelo julgamento de casos repetitivos. Suas respectivas normas intercomunicam-se e formam um microssistema, garantindo, assim, unidade e coerência." (DIDIER JR., Fredie; CUNHA, Leonardo Carneiro da. **Curso de direito processual civil**: meios de impugnação às decisões judiciais e processos nos tribunais. v. 3. 13. ed. Salvador: Juspodivm, 2016, p. 658).

é, que denotam que o IRDR e os recursos repetitivos estão direcionados a uma finalidade comum.

1.2.1 Princípios informadores do microssistema dos casos repetitivos

Como destacado anteriormente, a identificação de um microssistema é útil sob o ponto de vista da possibilidade de integrações normativas entre os institutos que o compõem. Dessa maneira, no caso das demandas repetitivas cujo julgamento é veiculado por meio das técnicas processuais do IRDR e dos recursos repetitivos, as integrações entre as normas aplicáveis a cada uma delas só serão válidas se respeitarem os princípios informadores desse microssistema do qual fazem parte.

Nesse sentido, o microssistema de julgamento de casos repetitivos é informado pelos princípios da razoável duração do processo e da economia processual,[64] e passa a fazer parte de um círculo maior, isto é, o microssistema de formação e aplicação de precedentes vinculantes,[65] o qual tem como princípios unificadores a isonomia e a segurança jurídica. Dada a abrangência dos últimos princípios em relação aos primeiros, faz sentido iniciar a abordagem por eles.

Com efeito, relativamente aos casos repetitivos por serem objeto desta análise, em razão de serem resultantes de questões jurídicas comuns, cabe notar que do julgamento em sede de IRDR ou sob o rito dos recursos repetitivos, resultará numa decisão que tem por objetivo conduzir a uniformidade

---

64 Entendendo que o IRDR é informado pela tríade isonomia-segurança-celeridade: TEMER, Sofia. **Incidente de resolução de demandas repetitivas.** 3. ed. Salvador: Juspodivm, 2018, p. 25. No mesmo sentido proposto é a doutrina de Aluisio Gonçalves de Castro Mendes, Roberto de Aragão Ribeiro Rodrigues e Erik Navarro Wolkart: WOLKART, Eric Navarro. O fetiche dos microssistemas no novo código de processo civil – integrações normativas entre procedimentos para formação de precedentes e para julgamentos de processos repetitivos. *In:* NUNES, Dierle; MENDES, Aluisio Gonçalves de Castro; JAYME, Fernando Gonzaga (coord.). **A nova aplicação da jurisprudência e precedentes no CPC/2015:** estudos em homenagem à professora Teresa Arruda Alvim. São Paulo: Revista dos Tribunais, 2017, p. 363-399.

65 WOLKART, Eric Navarro. O fetiche dos microssistemas no novo código de processo civil – integrações normativas entre procedimentos para formação de precedentes e para julgamentos de processos repetitivos. *In:* NUNES, Dierle; MENDES, Aluisio Gonçalves de Castro; JAYME, Fernando Gonzaga (coord.). **A nova aplicação da jurisprudência e precedentes no CPC/2015:** estudos em homenagem à professora Teresa Arruda Alvim. São Paulo: Revista dos Tribunais, 2017, p. 363-399. DIDIER JR, Fredie; CUNHA, Leonardo Carneiro da. Do incidente de assunção de competência (art. 947). *In*: CABRAL, Antônio do Passo; CRAMER, Ronaldo. **Comentários ao novo código de processo civil.** 2. ed. Rio de Janeiro: Forense, 2016, p. 1.362-1.372.

da jurisprudência, isto é, com força de observância obrigatória para que possa ser refletida e, assim, conduzir a solução de casos presentes e futuros.

Assim, a isonomia figura como princípio basilar aos dois microssistemas mencionados, que se traduz tanto na necessidade de equilíbrio da relação processual, ou seja, a igualdade no processo com a garantia do equilíbrio das posições jurídicas de todos os sujeitos processuais,[66] quanto sob o enfoque da justa resposta jurisdicional, no tocante a imposição de idêntica solução aos casos que partem da mesma discussão jurídica de direito material, por um dever se coerência do próprio sistema jurídico.

O princípio da igualdade, por sua vez, dá azo à garantia da segurança jurídica, enquanto segundo princípio comum aos microssistemas de julgamento de casos repetitivos e de formação de precedentes. Para Humberto Ávila, "a proteção da igualdade conduz à garantia da segurança jurídica como segurança do Direito e dos direitos de qualquer cidadão frente ao Estado, a ser realizada pelo Estado por meio da aplicação coerente e consistente do ordenamento jurídico para todos aqueles que se encontram em situação equivalente".[67]

Por conseguinte, o tempo que o processo leva para ser decidido é um indicativo para a segurança jurídica, quando se leva em conta, por exemplo, fenômenos como a preclusão. Assim, a efetividade do processo exige que a decisão final não se dilua no tempo além do necessário para atendimento às garantias processuais, sobretudo o contraditório. Assim, as teses jurídicas fixadas em sede de julgamento de casos repetitivos apontam para um benefício em relação à garantia da razoável duração do processo, seja para os feitos alcançados pelo raio de incidência desses julgamentos, seja em um contexto geral de atuação do Judiciário, que poderá debruçar-se sobre outros temas tão importantes quanto ou até mais complexos e que exigirão, portanto, um contraditório ampliado.

Por fim, a economia processual enquanto princípio informativo do microssistema de julgamento de casos repetitivos traz uma aderência à ideia de economia judicial,[68] uma vez que a abreviação dos processos em razão da

---

66 ABREU, Rafael Sirangalo. A igualdade e os negócios processuais. *In:* CABRAL, Antonio do Passo; NOGUEIRA, Pedro Henrique (coord.). **Negócios processuais.** Salvador: Juspodivm, 2015, p. 201.

67 ÁVILA, Humberto. **Segurança jurídica:** entre permanência, mudança e realização no direito tributário. 2. ed. São Paulo: Malheiros, 2012, p. 231.

68 A expressão economia judicial e economia processual foi utilizada por MENDES, Aluisio Gonçalves de Castro; SILVA, Larissa Clare Pochmann da. Ações coletivas e incidente de resolução de demandas repetitivas: algumas considerações sobre a solução coletiva

incidência de tese jurídica que a eles se amolda está em linha com o princípio da racionalização do Judiciário. Nesse ponto, a possibilidade de suspensão dos processos com matérias repetitivas em todo o território de abrangência do respectivo tribunal é medida que objetiva não apenas obstar eventuais decisões contraditórias, mas também, evidente o ganho à máquina estatal, dado evitar o gasto de maneira improdutiva.

1.2.2 Natureza jurídica: incidente processual ou processo incidental?

Cediço é que a resposta acerca da natureza jurídica de determinado mecanismo, instituto ou técnica, parte da seguinte indagação: o que esse instrumento representa para o Direito? Em especial, importa saber o que o julgamento de casos repetitivos representa no campo do direito processual, sob duplo viés, quais sejam: (i) o aspecto formal, isto é, se incidente processual ou procedimento incidental; e, (ii) o aspecto material, ou seja, se adotado o modelo de caso-piloto ou o de procedimento modelo.

Assim, a natureza jurídica pressupõe entender os elementos fundamentais que compõem o instituto para, observando a sua essência e entendendo-o como um fenômeno passível de enquadramento, classificá-lo dentro de um conjunto de outras figuras existentes no direito após um juízo de aproximação.

Nesse passo, no que diz respeito ao aspecto formal, embora os institutos comunguem da dependência quanto à existência de um processo em curso para que possam ser instaurados, os incidentes processuais são manifestações no cerne do próprio processo e sobre as quais o órgão colegiado deverá se pronunciar, enquanto que os processos incidentais ou ações autônomas, por seu direcionamento aprofundado, dão ensejo à instauração de outro processo, cumprindo todas as etapas procedimentais desde o protocolo da petição inicial. Logo, no primeiro, parte-se da relação jurídico-processual existente, ao passo que no segundo, uma nova é estabelecida.[69]

Segundo Cândido Rangel Dinamarco e Bruno Vasconcelos Carrilho Lopes, o incidente processual constitui o "conjunto de atos formalmente

---

de conflitos. *In:* ZANETI JR., Hermes (org.). **Processo coletivo.** Salvador: Juspodvim, 2016, p. 546.

69 PINHO, Humberto Dalla Bernardina de. **Direito processual civil contemporâneo.** v. 2. São Paulo: Saraiva, 2017, p. 807.

coordenados a serem realizados no curso do processo. É um pequeno procedimento inserido no contexto de um procedimento maior".[70]

Bruno Dantas aduz que "incidentes processuais, de um modo geral, são fenômenos jurídico-processuais que ocorrem em momento diferenciado na marcha do processo, designados a auxiliar o seu devido trânsito, aprimorando o resultado final na aplicação do método".[71] Desse modo, a partir do CPC/2015, tem-se como incidentes: o que decorre da controvérsia quanto à admissibilidade da assistência (art. 120, parágrafo único), de desconsideração da personalidade jurídica (art. 133 e ss.), de impedimento e suspeição (art. 146, §§1º, 2º e 3º, e 148), de arguição de falsidade de documento (art. 436, III), de remoção (art. 623, parágrafo único), de arguição de inconstitucionalidade (art. 948 e ss.), entre outros.

Sob essa perspectiva, o IRDR e os recursos repetitivos caracterizam-se como incidentes processuais, vez que podem ser instaurados por meio de um pedido e não de petição inicial, ou seja, não se tratam de nova ação ou processo autônomo, exigindo sempre um prévio processo judicial instaurado, além de dispensarem o pagamento de custas ou sucumbência. Frisa-se que o raciocínio se aplica às duas espécies de julgamento de casos repetitivos, sendo que, inclusive a nomenclatura de incidente de julgamento de recursos repetitivos já adotada pela doutrina[72] e em julgado do STJ.[73]

---

70 DINAMARCO, Cândido Rangel; LOPES, Bruno Vasconcelos Carrilho. **Teoria geral do novo processo civil**. 2. ed. São Paulo: Malheiros, 2017, p. 241.

71 DANTAS, Bruno. Do incidente de resolução de demandas repetitivas: comentários aos artigos 976 a 987. *In*: WAMBIER, Teresa Arruda Alvim; DIDIER JR., Fredie; TALAMINI, Eduardo; DANTAS, Bruno (coord.). **Breves comentários ao novo código de processo civil.** 3. ed. São Paulo: Revista dos Tribunais, 2016, p. 2.428.

72 DINAMARCO, Cândido Rangel; LOPES, Bruno Vasconcelos Carrilho. **Teoria geral do novo processo civil**. 2. ed. São Paulo: Malheiros, 2017, p. 241. Em artigo publicado ainda sob a égide do CPC/1973 e versando sobre o incidente de julgamento de recursos repetitivos, Leonardo Carneiro da Cunha usa a nomenclatura na definição do instituto: "Quando se seleciona um dos **recursos** para julgamento, instaura-se um novo procedimento. Esse **procedimento incidental** é instaurado por provocação oficial e não se confunde com o procedimento principal recursal, instaurado por provocação do recorrente. [...] O objeto desse incidente é a fixação de uma tese jurídica geral, semelhante ao de um processo coletivo em que se discutam direitos individuais homogêneos. **Trata-se de um incidente** com objeto litigioso coletivo". (grifos inseridos) (CUNHA, Leonardo José Carneiro da. O regime processual das causas repetitivas. **Revista de Processo**, São Paulo, v. 35, n. 179, p. 139-174, jan. 2010, p. 171-172.)

73 Ementa: "Processo civil. Questão de ordem. **Incidente de Recurso Especial Repetitivo**. Formulação de pedido de desistência no Recurso Especial representativo de controvérsia (art. 543-C, §1º, do CPC). Indeferimento do pedido de desistência recursal. [...]". (grifo

Pela necessidade de processo instaurado vê-se, pois, a relevância da acessoriedade para essa concepção, mas Aluisio Gonçalves de Castro Mendes chama atenção para a particularidade de que no IRDR o procedimento padrão diz respeito à questão jurídica pertinente a processos paralelos, ou seja, nas quais há um número significativo de pessoas, gerando uma ruptura com o modelo tradicional onde o processo e seus incidentes são marcados pela dualidade de partes.[74]

Com relação a tal característica, Marcos de Araujo Cavalcanti a inclui dentre os quatro elementos pelos quais entende caraterizadores do incidente processual: (i) a acessoriedade, em razão da dependência de outros processos; (ii) a acidentalidade, pelo desvio no curso normal dos processos repetitivos; (iii) a incidentalidade, por incidir em outros processos em curso ou futuros; e (iv) o procedimento incidental, dado criar um procedimento específico para o exame das questões comuns de direito.[75]

Com efeito, as características constantes do CPC/2015 quanto às duas técnicas ligadas aos casos repetitivos permitem apontar para a natureza jurídica de um procedimento incidental autônomo ou objetivo, isto é, de julgamento abstrato das questões jurídicas controvertidas e comuns aos casos repetitivos levados ao Judiciário. É certo que não haverá o julgamento das causas propriamente ditas como se um fosse aberto um fórum coletivo de resolução direta destas questões dentro do incidente, mas apenas a formação da tese jurídica acerca da questão jurídica controvertida, cuja eficácia por projeção deverá ser implementada pelos órgãos jurisdicionais de origem dessas demandas, assim como das demais que tiverem o mesmo substrato discursivo.

Nessa perspectiva, pela leitura de que os incidentes de julgamento de casos repetitivos assumem a condição de procedimento objetivado ou dessubjetivado,[76] uma vez que o objetivo principal está na fixação da tese jurídica realizada na primeira fase do procedimento incidental, nota-se algum

incluído) (STJ. QO no REsp 1.063.343/RS, Relator: Ministra Nancy Andrighi. Corte Especial. Data de Julgamento: 17/12/2008, Data de Publicação: DJe 04/06/2009.)

74 MENDES, Aluisio Gonçalves de Castro. **Incidente de resolução de demandas repetitivas:** sistematização, análise e interpretação do novo instituto processual. Rio de Janeiro: Forense, 2017, p. 105.

75 CAVALCANTI, Marcos de Araújo. **Incidente de resolução de demandas repetitivas (IRDR).** São Paulo: Revista dos Tribunais, 2016, p. 179-180.

76 Sobre o julgamento de casos repetitivos como procedimento objetivado, vale ler: WOLKART, Eric Navarro. **Precedente judicial no processo civil brasileiro:** mecanismos de objetivação do processo. Salvador: Juspodvim, 2013, p. 127-131. TEMER, Sofia.

grau de autonomia quanto aos processos subjetivos nos quais se discute a questão objeto do incidente.

Há, portanto, de um lado, o incidente, de natureza objetiva e destinado à fixação da tese jurídica e à concepção do precedente, e de outro, os processos suspensos (que também podem ter figurado como casos paradigmas) voltados à resolução da questão individual, de caráter subjetivo, e com os quais o incidente torna a se relacionar após o seu julgamento, justamente pela sistemática que acarretará a produção de efeitos da decisão, isto é, com a aplicação da tese firmada.[77]

1.2.3 O objeto dos incidentes e a técnica processual: caso-piloto ou procedimento modelo?

Uma vez definida a natureza jurídica do instituto enquanto incidente, compete avaliar duas questões: o objeto propriamente dos incidentes e, posteriormente, como será conduzido o tratamento do conteúdo, ou seja, se o colegiado, ao fixar a tese jurídica, também julga o caso concreto, ou se apenas conduz à concepção da tese, firmada em abstrato apenas pelo julgamento da questão jurídica.

Acerca do objeto, partindo da natureza jurídica da técnica entendida como incidente, e tendo em conta que o CPC/2015 em diversos dispositivos, para não ser exaustivo, os arts. 985 e 986, fazem alusão à tese jurídica firmada no incidente, que nada mais é senão o seu objetivo, resta claro, portanto, que o objeto a ser analisado no mérito dessa técnica é a questão jurídica. Aluisio Gonçalves de Castro Mendes afirma que "no ordenamento brasileiro, está muito nítido que o objeto do incidente é a questão jurídica, com a formulação de uma tese jurídica".[78]

Incidente de resolução de demandas repetitivas. 3. ed. Salvador: Juspodivm, 2018, p. 81-93.

77 DANTAS, Bruno. Do incidente de resolução de demandas repetitivas: comentários aos artigos 976 a 987. *In*: WAMBIER, Teresa Arruda Alvim; DIDIER JR., Fredie; TALAMINI, Eduardo; DANTAS, Bruno (coord.). **Breves comentários ao novo código de processo civil.** 3. ed. São Paulo: Revista dos Tribunais, 2016, p. 2.424-2.426. MELLO PORTO, José Roberto Sotero de. **Teoria geral dos casos repetitivos.** 1. ed. Rio de Janeiro: GZ, 2018, p. 112-113.

78 MENDES, Aluisio Gonçalves de Castro. **Incidente de resolução de demandas repetitivas:** sistematização, análise e interpretação do novo instituto processual. Rio de Janeiro: Forense, 2017, p. 106.

Nesse sentido, embora a legislação processual, em diversos dispositivos do CPC/2015, faça referência à expressão "casos idênticos", entende-se que a redação mais aderente ao objeto propriamente dos incidentes seria "questão de direito" ou "questão jurídica", cuja identidade se exige para a instauração dos procedimentos e se amolda à tese jurídica ao final firmada.

Por outro lado, a interpretação acerca do julgamento ou não do caso concreto é ponto relevante justamente em virtude do direcionamento, dado pela doutrina, quanto à incidência de uma das técnicas de julgamento de casos repetitivos, ou seja, se caso-piloto (ou processo-teste) ou procedimento modelo (ou causa modelo).

Nas causas piloto (caso-piloto), o órgão julgador não apenas julga a questão jurídica, mas também os processos afetados pela aplicação da tese firmada. Há, pois, unidade cognitiva, ou seja, há unidade de processo e julgamento da questão comum, de modo que o mesmo órgão julga os processos originários selecionados como paradigmas, replicando para a tese jurídica definida no incidente.

Para Humberto Theodoro Júnior, Dierle Nunes, Alexandre Melo Faria Franco Bahia e Flávio Quinaud Pedron, no julgamento dos recursos repetitivos, tais "não serão julgados isolada e repetidamente, mas reunidos para que, a partir do julgamento de dois (ou mais) deles, todos sejam resolvidos - técnica das 'causas-piloto'".[79]

No procedimento modelo, o órgão julgador decide apenas a questão comum e, portanto, fixa a tese jurídica, e os demais órgãos responsáveis originariamente por cada processo, dão sequência com o julgamento e aplicação. Há cisão cognitiva e decisória, ou seja, se afiguram divididas as competências entre o órgão que decide o incidente e o originário responsável pelo julgamento do processo.

Ao abordar o IRDR, Rodolfo de Camargo Mancuso aduz, por um lado, que "a atividade judicante, propriamente dita, no que tange ao efetivo desfecho daquelas ações remanesce com o juiz natural", e, por outro, "ao tribunal, cabe o labor paradigmático de firmar a tese jurídica, acerca da questão de direito agitada naquelas ações, registrando-se aí, pois, uma cisão de competências", destacando inclusive que a própria expressão "incidente"

---

79 THEODORO JUNIOR, Humberto; NUNES, Dierle; BAHIA, Alexandre Melo Franco; PEDRON, Flávio Quinaud. **Novo CPC:** fundamentos e sistematização. 3. ed. Rio de Janeiro: GEN Forense, 2016, p. 435.

se revela inadequada, pois o IRDR não se vocaciona a "resolver" demandas repetitivas, mas só a fixar a tese jurídica.[80]

Não obstante às posições doutrinárias mencionadas, há divergências de entendimento, sobretudo em relação ao IRDR, dividindo-se os autores em duas correntes: há quem defenda a sua caracterização como causa piloto, como Alexandre de Freitas Câmara[81] e Antônio do Passo Cabral[82], sobretudo diante do parágrafo único do art. 978 do CPC/2015, os que entendem tratar-se de procedimento modelo, como Aluisio Gonçalves de Castro Mendes[83], José Miguel Garcia Medina[84], Teresa Arruda Alvim e Bruno Dantas[85], pela cisão cognitiva e decisória, tendo o IRDR o objetivo de formulação da tese jurídica.

Não obstante, a partir do necessário tratamento uno que se faz adequado aos incidentes de julgamento de casos repetitivos (recursos repetitivos e IRDR) pelo regramento proveniente do microssistema do qual fazem parte, que a concepção mais coerente é considerar o objetivo principal do instituto,

---

80 MANCUSO, Rodolfo de Camargo. **Incidente de resolução de demandas repetitivas:** a luta contra a dispersão jurisprudencial excessiva. São Paulo: Revista dos Tribunais, 2016, p. 161.

81 CÂMARA, Alexandre de Freitas. **O novo processo civil brasileiro.** 5. ed. São Paulo: Atlas, 2019, p. 485-486.

82 CABRAL, Antônio do Passo. Do incidente de resolução de demandas repetitivas (arts. 976 a 987). *In*: CABRAL, Antônio do Passo; CRAMER, Ronaldo. **Comentários ao novo código de processo civil**. 2. ed. Rio de Janeiro: Forense, 2016, p. 1.437.

83 Vale destacar que o autor utiliza como argumento o próprio processo legislativo, sinalizando que as alterações propostas pela Câmara dos Deputados que visavam a exigir processo no tribunal como requisito para instauração, enquanto ponto que indicaria a adoção pela técnica do caso-piloto, não foram prestigiadas pelo Senado Federal. Para mais informações, consultar: MENDES, Aluisio Gonçalves de Castro. **Incidente de resolução de demandas repetitivas:** sistematização, análise e interpretação do novo instituto processual. Rio de Janeiro: Forense, 2017, p. 106.

84 José Miguel Garcia Medina defende ser procedimento autônomo e objetivo: "O incidente emerge de processos que se repetem, mas não faz com que se desloque algum processo para o tribunal. De muitos processos, identifica-se controvérsia sobre a mesma questão de direito, e é a resolução dessa questão de direito o objeto do incidente. Não há, pois, uma causa ou um recurso selecionado para julgamento, a ser remetido ao tribunal, enquanto os demais ficam sobrestados". (MEDINA, José Miguel Garcia. **Novo código de processo civil comentado:** com remissões e notas comparativas ao CPC/1973. 4. ed. São Paulo: Revista dos Tribunais, 2016, p. 1.415)

85 ALVIM, Teresa Arruda; DANTAS, Bruno. **Recurso especial, recurso extraordinário e a nova função dos tribunais superiores no direito brasileiro.** 4. ed. São Paulo: Revista dos Tribunais, 2017, p. 533.

qual seja, a fixação da tese jurídica, de modo que a aplicação posterior é função acessória.[86]

Um ponto que reforça esse entendimento é a hipótese de desistência do incidente. Nesse caso, quando houver desistência da ação ou recurso afetado para julgamento, o IRDR ou recurso repetitivo pode prosseguir para a definição da questão comum, consoante preveem os arts. 976, §1º e 998, do CPC/2015. Por esses artigos, resta claro que a legislação processual adotou, para essas hipóteses, a técnica do procedimento modelo, pois, mesmo não tendo mais o caso concreto em razão da desistência, o tribunal fixará a respectiva tese jurídica, isto é, em abstrato.[87]

Em outros termos, a desistência não configura impeditivo ao julgamento do IRDR ou do recurso repetitivo, dado que o Ministério Público assume a titularidade do feito, consoante prevê o art. 976, §2º, do CPC/2015, sendo definida a tese a ser adotada pelo tribunal. Nesse caso, o julgamento não atinge o desistente.

Ao discorrer sobre os recursos repetitivos, mas em raciocínio que se estende ao IRDR em razão do microssistema, Teresa Arruda Alvim e Bruno Dantas explicam que ao apreciar os recursos paradigmas, o STJ fraciona o julgamento em duas partes independentes: (i) a primeira ocupa-se da definição, em abstrato, da questão de direito subjacente ao conflito, com emissão de "comando normativo que projetará eficácia sobre todos os recursos sobrestados", e (ii) ao passo que na segunda, o "julgamento do recurso-piloto consiste em juízo de revisão, atividade excepcional aplicável somente ao caso paradigmático".[88]

Com a formação da tese jurídica pela decisão do incidente, portanto, configurada está uma espécie de julgamento indireto ou por projeção, competindo o exercício do julgamento direto ou de efetivação da tese projetada ao tribunal *a quo* aos inúmeros outros casos repetitivos abrangidos pela tese. A importância desse segundo momento resta claro quando Teresa Arruda

---

86 MELLO PORTO, José Roberto Sotero de. **Teoria geral dos casos repetitivos.** 1. ed. Rio de Janeiro: GZ, 2018, p. 113-117.

87 Ressalva-se que essa visão não impede que a tese firmada venha a qualificar-se como verdadeiro precedente, na forma do art. 927, III do CPC/2015, posto que, conforme será abordado nos dois últimos capítulos, ainda assim a decisão que fixa a tese jurídica terá sempre em sua base, os casos concretos devidamente selecionados a partir de critérios válidos de seleção, os quais garantem a composição das razões de decidir.

88 ALVIM, Teresa Arruda; DANTAS, Bruno. **Recurso especial, recurso extraordinário e a nova função dos tribunais superiores no direito brasileiro.** 4. ed. São Paulo: Revista dos Tribunais, 2017, p. 533-534.

Alvim e Bruno Dantas reforçam que o tribunal tem a função de estabelecer o "padrão decisório a ser seguido pelos tribunais inferiores", pois se de um lado evidencia a função principal do tribunal, isto é, de formação da tese jurídica, por outro, delimita a fase posterior de aplicação, só admitindo o julgamento dos recursos paradigmas diretamente pelo tribunal superior em caso excepcional, diante do entendimento de que o ordenamento pátrio adaptou a técnica importada de outros países.[89]

A propósito, ainda que se admitisse, em raciocínio que se permite apenas por hipótese, que o modelo brasileiro, considerando as duas técnicas, se amoldaria em maior parte à leitura de causa piloto e, portanto, de unidade cognitiva, duvidas não há de que haveria certa redução do papel do tribunal inferior, tão importante na execução da função acessória de aplicação da tese jurídica, e cuja competência deve ser assegurada quanto à decisão de mérito do feito.

À guisa de finalizar este tópico, uma ressalva se faz imprescindível para lastrear a tese e cujo raciocínio será desenvolvido de maneira aprofundada no momento oportuno, dentro do capítulo final: de antemão, entende-se que somente por ficção jurídica se faz crível segmentar, e ainda assim não completamente, o caso concreto da questão jurídica.[90]

Nesse passo, é tangível o entendimento de que há cisão cognitiva e decisória quanto ao julgamento conduzido pelo incidente, mas não se pode desconsiderar que ainda que o objetivo principal do incidente seja atingido com a tese jurídica devidamente fixada, a compreensão é a de que as circunstâncias do caso foram levadas em consideração pelo órgão julgador, pois do contrário, não haveria necessidade de atenção à seleção de casos paradigmas: bastava a escolha aleatória de dois ou mais, dentre tantos casos similares separados pelo tribunal, para a análise judicial da questão jurídica.

Assim, adiante o tema será revisitado, sob o viés da concepção de precedentes coerentes.

---

89 ALVIM, Teresa Arruda; DANTAS, Bruno. **Recurso especial, recurso extraordinário e a nova função dos tribunais superiores no direito brasileiro.** 4. ed. São Paulo: Revista dos Tribunais, 2017, p. 534-534.

90 António Castanheira Neves, que dedicou-se longamente ao tema, depois de fazer considerações às expressões *questão de fato* e *questão de direito* sobre os sentidos dogmático e epistemológico *lato sensu*, aborda quanto ao sentido metodológico que essa dicotomia pode assumir, quanto, então, afirma que "o direito não pode prescindir do factio e que o facto não pode prescindir do direito". (CASTANHEIRA NEVES, António. **Questão-de--facto - questão-de-direito ou o problema metodológico da juridicidade**. Coimbra: Almedina, 1967, p. 43.)

1.2.4 Cabimento e pressupostos para instauração

De início, cabe aclarar que o termo que se reputou mais adequado para tratar da hipótese de cabimento dos incidentes seria falar em "pressupostos" ao invés de "requisitos".[91]

Nesse sentido, parte da doutrina que justifica a opção ao entender que os requisitos estão ligados, de modo abstrato, aos processos em geral e não propriamente às condições da ação, na medida em que, segundo Aluisio Gonçalves de Castro Mendes, ao tratar do caso do IRDR, "a existência ou não de processo em tramitação no tribunal como condição *sine qua non* independe da aferição em concreto de elementos como as partes, o pedido ou a causa de pedir."[92]

Assim sendo, para cada um dos incidentes que compõem o microssistema, o CPC/2015 exibe um rol de pressupostos para a instauração dos respectivos procedimentos: no art. 976 para o IRDR, e no art. 1.036 para os recursos repetitivos.[93]

Não obstante a previsão dual em termos de posicionamento das normas no CPC/2015, ponto que se mostra pertinente dada a apresentação normativa de cada tema, em decorrência da unidade do microssistema, não há efetiva distinção entre o tratamento das matérias, posto que ambos os instrumentos exigem, como pressupostos positivos, a multiplicidade de causas sobre a mesma questão de direito e a existência de risco de ofensa à isonomia e à segurança jurídica, sendo que este segundo, embora tenha sido trazido na redação do art. 976, II, isto é, na seção pertinente ao IRDR, é inegável a sua importância para o incidente de julgamento de recursos repetitivos.

---

91 Embora o termo "pressupostos" tenha sido defendido como o mais coerente nesta seção, para os fins de abordagem no trabalho como um todo, propõe-se a leitura em equivalência com o termo "requisitos", seja nas citações de outros autores, afim evitar maiores confusões de entendimento, garantindo-se a finalidade do estudo, seja no próprio texto ora composto, por questões didáticas de fluidez da temática geral.

92 MENDES, Aluisio Gonçalves de Castro. **Incidente de resolução de demandas repetitivas:** sistematização, análise e interpretação do novo instituto processual. Rio de Janeiro: Forense, 2017, p. 107.

93 Na esfera trabalhista, o art. 896-C da CLT traz a seguinte previsão para os recursos repetitivos: "Quando houver multiplicidade de recursos de revista fundados em idêntica questão de direito, a questão poderá ser afetada à Seção Especializada em Dissídios Individuais ou ao Tribunal Pleno, por decisão da maioria simples de seus membros, mediante requerimento de um dos Ministros que compõem a Seção Especializada, considerando a relevância da matéria ou a existência de entendimentos divergentes entre os Ministros dessa Seção ou das Turmas do Tribunal."

Com efeito, a partir da previsão de tais pressupostos e pela literalidade do art. 1.036, *caput* do CPC/2015, Daniel Amorim Assumpção Neves entende que a técnica de julgamento dos recursos extraordinários e especiais repetitivos – em raciocínio que se entende, no tocante à técnica, plenamente aplicável ao IRDR – "é cogente, de forma que os tribunais são obrigados a aplicar tal técnica de julgamento sempre que houver multiplicidade de recursos com idêntica questão. É nesse sentido que deve ser interpretado o termo 'sempre' utilizado pelo legislador para iniciar a previsão legal".[94]

Ademais, para além dos dois pressupostos positivos que unem o tratamento em torno dos incidentes, há um pressuposto negativo de não existir recurso afetado sobre idêntico tema, que em princípio se mostraria específico para o IRDR sob o viés do interesse-utilidade, assim como por razões óbvias pelo fato do outro incidente já versar sobre a própria hipótese recursal, mas, no sentido do que será posto adiante, também aplicável à hipótese do incidente de julgamento de recursos repetitivos.

Nesse sentido, a legislação processual estabelece, basicamente, o preenchimento de três pressupostos para a instauração dos incidentes: (i) multiplicidade de processos que contenham controvérsia sobre questão comum de direito (frise-se, a efetiva repetição de casos); (ii) o risco de ofensa à isonomia e à segurança jurídica; e, (iii) a ausência de recurso repetitivo afetado (já admitido). Os dois primeiros constituem-se em pressupostos positivos, uma vez que exigem a sua presença e identificação, ao passo que o último, é pressuposto negativo, em razão de exigir um cenário de carência de sua hipótese.

Antes de avançar na abordagem de cada pressuposto, impende avaliar qual a natureza do ato decisório de instauração dos incidentes de julgamento de casos repetitivos, ou seja, se trata-se de faculdade, por figurar como ato discricionário, ou se é uma obrigação, na vertente de um poder-dever.

A problemática surge quando se faz um exame em paralelo das redações dadas no bojo do CPC/2015, em suas respectivas seções, aos incidentes. Assim, no art. 976 voltado ao IRDR, o dispositivo menciona ser "cabível a instauração", portanto, no sentido de faculdade, ao passo que no art. 1.036 ligado aos recursos repetitivos, o sentido é de poder-dever, uma vez que a expressão usada pelo legislador foi "haverá afetação", trazendo um sentido impositivo.

94 NEVES, Daniel Amorim Assumpção. **Manual de direito processual civil.** 9. ed. Salvador: JusPodivm, 2017, p. 1751-1952.

Não apenas por necessidade de uma leitura una enquanto microssistema, mas sobretudo em razão do objetivo dos instrumentos processuais, qual seja, a de prestigiar a uniformização da jurisprudência e a eficiência do Poder Judiciário como necessidades indeclináveis do novo sistema processual, é que a interpretação mais coerente é a de que trata-se de um poder-dever dos legitimados à instauração.

Em outros termos, a aparente leitura de um tratamento diferenciado se dissolve à medida em que, preenchidos os pressupostos legais para instauração dos incidentes, a formalização e efetivação do procedimento incidental é ato que se impõe, devendo o órgão julgador fazê-lo de forma fundamentada.

Nessa linha de raciocínio, José Roberto Sotero de Mello Porto argumenta que "somente essa conclusão é capaz de garantir que os incidentes, notadamente o IRDR (cuja disciplina legal literal apontaria para a discricionariedade), não tenham eficácia diminuta, como o incidente de uniformização de jurisprudência do código anterior".[95]

Ademais, quando se observa o que constava do código revogado quanto ao tratamento dado aos recursos repetitivos, vê-se que a redação do art. 1.036 do CPC/2015 mantém a linha de perspectiva sobre a configuração de um poder-dever que já vinha trazida nos anteriores arts. 543-B e 543-C do CPC/1973, já que nestes, presentes os requisitos, o termo utilizado era "será" processado, ou seja, no sentido de poder-dever.

Portanto, o que se observa é que o legislador de 2015 usou, no novel instituto (IRDR), um termo que pode levar a interpretação dissonante desse contexto, de modo o art. 976, *caput* deve ser interpretado na forma do art. 1.036, por ser a expressão tecnicamente correta e mais adequada ao contexto de obrigação imposta ao legitimado para instauração.

Contextualizado o entendimento sobre o ato de instauração a partir do elemento volitivo do legitimado, passa-se à análise dos pressupostos para instauração.

O primeiro pressuposto positivo para instauração dos incidentes é o da multiplicidade de processos que contenham controvérsia sobre questão comum de direito. A efetiva repetição de processos já desponta como objeto logo do primeiro pressuposto por ser a evidência básica da presença de

---

95 MELLO PORTO, José Roberto Sotero de. **Teoria geral dos casos repetitivos.** 1. ed. Rio de Janeiro: GZ, 2018, p. 137. Nesse sentido, também: MANCUSO, Rodolfo de Camargo. **Incidente de resolução de demandas repetitivas:** a luta contra a dispersão jurisprudencial excessiva. São Paulo: Revista dos Tribunais, 2016, p. 102.

interesse processual ou interesse de agir para a condução do feito sob o rito dos incidentes de casos repetitivos, para o fim de justificar a sua instauração.

Apesar da aparente obviedade, o sistema processual deu ensejo a criação de um instituto específico para as demandas de massa e que, portanto, mostrassem além do evidente debate em torno da questão jurídica, a discussão da questão em variados processos, pois do contrário, a questão teria foro de discussão no IAC. A repetitividade, presente em razão da existência de certo número significativo de processos configura, portanto, parâmetro para a verificação de interesse de agir na instauração do incidente.

É certo que o legislador brasileiro não fixou um número mínimo para configuração da repetitividade, diversamente dos institutos do direito estrangeiro que tiveram alguma influência na conformação dos incidentes nacionais, como no *Musterverfahren* no âmbito administrativo, que no ano de 1996 estabeleceu que o número deveria ser superior a vinte processos, ao passo que na esfera do *Musterverfahren* do mercado mobiliário, exigiu-se um número mínimo de dez requerimentos (não processos) de instauração do procedimento-modelo.[96]

A importância do requisito numérico deve ser avaliada, pelo legitimado, em relação ao resultado que se objetiva alcançar, de maneira que, se a repetição de processos acerca de uma questão jurídica controversa não for efetivamente significativa sob o ponto de vista quantitativo, mas apenas qualitativo, outro instrumento como o IAC deverá ser utilizado. Logo, os incidentes de julgamento de causas repetitivas devem primar pela atenção ao requisito da efetiva repetição a fim de perseguir resultados satisfatórios com a técnica, de modo a justificar adequadamente as mudanças processuais trazidas pelo legislado, sobretudo pelo procedimento especial dirigido pelos tribunais, e ainda, a adoção de medidas diferenciadas, como a suspensão de processos.

Por conseguinte, notando-se a legítima opção legislativa no sentido de não prever um número mínimo de requerimentos, ao contrário, permitindo, inclusive, que a provocação ocorra de ofício pelo juiz ou relator, deve ser ponderada a razoabilidade e conveniência de um número que se afigure suficiente diante das questões apresentadas. E essa avaliação acerca do *quantum* adequado e suficiente para a instauração dos incidentes cabe ao

---

96 MENDES, Aluisio Gonçalves de Castro. **Incidente de resolução de demandas repetitivas:** sistematização, análise e interpretação do novo instituto processual. Rio de Janeiro: Forense, 2017, p. 110-111.

legitimado, a partir da situação em concreto, tendo o dever de demonstrar a presença do requisito ao formular o requerimento.

Em reforço, o sentido da palavra "suficiente" não exige, necessariamente, um número muito grande para caracterização da repetição, mas em quantitativo que se mostre razoável para inferir o caráter repetitivo e que demonstre, preponderantemente, o risco de quebra da isonomia e de ofensa à segurança jurídica, ou seja, em leitura conjunta com o terceiro pressuposto para instauração.[97]

Em caráter primário, processos que tramitam em outros órgãos jurisdicionais devem ser considerados em conjunto ao número existente em um dado órgão perante o qual foi formulado o requerimento, além de ponderar, como aspecto secundário, o potencial efeito multiplicador da questão controvertida (em relação a casos futuros), assumindo que esse é um parâmetro acessório – no sentido próprio da definição, isto é, sustentado somente na presença do principal – em vista da exigência legal da efetiva repetição no momento da instauração, que impede da técnica ser usada em caráter preventivo.[98]

Nesse passo, a demonstração quanto à ocorrência de repetitividade em distintos órgãos jurisdicionais corrobora para a desconstrução de possível arguição de ausência de razoabilidade no uso da técnica diante da possibilidade do uso de meios ordinários como o litisconsórcio, a cumulação subjetiva, a conexão[99] e a continência, justamente por evidenciar a efetiva repetição de processos, inclusive, em mais de um órgão jurisdicional. Inclusive, com a fomento indireto ao uso dos meios ordinários, prestigia-se a economia processual e para o Judiciário.

97 Esse entendimento foi consolidado no enunciado 87 do FPPC.

98 "Verifica-se, aí, e primeiro lugar, que o IRDR não pode ser instaurado em *caráter preventivo*, exigindo que já exista uma efetiva repetição de processos." (CÂMARA, Alexandre de Freitas. **O novo processo civil brasileiro.** 5. ed. São Paulo: Atlas, 2019, p. 485.)

99 Inclusive na hipótese de conexão por afinidade: "Note-se que o CPC/2015, confinado ao plano da jurisdição singular, prevê no §3º do art. 55: 'Serão reunidos para julgamento conjunto os processos que possam gerar risco de prolação de decisões conflitantes ou contraditórias casos decididos separadamente, mesmo sem conexão entre eles', devendo entender-se, porém, que tal agrupamento é consentido quando não envolva número muito expressivo de processos (do mesmo modo que o cúmulo de co-autores não pode induzir a formação de litisconsórcio multitudinário – CPC/1973, 46, parágrafo único; CPC/2015, §1º do art. 113)." (MANCUSO, Rodolfo de Camargo. **Incidente de resolução de demandas repetitivas:** a luta contra a dispersão jurisprudencial excessiva. São Paulo: Revista dos Tribunais, 2016, p. 162.)

Quanto à questão de direito comum, o art. 976 do CPC/2015 utiliza a expressão "questão unicamente de direito", sua necessária leitura deve ser no sentido de que apenas as questões de direito poderão ser decididas no incidente.[100] Portanto, no julgamento de casos repetitivos é certo que a identidade meramente fática não pode ser admitida para fins de instauração do incidente, embora em outros ordenamentos, como no *Musterverfahren* alemão, as questões de fato possam ser admitidas como passíveis de apreciação concentrada.[101]

Rodolfo Camargo Mancuso considera o IRDR como um "instrumento de padronização exegética de questão de direito replicada em demandas seriais".[102] Esse conceito, que claramente se aplica aos recursos repetitivos, a despeito de definir o incidente apontado, destaca a atenção e importância na delimitação da questão de direito, a partir da qual a interpretação será definida e terá projeção, com a formação da tese jurídica, para os demais casos. Nos recursos repetitivos, apesar do art. 1.036 referir "idêntica questão de direito", não há mudança substancial no sentido, o que torna a disposição convergente no microssistema.

A questão de direito poderá ser material ou processual, nos termos do art. 928, parágrafo único do CPC/2015, bem como poderão ser questões preliminares, prejudiciais ou posteriores ao mérito, uma vez que a lei não exigiu que fosse apenas sobre o mérito do pedido formulado com a apresentação da demanda. Além disso, não há limitação a ramos jurídicos, posto que a questão jurídica pode se repetir em diversas matérias.[103]

---

100 Alguns autores não consideram a questão de direito como requisito para instauração, mas apenas como objeto do incidente. Nesse sentido: CABRAL, Antônio do Passo. Do incidente de resolução de demandas repetitivas (arts. 976 a 987). *In*: CABRAL, Antônio do Passo; CRAMER, Ronaldo. **Comentários ao novo código de processo civil**. 2. ed. Rio de Janeiro: Forense, 2016, p. 1.439-1.440.

101 MENDES, Aluisio Gonçalves de Castro. **Incidente de resolução de demandas repetitivas:** sistematização, análise e interpretação do novo instituto processual. Rio de Janeiro: Forense, 2017, p. 178.

102 MANCUSO, Rodolfo de Camargo. **Incidente de resolução de demandas repetitivas:** a luta contra a dispersão jurisprudencial excessiva. São Paulo: Revista dos Tribunais, 2016, p. 162.

103 Esta foi a conclusão firmada no enunciado 88 do Fórum Permanente de Processualistas Civis (FPPC): "(art. 976; art. 928, parágrafo único) Não existe limitação de matérias de direito passíveis de gerar a instauração do incidente de resolução de demandas repetitivas e, por isso, não é admissível qualquer interpretação que, por tal fundamento, restrinja seu cabimento. (Grupo: Recursos Extraordinários e Incidente de Resolução de Demandas Repetitivas)".

De acordo com Aluisio Gonçalves de Castro Mendes, a precisão na definição da questão jurídica exige a sua caracterização enquanto: (a) uma indagação geral e comum, com efetiva repetição; (b) uma questão de direito, e não de fato, dada a opção do legislador pátrio; (c) uma controvérsia atual e relevante entre órgãos julgadores, a demonstrar o interesse (necessidade-utilidade) para a instauração do incidente.[104]

O segundo pressuposto positivo é o risco de ofensa à isonomia e à segurança jurídica, nos termos do art. 976, II do CPC/2015. Na leitura do microssistema, o requisito é perfeitamente exigível das duas técnicas, haja vista que estando presente o primeiro, mormente pelo acentuado número de demandas que foram ou podem vir a ser julgadas por diversos órgãos jurisdicionais, presume-se também a presença deste pressuposto, diante do risco de decisões divergentes.[105]

O risco a que se refere o pressuposto não pode ser potencial, mas eminentemente atual e efetivo, notável por algumas decisões contraditórias, ou seja, não se nota como exigência – pois certamente configuraria impeditivo sem razoabilidade – que tenha se instalado um cenário mais drástico no 1º grau, pois do contrário o Judiciário não cumpriria o seu papel de efetividade e racionalização dos julgamentos. O exemplo claro disso é a existência de decisões sobre pedido de liminares ou de antecipação de tutela, sobre uma mesma questão, com decisões díspares, ou seja, tanto no sentido da concessão quanto no de negativa.

Para a configuração do pressuposto, o CPC/2015 exige o risco efetivo, mas não impede o uso do IRDR em caráter preventivo relativo, isto é, na hipótese de presença de contradição, sem que a mesma tenha atingindo o segundo grau de Jurisdição.[106] Em outros termos, exige-se que em múltiplos processos já decididos, nas quais a questão jurídica tenha sido objeto de alegações, argumentações e decisões apontando no sentido de uma divergência considerável.

---

104 MENDES, Aluisio Gonçalves de Castro. **Incidente de resolução de demandas repetitivas:** sistematização, análise e interpretação do novo instituto processual. Rio de Janeiro: Forense, 2017, p. 178.

105 MELLO PORTO, José Roberto Sotero de. **Teoria geral dos casos repetitivos.** 1. ed. Rio de Janeiro: GZ, 2018, p. 145.

106 No sentido de admitir a possibilidade de uso do IRDR diante de sentenças favoráveis e contrárias, vale consultar: NEVES, Daniel Amorim Assumpção. **Novo código de processo civil** – Lei 13.105/2015. 2. ed. Rio de Janeiro: Forense, 2015, p. 524.

Deste modo, uma vez que a Lei processual não exigiu o risco consumado, mas efetivo, é de se entender como ilegal a exigência de causas em segunda instância, dada a evidente ofensa à economia processual e à duração razoável desses processos repetitivos, que, se assim fosse, teriam que aguardar o desfecho do processo e o início da fase recursal para a apresentação de pedido de instauração em questão há muito evidentemente controvertida.[107]

Por fim, o cabimento do IRDR exige, enquanto pressuposto negativo, seja constatada a ausência de recurso repetitivo já admitido e afetado para julgamento de fixação de tese. O comando normativo que vem disposto no art. 976, §4º, do CPC/2015, se aplicaria, em princípio, apenas para o IRDR, sob a lógica do interesse-utilidade para o incidente, considerando que a decisão em sede de julgamento de recurso repetitivo tem abrangência nacional.

Com essa visão, Alexandre de Freitas Câmara argumenta que "se já está instaurado um procedimento destinado a estabelecer um precedente que terá eficácia vinculante em todo o território nacional, não há utilidade (e, pois, interesse) na instauração de um procedimento que só permitiria a produção de um padrão decisório a ser empregado em um Estado ou Região".[108]

Ademais, deve-se considerar a extensão desse pressuposto aos recursos repetitivos sob a perspectiva da concomitância de incidentes em tribunal superior. Nesse passo, sendo admitido um incidente de julgamento de recurso repetitivo, tanto em abrangência vertical, no tocante aos tribunais inferiores, quanto horizontal, em relação aos demais integrantes do tribunal, somente caberá a juntada de argumentos novos no incidente em curso, ou propor-lhe a afetação de outros processos, em prol da coerência do sistema, visando a prolação de decisões conflitantes.

Assim, considerando que os pressupostos para instauração são cumulativos, nos termos do art. 976 do CPC/2015, com as devidas leituras em paralelo aos dispositivos atinentes aos recursos repetitivos, os incidentes apenas serão instaurados se estiverem presentes todos esses pressupostos, posto configurarem pontos de análise visando a admissibilidade. Natural-

---

107 Quanto à dispensa de causa no tribunal para a instauração do IRDR, incluindo as posições quanto ao tema, vale consultar: MENDES, Aluisio Gonçalves de Castro. **Incidente de resolução de demandas repetitivas:** sistematização, análise e interpretação do novo instituto processual. Rio de Janeiro: Forense, 2017, p. 116-124.

108 CÂMARA, Alexandre de Freitas. **O novo processo civil brasileiro.** 5. ed. São Paulo: Atlas, 2019, p. 486.

mente, eventual inadmissão, nos termos do art. 976, §3º, não impede que o incidente seja novamente suscitado, desde que seja devidamente preenchido o pressuposto que faltava.

1.2.5 Elementos distintivos entre os incidentes: competência e legitimidade

Acerca do tratamento unificado dos casos repetitivos, dois elementos exigem que o seu desenvolvimento seja segmentado, ante as características processuais definidas no CPC/2015 e, portanto, ínsitas a cada uma das técnicas: a competência para julgamento e a legitimidade para a instauração destes incidentes.

No tocante à competência, não haverá delongas na presente seção, tendo em vista que o objetivo versado nesta obra exige o seu tratamento aprofundado, o que será feito com a devido desenvolvimento incursão em capítulo próprio. Contudo, preambularmente, cabe lembrar que a variação de competência de técnica para técnica é resultado da própria lógica do sistema processual pátrio e inteligível a partir do histórico de alterações legislativas, ou seja, diante da leitura de que se tratam de institutos complementares, o legislador de 2015 pensou em técnicas direcionadas a cada uma das esferas: o IRDR, direcionado às instâncias ordinárias, e os recursos repetitivos, para as instâncias extraordinárias.

Assim, no momento oportuno e atendendo à dicotomia concebida pelo CPC/2015, será analisada a competência de maneira individualizada para os incidentes.

O segundo elemento distintivo é a legitimidade para o requerimento de instauração, que também tem essa diferenciação pelo percurso em instâncias diferenciadas, mas especificamente pelo incidente de recursos repetitivos exigir, de um lado, a atuação da parte no processo quanto ao ato de recorrer e, de outro, do legitimado à instauração.

No tocante ao IRDR, o art. 977 do CPC/2015 dispõe que são legitimados a provocar a instauração do incidente: (i) o juiz ou relator de algum processo instaurado por ajuizamento de questão repetitiva; (ii) qualquer das partes desses processos; e (iii) o Ministério Público ou a Defensoria Pública.

Ao atribuir ao juiz ou ao relator a legitimidade para requerer a instauração do IRDR, resta evidente a importância atribuída àquele que acompanha o feito mais detidamente e, a partir de uma visão global, tem maiores condições de perceber a ocorrência de efetiva repetição de processos, razão que, inclusive, reforça a necessidade de que o órgão julgador o faça a partir de processos por ele conduzidos em que se discuta a questão controversa a ser dirimida no âmbito do incidente.

Naturalmente, não há impedimento para que o juiz, observando feitos repetitivos perante outros juízos ou mesmo em grau recursal, assim como estando diante de repetição de processos sob sua competência, mas em hipótese em que estes não contenham os melhores argumentos, oficie, no primeiro caso, aos seus pares visando estimulá-los ao ofício de instauração, ou ainda, no segundo caso, que oficie diretamente ao tribunal para instauração, indicando o processo que tem em seu juízo, mas propondo a afetação de outros.[109]

Assim, na hipótese de o órgão julgador notar a existência de processos no tribunal nos quais a questão jurídica comum tivesse relevância, a provocação do incidente, de acordo com Aluisio Gonçalves de Castro Mendes, "teria que encontrar fundamento na atuação em concreto do magistrado que estivesse processando ou julgando causas relacionadas com a questão de direito a ser dirimida", uma vez que, do contrário, a atuação desse juiz estaria desvinculada das suas funções jurisdicionais, figurando como incompatível diante dos princípios do juiz natural e da inércia.[110]

A legitimidade das partes está relacionada ao aspecto de conferir maior efetividade às técnicas, ao possibilitar a imediata participação daqueles que, por serem os principais atingidos pela tutela jurisdicional, tem reais condições de evidenciar a efetiva repetição de processos na prática, inclusive, através de seus representantes legais que lidam na prática com as demandas de massa.

Nesse sentido, conquanto que o art. 977, II do CPC/2015 refira-se às "partes", basta que qualquer dos envolvidos peticione suscitando a instauração do IRDR. O interesse da parte vem justamente da compreensão de que a divergência jurisprudencial pode ser prejudicial para a efetivação do seu próprio direito material perseguido, inclusive fomentando o raciocínio de que, tendo a questão o devido reforço, inclusive argumentativo a partir de outras demandas em curso, haverá maiores condições de análise global

109 MELLO PORTO, José Roberto Sotero de. **Teoria geral dos casos repetitivos.** 1. ed. Rio de Janeiro: GZ, 2018, p. 129.

110 MENDES, Aluisio Gonçalves de Castro. **Incidente de resolução de demandas repetitivas:** sistematização, análise e interpretação do novo instituto processual. Rio de Janeiro: Forense, 2017, p. 131.

que prestigie o direito invocado, sem desconsiderar a eficácia vinculante inerente às decisões proferidas nesses incidentes.

Por fim, duas advertências se fazem necessárias, especialmente em relação às partes, na condição de legitimadas à instauração e ambas se ligam ao objeto do capítulo terceiro desta obra, isto é, ao momento de seleção dos casos paradigmas. A primeira diz respeito à participação acentuada da parte cujo caso for selecionado como paradigma, e assim terá maiores condições de influir na discussão e na formação da tese jurídica, uma vez abriu o debate da matéria a partir da formulação do pedido de instauração.

O segundo, que decorre do primeiro, é o de que, apesar da oportunidade ser diferenciada – e visando evitar a indução à corrida pela apresentação do pedido de instauração – há de se esclarecer que o fato de ter sido o primeiro não é determinante para a sua seleção como um dos casos paradigmas, pois como se verá adiante, a causa deverá ser avaliada a partir de critérios adequados de seleção, sendo que não há, então, qualquer vinculação a que se opte pelo processo cuja parte solicitou a instauração do IRDR.

A legitimidade do Ministério Público e da Defensoria Pública não tem qualquer limite pré-estabelecido, de modo que devem atuar de acordo com os seus preceitos constitucionais, mormente de defesa da ordem jurídica e de promoção dos princípios de acesso à justiça, isonomia e segurança jurídica.

Relativamente ao Ministério Público, sua atuação no IRDR pode eventualmente estar voltada à proteção de interesses coletivos, quando a questão comum estiver associada a direitos individuais homogêneos, na forma o art. 129, III da CF/1988. Nessa perspectiva, o órgão poderá intervir tanto como carte, como no exercício de sua função de intervenção obrigatória, na forma do disposto no art. 976, §2º do CPC/2015, agindo tanto enquanto uma fiscalização da atividade exercida no incidente, quanto para ampliação da cognição. Ademais, não se pode olvidar de sua atuação obrigatória, ao assumir o polo do incidente na ocorrência de desistência ou abandono do processo afetado (art. 976, §1º).

Por outro lado, a Defensoria Pública ganha atuação ampliada no IRDR, pois além da sua tradicional posição de representante das partes em demandas individuais, assume um papel institucional na qualidade de legitimado extraordinário para a defesa de direitos e interesses coletivos. Anota-se que o pedido de instauração poderá ser feito pela Defensoria Pública sem tenha processo em curso, bastando que se verifique risco de ofensa à isonomia e à segurança jurídica decorrente de efetiva repetição de processos acerca de questão de direito comum, nas quais haja pertinência com demandas de pessoas necessitadas, conforme art. 134 da CF/1988.[111]

Quanto ao incidente de julgamento de recursos repetitivos, como dito anteriormente, o regramento é distinto do IRDR no tocante à legitimidade para requerer a instauração, haja vista que os sujeitos autorizados naquele incidente não podem, isoladamente, suscita-lo, dado que em razão do desenho do sistema processual de instâncias complementares, o acesso é realizado pela via recursal.

Assim, para que haja instauração do incidente de julgamento de recursos repetitivos, é necessário a atuação de duas categorias de sujeitos, isto é, de um lado, as partes que recorreram até as instâncias superiores, enquanto legitimados indiretos, e de outro, o membro do tribunal, o qual poderá ser tanto o presidente ou vice-presidente de tribunal inferior (art. 1.036, §4º), como o relator no tribunal superior (art. 1.036, §5º e 1.037), sendo que tais assumem a condição de legitimados diretos.[112]

Ademais, em leitura sob o viés do microssistema, a regra do art. 983 do CPC/2015 que assegura a participação da Defensoria Pública, como *amicus curiae*, e a intervenção obrigatória do Ministério Público no IRDR - nesse caso em consonância com o art. 1.038, §2º - reclama aplicação integral aos incidentes de julgamento de recursos repetitivos. Do mesmo modo, há de se aplicar a assunção da condução desses incidentes, pelo Ministério Público quando houver desistência (art. 988, parágrafo único) e abandono de recurso (art. 976, §1º).

1.2.6 Procedimento unificado de julgamento dos incidentes

Uma vez compreendidos quem são os legitimados em análise específica para cada um dos incidentes, passa-se à abordagem do procedimento que, na ideia de unidade, convergência e integração das normas que compõem o microssistema, será feito de maneira conjunta, desde a instauração até a fase de fixação da tese jurídica e produção de efeitos.

---

111 MENDES, Aluisio Gonçalves de Castro. **Incidente de resolução de demandas repetitivas:** sistematização, análise e interpretação do novo instituto processual. Rio de Janeiro: Forense, 2017, p. 133.

112 MELLO PORTO, José Roberto Sotero de. **Teoria geral dos casos repetitivos.** 1. ed. Rio de Janeiro: GZ, 2018, p. 129.

O procedimento dos incidentes de julgamento de casos repetitivos é bifásico,[113] diante da dicotomia entre a fase de admissibilidade e a fase de mérito, sendo que esta última abrange o julgamento propriamente dito da questão de direito controvertida, com a formação da tese jurídica.

Portanto, estando presentes os pressupostos de cabimento dos incidentes de julgamento de casos repetitivos, os legitimados poderão suscitar o início do procedimento incidental por meio de petição e, no caso do IRDR, também por ofício.

Assim, embora a redação do art. 977 do CPC/2015 refira-se a "pedido de instauração", é certo que a mera provocação já inicia o incidente, até mesmo considerando que posteriormente ele pode vir a ser inadmitido, em raciocínio similar ao que ocorre quando se dá o indeferimento da petição inicial, dado que nesse caso o processo já se considera existente.

O processamento adequado dos incidentes exige o preenchimento de pressuposto de instauração consistente na regularidade formal. Nesse passo, mencionando a hipótese do IRDR, mas em raciocínio que se entende aplicável aos recursos repetitivos, Bruno Dantas destaca que "identificam-se requisitos formais como o instrumento por meio do qual se veicula o pedido de instauração e os documentos necessários à demonstração do preenchimento dos pressupostos legais".[114]

O primeiro requisito do instrumento processual a ser apresentado para provocação dos incidentes deve ser feito na forma prevista em lei, ou seja, no caso da partes, Ministério Público e Defensoria Pública, por meio de requerimento, e no caso dos juízes, relatores (também órgãos colegiados) e membros do tribunal (presidente e vice-presidente), por meio de ofício. Em ambos os casos, o instrumento processual adotado deverá ser dirigido ao presidente do tribunal.

---

113 MENDES, Aluisio Gonçalves de Castro. **Incidente de resolução de demandas repetitivas:** sistematização, análise e interpretação do novo instituto processual. Rio de Janeiro: Forense, 2017, p. 176. DANTAS, Bruno. Do incidente de resolução de demandas repetitivas: comentários aos artigos 976 a 987. *In*: WAMBIER, Teresa Arruda Alvim; DIDIER JR., Fredie; TALAMINI, Eduardo; DANTAS, Bruno (coord.). **Breves comentários ao novo código de processo civil.** 3. ed. São Paulo: Revista dos Tribunais, 2016, p. 2.425-2.426.

114 DANTAS, Bruno. Do incidente de resolução de demandas repetitivas: comentários aos artigos 976 a 987. *In*: WAMBIER, Teresa Arruda Alvim; DIDIER JR., Fredie; TALAMINI, Eduardo; DANTAS, Bruno (coord.). **Breves comentários ao novo código de processo civil.** 3. ed. São Paulo: Revista dos Tribunais, 2016, p. 2.429.

O segundo requisito exige que sejam encaminhados os documentos necessários à análise quanto ao preenchimento dos pressupostos legais para a instauração do incidente. O legitimado deverá disponibilizar o máximo de documentos a fim de viabilizar o juízo de admissibilidade, não podendo estar ausentes cópias relevantes do processo, certidões de inteiro teor e de tribunais superiores (nesse caso, em relação ao pressuposto negativo de ausência de recurso afetado), assim como documentos ou decisões que demonstrem divergências de entendimento acerca de uma questão de direito comum.

Após apresentado junto ao tribunal, o incidente recebe numeração e é distribuído pelo presidente ou vice-presidente para o órgão fracionário competente.

Ademais, não haverá prevenção em relação a recurso anterior no bojo do processo que deu ensejo à instauração, mas em decorrência de IRDR anteriormente instaurado e que tenha relação ao novo, de modo a atrair a competência.[115]

Na hipótese de instaurações múltiplas de IRDR no mesmo tribunal, todos os incidentes deverão ser apensados e processados conjuntamente perante o órgão julgador que proferiu a primeira decisão de admissão (art. 1.037, §3º), sendo que aqueles oferecidos após a decisão de admissão, deverão serão apensados e sobrestados, cabendo ao julgador levar em conta as razões neles constantes.[116] Por outro lado, se as instaurações ocorrerem em tribunais distintos, até o momento não há impedimento,[117] podendo ocorrer a hipótese de suspensão nacional dos feitos (art. 982, §3º), e ainda, a questão pode vir a ser pacificada em definitivo por meio de recursos especial ou extraordinário em face do mérito do incidente.

A partir da perspectiva de um tratamento uno e coerente viabilizado pelo microssistema, entende-se que o incidente, após a distribuição, exigirá a análise, pelo órgão julgador quanto às questões processuais, por meio de duas decisões que integram a fase de admissibilidade: a de admissão (propriamente dita) e a de afetação.[118]

---

115 MENDES, Aluisio Gonçalves de Castro. **Incidente de resolução de demandas repetitivas:** sistematização, análise e interpretação do novo instituto processual. Rio de Janeiro: Forense, 2017, p. 176.

116 Nesse sentido é o entendimento do enunciado 89 do FPPC.

117 Assim ficou assentado no enunciado 90 do FPPC.

118 Parte da doutrina não coaduna dessa divisão. Por todos, vale citar: TEMER, Sofia. **Incidente de resolução de demandas repetitivas.** 3. ed. Salvador: Juspodivm, 2018, p.

Esse entendimento é sustentado por José Roberto Sotero de Mello Porto, ao destacar que o microssistema permite essa leitura a partir da análise integrada entre os dispositivos do CPC/2015, não sendo impositivo que estas decisões ocorram necessariamente em momentos distintos, isto é, a mesma decisão poderá materializar o conteúdo decisório de ambas. Para o autor, "a leitura conjunta dos dois tratamentos permite, então, concluir que: (i) a decisão de admissão é anterior à de afetação e que (ii) a decisão de afetação transborda a mera escolha de processos."[119]

Apesar do fato de que essas decisões serão abordadas detidamente no próximo capítulo, convém esclarecer, em linhas gerais, a que cada uma se refere.

A decisão de admissão caracteriza-se pela conduta do órgão colegiado competente para julgar o incidente em proceder ao seu juízo de admissibilidade, avaliando se estão presentes os pressupostos descritos no art. 976 do CPC/2015. Assim, o microssistema exige, tal como consta expressamente no art. 981, que a decisão seja tomada pela pluralidade de julgadores,[120] em atenção ao princípio da ampla participação. No STJ, o exame acerca do preenchimento dos pressupostos de admissibilidade é realizado por meio de ferramenta eletrônica, nos termos do art. 257 do RISTJ.

A decisão de afetação terá conteúdo dirigido à coletividade, ou seja, repousara na análise das questões que consubstanciarão a produção de efeitos para os demais processos repetitivos e, de um modo geral, para a

---

105-210. (Vale atentar para a nota de rodapé 358 da p. 144, no qual a autora explica a mudança de entendimento, em relação à edição anterior, quanto à divisão entre duas decisões na fase de admissibilidade). DANTAS, Bruno. Do incidente de resolução de demandas repetitivas: comentários aos artigos 976 a 987. *In*: WAMBIER, Teresa Arruda Alvim; DIDIER JR., Fredie; TALAMINI, Eduardo; DANTAS, Bruno (coord.). **Breves comentários ao novo código de processo civil.** 3. ed. São Paulo: Revista dos Tribunais, 2016, p. 2.433.

119 "O microssistema dá sustentação a essa divisão teórica, que não necessariamente se operará, na prática, em momentos distintos (nada impede que o mesmo *decisum* veicule todos os objetos descritos). No artigo 982, sobre o IRDR, o código fala em 'admitido o incidente', passando a expor os objetos da decisão de afetação, esclarecendo se tratar de duas etapas. Posteriormente, quando trata do incidente de julgamento de casos repetitivos, o artigo 1.037 anuncia que o relator 'proferirá decisão de afetação', após ter selecionado os recursos – o que indica que o conteúdo desse ato decisório não é (somente) a escolha de casos paradigmas." (MELLO PORTO, José Roberto Sotero de. **Teoria geral dos casos repetitivos.** 1. ed. Rio de Janeiro: GZ, 2018, p. 158.)

120 Nesse sentido é o entendimento do enunciado 91 do FPPC.

sociedade, uma vez que dará as balizas para a construção da tese jurídica na fase de julgamento.

Assim, a decisão de afetação, por seu conteúdo plural, reúne uma série de elementos e providências,[121] a saber: (i) seleção dos casos paradigmas; (ii) identificação da questão jurídica controvertida (art. 1.037, I); (iii) prevenção do relator, o que inclui, pois, o órgão colegiado (art. 1.037, §3º); (iv) suspensão dos processos pendentes, individuais ou coletivos (arts. 982, I e 1.037, II); (v) requisição de informações aos órgãos onde tramitam os processos ou mesmo de outros processos (arts. 982, II, 1.037, III e 1.038, III); (vi) intimação do Ministério Público e da Defensoria Pública (arts. 982, III e 1.038, III).

As decisões de admissão e afetação, isto é, ocorridas em sede de juízo de admissibilidade em qualquer sentido, são irrecorríveis, cabendo somente a oposição de embargos de declaração com o objetivo de aclarar e aperfeiçoar a decisão.[122]

Encerrada a fase de admissibilidade, o órgão colegiado passará à instrução do incidente, seja através do acompanhamento quanto ao recebimento das informações e eventuais processos requisitados ainda na decisão de afetação, portanto, em aspecto de ampliação objetiva, assim como com a oitiva das partes, e ainda, com a ampliação subjetiva, por meio da abertura, feita pelo relator, à participação, na condição de *amicus curiae*, de pessoas, órgãos ou entidades com expertise na temática e aptas a colaborar com diferentes

---

121 José Roberto Sotero de Mello Porto aborda todos esses elementos, mas vale destacar que o autor elenca uma última providência possível: a fixação da tese provisória. Admitindo essa possibilidade, argumenta: "Não se pode ignorar, contudo, uma possibilidade velada: a concessão de tutela provisória de urgência no incidente, de natureza antecipada, com a fixação de tese provisória, a vincular, nos moldes da decisão final, os órgãos julgadores subordinados ao tribunal. Note-se que, no regramento codificado, há previsão de decisão cautelar, consistente na suspensão dos processos em trâmite. O que se advoga é outra coisa. Com efeito, para inexistir impedimento para a *definição provisória* de uma tese jurídica, se as circunstâncias assim recomendarem." (MELLO PORTO, José Roberto Sotero de. **Teoria geral dos casos repetitivos.** 1. ed. Rio de Janeiro: GZ, 2018, p. 159-181; p. 180.) Também com abordagem aprofundada: MENDES, Aluisio Gonçalves de Castro. **Incidente de resolução de demandas repetitivas:** sistematização, análise e interpretação do novo instituto processual. Rio de Janeiro: Forense, 2017, p. 175-202.

122 DANTAS, Bruno. Do incidente de resolução de demandas repetitivas: comentários aos artigos 976 a 987. *In*: WAMBIER, Teresa Arruda Alvim; DIDIER JR., Fredie; TALAMINI, Eduardo; DANTAS, Bruno (coord.). **Breves comentários ao novo código de processo civil.** 3. ed. São Paulo: Revista dos Tribunais, 2016, p. 2.433.

pontos de vista, e mediante a realização de audiências públicas, nos termos dos arts. 983 e §1º e 1.038, I e II do CPC/2015.[123]

Realizadas as providências mencionadas, e transcorrido o prazo de quinze dias (art. 1.038, §1º) para o Ministério Público e a Defensoria Pública apresentarem manifestações, e remetida cópia do relatório aos demais julgadores do órgão colegiado, haverá inclusão em pauta (arts. 983, §2º e 1.038, §2º), devendo ocorrer o julgamento com prioridade sobre os demais feitos, salvo *habeas corpus* e os que envolvam réu preso (arts. 980 e 1.038, §2º).

Na sessão de julgamento (art. 984), o relator fará a exposição do objeto do incidente e, após, poderão sustentar suas razões, sucessivamente, o autor e o réu dos processos afetados e o Ministério Público, pelo prazo de trinta minutos para cada um, assim como os demais interessados, desde que tenham requerido com dois dias de antecedência, dividindo-se entre os inscritos o prazo de trinta minutos, o qual poderá ser ampliado, em razão do número de inscritos.[124]

Ultrapassada esta fase, os votos serão colhidos. O Acórdão deverá abranger a análise de todos os fundamentos determinantes da tese jurídica firmada, sejam eles favoráveis (art. 1.038, §3º) ou contrários (art. 984, §2º), inclusive os suscitados pelos interessados, sendo fundamental que em todos os votos haja manifestação expressa sobre todos os argumentos constantes dos autos.[125] Há de se reforçar que a desistência ou abandono da causa não constitui fato impeditivo para o julgamento do mérito do incidente (art. 976, §1º).

Por fim, a etapa acessória de aplicação da tese carrega a controvérsia já trazida na seção referente à técnica processual. Portanto, uma vez fixada a tese jurídica, a lei determina que o órgão colegiado julgue os processos afetados, algo já previsto para os recursos repetitivos (no atual art. 1.039) e que também o legislador entendeu por prever em relação ao IRDR (art. 978), sendo que nesse caso, parte da doutrina entende pela inconstitu-

---

123 A esse respeito, *vide* o enunciado 659 do FPPC.

124 "Não dispõe a lei expressamente sobre o modo como se desenvolverá a sessão de julgamento dos recursos repetitivos, o que leva necessariamente à aplicação das regras estabelecidas para a sessão de julgamento do incidente de resolução de demandas repetitivas, já que este forma um *microssistema dos julgamentos de casos repetitivos* (FPPC, enunciado 345)." (CÂMARA, Alexandre de Freitas. **O novo processo civil brasileiro.** 5. ed. São Paulo: Atlas, 2019, p. 562-563.)

125 O enunciado 305 do FPPC trata da questão.

cionalidade formal[126] e, nessa leitura, a aplicação da tese aos processos afetados, seria realizada pelos juízos naturais, ou seja, não pelo colegiado responsável pela fixação da tese.

Da decisão que julga o mérito dos incidentes, caberá embargos de declaração. Com o entendimento pela persistência de vícios, será possível a interposição de recurso extraordinário ou especial, conforme o caso, com efeito suspensivo, presumida a repercussão geral de questão constitucional eventualmente discutida. Na sequência, apreciado o mérito do recurso, a tese jurídica adotada pelo STF ou STJ será aplicada no território nacional a todos os processos individuais ou coletivos que versem sobre idêntica questão de direito (art. 987).

Ademais, atento ao desafio de conciliar a uniformidade e a estabilidade – anseios caros à cultura de precedentes – com a mutabilidade de entendimentos, em um viés de razoabilidade que não permita a simples petrificação,[127] o legislador previu, no CPC/2015, a possibilidade de revisão da tese fixada no IRDR.

Assim sendo, de acordo com o art. 986 do CPC/2015, a revisão da tese jurídica firmada no incidente far-se-á pelo mesmo tribunal, de ofício ou mediante requerimento dos legitimados referidos no art. 977, III. O procedimento, similar àquele em que o entendimento foi firmado,[128] pode ocorrer a qualquer prazo, sendo indicativo de que a jurisprudência se tornou estável se ele demorar a ser suscitado.

---

126 MENDES, Aluisio Gonçalves de Castro. **Incidente de resolução de demandas repetitivas:** sistematização, análise e interpretação do novo instituto processual. Rio de Janeiro: Forense, 2017, p. 204.

127 "Em voto vencido no julgamento da Questão de Ordem no Agravo de Instrumento n. 1.154.599/SP, o então Ministro do STJ Teori Albino Zavaski apontou os perigos da imutabilidade das decisões se as portas para rediscussão na Corte Superior estiverem invariavelmente fechadas, destacando que tal solução não seria compatível com nosso sistema, nem com qualquer outro sistema de direito, uma vez que mesmo aqueles que cultuam rigorosamente a força vinculante dos precedentes obrigatórios admitem iniciativas dos jurisdicionados tendentes a modificar aquele entendimento anterior. Como solução, o Min. Teori sustenta que o entendimento anterior do STJ era mais adequado, ou seja, não vedar a admissão do recurso, mas sim preservar a autoridade do precedente por intermédio da utilização rigorosa das sanções de natureza pecuniária a que está sujeito o recorrente que insiste em formular pretensões meramente protelatórias." (PINHO, Humberto Dalla Bernardina de. **Direito processual civil contemporâneo.** v. 2. São Paulo: Saraiva, 2017, p. 975).

128 DIDIER JR., Fredie; CUNHA, Leonardo Carneiro da. **Curso de direito processual civil.** v. 3. 14. ed. Salvador: Juspodivm, 2017, p. 701.

Considerando a confluência das normas no microssistema, a possibilidade de revisão deve ser estendida aos recursos repetitivos, posto que a lei processual não trouxe previsão para esse caso. Não obstante, o STJ regulamentou, no bojo dos arts. 256-S a 256-V do RISTJ, o procedimento de "revisão de entendimento firmado em tema repetitivo" no capítulo II-A que trata do recurso especial repetitivo.

Capítulo 2

A COMPETÊNCIA DO TRIBUNAL PARA OS CASOS REPETITIVOS

No campo processual, dentre tantos eventos jurídicos relevantes nesta primeira metade do século XXI, definitivamente assume posição de destaque a verdadeira avalanche de casos repetitivos levados ao crivo do Judiciário nos mais diversos campos do conhecimento jurídico, a exemplo das ações em face de bancos e planos de saúde, contra empresas de telefonia, outras sobre questões previdenciárias e de planos econômicos, dentre tantas outras que reclamam uma condução uníssona pelos diversos Tribunais, sob pena de riscos à isonomia no tratamento entre os jurisdicionados.[1]

Com efeito, esse contexto intensificou a preocupação do legislador pátrio, quanto à força aos institutos de resolução de demandas pluri-individuais de modo em atenção aos anseios da sociedade, motivo pelo qual com a sanção do CPC/2015 restou consolidado o microssistema de resolução de casos repetitivos, seja pela inovação trazida com o incidente de resolução de demandas repetitivas (IRDR), visto como um dos principais instrumentos de alcance das funções do diploma processual[2], ou pelo reforço ao procedimento de julgamento dos recursos especial e extraordinário repetitivos.

Em consequência desse quadro, se observa que a busca de respostas judiciais adequadas no panorama contemporâneo do Estado Democrático de Direito é cada vez mais frequente, sobretudo pelo fato das Constituições,

---

1 MENDES, Aluisio Gonçalves de Castro. **Incidente de resolução de demandas repetitivas:** sistematização, análise e interpretação do novo instituto processual. Rio de Janeiro: Forense, 2017, p. 15.

2 "Uma das mais importantes inovações do Código é o incidente de resolução de demandas repetitivas, que tem por escopo promover uma superior concretização de resolução de demandas repetitivas, que tem por escopo promover uma superior concretização dos princípios da isonomia e da segurança jurídica". (CARNEIRO, Paulo Cezar Pinheiro; PINHO, Humberto Dalla Bernardina de (coord.). **Novo código de processo civil:** Lei 13.105, de 16 de março de 2015 – anotado e comparado. Rio de Janeiro: Forense, 2015, p. 569.). Ainda nesse sentido: "O Incidente de Resolução de Demandas Repetitivas representa uma das maiores apostas do novo Código de Processo Civil para o aprimoramento do Direito Processual." (MENDES, Aluisio Gonçalves de Castro. **Incidente de resolução de demandas repetitivas:** sistematização, análise e interpretação do novo instituto processual. Rio de Janeiro: Forense, 2017, p. 253.)

diante do contexto pós-positivista, carregarem em suas bases não apenas os vetores de uma teoria dos direitos fundamentais edificada sobre a dignidade da pessoa humana, mas também pelo reconhecimento quanto a normatividade dos princípios e, principalmente, pelo novo sentido conferido aos valores da interpretação jurídica, em evidente reencontro com o caráter hermenêutico do direito.

Assim sendo, nos tópicos seguintes serão analisadas as visões hermenêuticas propostas em relação ao papel e os limites do tribunal no exercício da atividade jurisdicional e, portanto, as implicações práticas dessa atuação no campo da teoria da decisão, à luz da integridade e da coerência, enquanto vetores do discurso jurídico. Após, abrir-se-á espaço para uma integração com as bases filosóficas do CPC/2015, especialmente, no tocante ao tema da discricionariedade judicial e de seu enfrentamento a partir das alavancas geradas pela nova legislação, a exemplo do afastamento do livre convencimento, como modo de possibilitar contornos ao desenho da competência e de seus limites quando do julgamento de casos repetitivos.

2.1 TEORIAS DA DECISÃO I: COERÊNCIA E INTEGRIDADE DO DIREITO

Nesse cenário de incremento na busca pela intervenção Estatal visando a concretização destes direitos fundamentais, especialmente aqueles sociais, torna-se cada vez mais evidente a crise de efetividade do Poder Judiciário gerando tensões entre o direito e o poder, de modo que tanto o próprio Estado de Direito, no contexto do constitucionalismo, é conduzido à releitura de seu papel em respeito às regras existentes, quanto a comunidade jurídica, se vê direcionada à busca pelos anseios de integridade e coerência do direito.

Assim sendo, os juízes e tribunais são cada vez mais demandados, pela densa camada social ávida pela pacificação de suas controvérsias, a apresentarem respostas pela via da decisão judicial. Nesse sentido, há de se esperar, no mínimo, que esses atos públicos tenham não apenas o respeito às suas garantias de independência e imparcialidade, mas que se prestem à atuação em conformidade com o direito e não visando a ele se sobrepor, caracterizando a necessária busca pela superação da discricionariedade judicial, um dos dilemas do direito contemporâneo.[3]

---

3 Dentre tantas manifestações históricas dando conta da crise do judiciário em razão de subjetivismos ou posturas discricionárias, pode-se trazer à baila, apenas a título ilustrativo, o pensamento externado pelo então Ministro Humberto Gomes de Barros acerca de sua forma de decidir em voto proferido em julgamento no STJ: "*Não me*

Quando se observa a densificação das demandas repetitivas, no mesmo patamar também se intensifica a possibilidade de que, em caso de atuação com discricionariedade, os tribunais multipliquem os problemas de aplicabilidade do direito por tantos casos quanto forem aqueles pendentes em uma fila processual eletrônica sobre uma mesma questão de direito controvertida, de modo que a resposta judicial equivocada certamente sangrará todos os demais casos em que a tese jurídica vier a ser refletida.

O tema se apresenta relevante em sede de resolução de demandas repetitivas seja por conta do contexto decisório impregnado no procedimento, o qual reclama que o julgamento a ser conduzido pelo tribunal observe o dever de integridade e coerência do direito, mas também, para o que mais se inclina ao recorte temático proposto, que a decisão de afetação, mormente por ser composta pela identificação da questão de direito e pela seleção dos casos que servirão de paradigmas para a construção da tese, contemple um necessário dever de fundamentação.

Em realidade, há de se ter uma preocupação hermenêutica ainda mais cirúrgica quando se está diante da tarefa de selecionar os casos paradigmas dentre aqueles constantes da pilha de semelhantes, posto que as diretrizes dessa ação judicial ainda seguem no curso de construção doutrinária e jurisprudencial, dado que o legislador optou por não disciplinar o tema de forma direta, tal como o fez quanto ao dever de identificar com precisão a questão jurídica, nos termos do art. 1.037, I do CPC/2015, conjugado com o disposto no art. 93, IX da CF/1988, que só vem a dar mais peso à obrigação indiscutível de fundamentar essa decisão.

Com efeito, não por um mero dever de interdisciplinaridade, mas notadamente em razão da necessidade de composição de bases sólidas

---

importa o que pensam os doutrinadores. Enquanto for ministro do Superior Tribunal de Justiça, assumo a autoridade da minha jurisdição. O pensamento daqueles que não são ministros deste Tribunal importa como orientação. A eles, porém, não me submeto. Interessa conhecer a doutrina de Barbosa Moreira ou Athos Carneiro. *Decido, porém, conforme minha consciência.* Precisamos estabelecer nossa autonomia intelectual, para que este Tribunal seja respeitado. É preciso consolidar o entendimento de que os Srs. ministros Francisco Peçanha Martins e Humberto Gomes de Barros *decidem assim, porque pensam assim.* E o STJ decide assim, porque a maioria de seus integrantes pensa como esses ministros. *Esse é o pensamento do Superior Tribunal de Justiça e a doutrina que se amolde a ele.* É fundamental expressarmos o que somos. *Ninguém nos dá lições. Não somos aprendizes de ninguém.*" (Grifos do autor) (STJ. AgRg em REsp 279.889/AL, Relator: Ministro José Delgado. Primeira Turma, Data de Julgamento: 03/04/2001, Data de Publicação: DJ 11/06/2001).

para o tema da seleção dos casos repetitivos é que se recorre à hermenêutica filosófica para tratar a perspectiva da crítica à discricionariedade nas decisões judiciais, ou seja, no sentido de reforçar a ideia de que o juiz não pode decidir conforme sua consciência, mas a partir do direito e de valores da interpretação jurídica.

E sobre o tema apontado, o diálogo filosófico entre Ronald Dworkin[4] e Lenio Streck[5], além de estar repleto de significação no campo da hermenêutica filosófica, traz contribuições relevantes na discussão acerca do protagonismo judicial, elementos que certamente conduzirão a um olhar diferenciado e coerente com uma nova teoria do direito, que repouse na busca das respostas adequadas à Constituição.

Ronald Dworkin, notório pela preocupação hermenêutica no campo da teoria da decisão, sobretudo com a fábula do "Juiz Hércules" na solução dos casos difíceis (*hard cases*), destacou-se na definição de princípios jurídicos, no tema do alcance e do conteúdo do direito e, ainda, na teoria da integridade e do direito como integridade, ideias que serão visitadas adiante. Neste momento, cumpre destacar que Ronald Dworkin evidenciou a existência de padrões normativos em atuação para além das previsões emanadas nos modelos positivistas e, nesse passo, estariam a constranger os juízes em sua atividade decisória.

Por outro lado, a partir da Crítica Hermenêutica do Direito e suas contribuições na luta contra o chamado "solipsismo judicial" – enquanto posição filosófica que denota a submissão do mundo e do conhecimento estritamente à consciência do sujeito[6] –, Lenio Streck se cercou de elementos

---

4 DWORKIN, Ronald. **Levando os direitos a sério.** 3. ed. Tradução: Nelson Boeira. São Paulo: Martins Fontes, 2010. DWORKIN, Ronald. **Uma questão de princípio.** Tradução: Luis Carlos Borges. São Paulo: Martins Fontes, 2001. DWORKIN, Ronald. **O Império do Direito**. Tradução Luis Carlos Borges. 2 ed. São Paulo: Martins Fontes, 2007.

5 STRECK, Lenio Luiz. **Lições de crítica hermenêutica do direito.** 2 ed. Porto Alegre: Livraria do Advogado Editora, 2016. STRECK, Lenio Luiz. **Verdade e consenso:** constituição, hermenêutica e teorias discursivas. 5 ed. São Paulo: Saraiva, 2014. STRECK, Lenio Luiz. **O que é isto – decido conforme minha consciência?** Coleção O que é isto? 2 ed. Porto Alegre: Livraria do Advogado Editora, 2010.

6 "Despiciendo, nesta altura, lembrar que, quando o 'solipsismo judicial' ou, o que é a mesma coisa, as 'decisões conforme a consciência do julgador, tenho em mente a tese de que *as decisões judiciais não devem ser tomadas a partir de critérios pessoais*, isto é, a partir da consciência psicologista. Insisto, pois, que se trata de uma questão relacionada à superação do paradigma daquilo que se denomina de 'filosofia da consciência'. A justiça e o Judiciário não podem depender da opinião pessoal que juízes e promotores tenham sobre as leis e os fenômenos sociais, até porque os sentidos

do interpretativismo de Ronald Dworkin, por convergir nas ideias interpretativas e, portanto, no combate à discricionariedade judicial. Assim sendo, Lenio Streck seguiu a leitura antropofágica de teses dworkinianas, tendo por base a hermenêutica-filosófica e o contexto brasileiro.[7]

Desse modo, pretende-se introduzir alguns conceitos da hermenêutica filosófica acerca das decisões judiciais e do papel dos tribunais no julgamento dos casos repetitivos, sobretudo do respeito às disposições e limitações vislumbradas tanto pelo contexto do constitucionalismo contemporâneo, quanto pela renovação do ordenamento processual civil capitaneada pela Lei 13.105/2015.

Para tanto, tomar por referencial teórico a leitura de Ronald Dworkin acerca do caráter interpretativo do direito, da busca da decisão correta e, por conseguinte, da responsabilidade dos juízes e tribunais nesse contexto se mostra em sintonia com a ideia de oposição à postura de discricionariedade judicial, a qual é combatida justamente com a proposta de construção de critérios de observância cogente pelos tribunais, enquanto verdadeira limitação em relação à sua competência, para a seleção dos casos paradigmas e sua respectiva fundamentação em razão de imposição constitucional.

Em complemento, a visão hermenêutica de Lenio Streck e suas implicações no Estado Democrático de Direito exibem significativa relevância em tema de teoria da decisão jurídica, na interpretação do direito e, especialmente, quanto a existência de responsabilidade política dos juízes. Há, portanto, um comprometimento hermenêutico com a defesa da existência de um controle das decisões judiciais objetivando afastar o subjetivismo e o uso da discricionariedade, os quais se apresentam como contrários à democracia pela possibilidade de condução a cenários de arbitrariedade.

O engajamento temático entre Ronald Dworkin e Lenio Streck traz reflexos substanciais por meio do diálogo direto com os avanços notados no CPC/2015, quando se tem por parâmetro a retirada da expressão "livre

---

sobre as leis (e os fenômenos) são produtos de uma intersubjetividade, e não de um indivíduo isolado." (STRECK, Lenio Luiz. **O que é isto – decido conforme minha consciência?** Coleção O que é isto? 2 ed. Porto Alegre: Livraria do Advogado Editora, 2010, p. 115.)

7 STRECK, Lenio Luiz. Prefácio. In: SEGUNDO, Elpídio Paiva Luz; MENDES, Bruno Cavalcanti Angelin (Org.). **Diálogos sino-luso-brasileiros sobre jurisdição constitucional e a crítica hermenêutica do direito de Lenio Luiz Streck.** Coleção hermenêutica, teoria do direito e argumentação. Salvador: Editora Juspodivm, 2018, p. 15-16.

convencimento" e suas congêneres do texto final, sedimentando as bases de superação da filosofia da consciência e do esquema sujeito-objeto em favor de uma teoria da decisão que oriente a promoção de respostas adequadas à Constituição.

2.1.1 Vetores interpretativos no discurso jurídico: a teoria da integridade e a crítica hermenêutica do direito

As constituições no Estado Democrático de Direito, pós-segunda guerra mundial, têm evidente perfil compromissório e diretivo, e seus textos, nessa perspectiva, passaram a conter uma carga principiológica acentuada, de modo que em razão dessas características, verifica-se uma nova força a tensionar a relação entre os Poderes do Estado, dado o incremento na procura pelo Poder Judiciário para a resolução de litígios, visando a efetivação de direitos, notadamente os direitos sociais.[8]

Segundo Lenio Streck, "há, visivelmente, uma aposta na Constituição (direito produzido democraticamente) como instância da autonomia do direito para delimitar a transformação das relações jurídico-institucionais, protegendo-as do constante perigo da exceção".[9]

O constitucionalismo e o próprio Estado passaram a assumir novos papéis em virtude do caráter hermenêutico revelado pela Constituição, que possibilita a análise do caso concreto sob o prisma da busca pelo sentido da coisa, pela compreensão dos fenômenos a partir da ação de intermediação entre o texto e o sentido do texto e, ainda, na concepção do mundo prático.[10]

Apesar da evolução de direitos em suas diferentes dimensões, no Brasil não se verificou a efetiva implementação do Estado Social (*Welfare State*) e, portanto, diante das promessas não cumpridas, o neoconstitucionalismo se apresenta, então, como uma possível solução para este resgate, isto é, na

8 STRECK, Lenio Luiz. **Lições de crítica hermenêutica do direito.** 2 ed. Porto Alegre: Livraria do Advogado Editora, 2016, p. 45. STRECK, Lenio Luiz. **Verdade e consenso:** constituição, hermenêutica e teorias discursivas. 5 ed. São Paulo: Saraiva, 2014, p. 54-55.

9 STRECK, Lenio Luiz. **Verdade e consenso:** constituição, hermenêutica e teorias discursivas. 5 ed. São Paulo: Saraiva, 2014, p. 55.

10 "Na era das Constituições compromissórias e sociais, enfim, em pleno pós-positivismo, uma hermenêutica jurídica capaz de intermediar a tensão inexorável entre o texto e o sentido do texto e dar conta do mundo prático não pode continuar a ser entendida como uma teoria ornamental do direito, que sirva tão somente para colocar 'capas de sentido' aos textos jurídicos." (STRECK, Lenio Luiz. Porque a discricionariedade é um grave problema para Dworkin e não o é para Alexy. Dossiê, Ronald Dworkin. **Revista Direito e Práxis**, v. 4, n. 7, 2013, p. 346.)

tentativa de conferir eficácia ao texto constitucional, de modo a afasta-lo do viés liberal.[11]

Com efeito, diante da necessidade de efetivação das promessas constitucionais e alcance de concretude fática desses direitos, inclusive na garantia das prerrogativas dos cidadãos, é que o neoconstitucionalismo passa a figurar como uma nova concepção de Estado de Direito e, por essa carga, conduz uma nova forma de entender o papel da Constituição, a qual passa a exercer função normativa em razão da concepção de bem comum e o interesse público a que se destina, inclusive com força cogente para todos os poderes do Estado.[12-13]

O caráter hermenêutico assumido pelo direito a partir das Constituições no contexto pós-positivista deslocou o foco na discussão de algumas questões da legislação para o campo da jurisdição, como é o caso da legitimação democrática da prestação jurisdicional a partir do ato de decidir e, assim, a discussão sobre a discricionariedade judicial. O neoconstitucionalismo passou, então, a refletir uma teoria da decisão judicial cujo objetivo era justamente a superação da discricionariedade judicial e que repousa no controle epistemológico da interpretação do julgador, evitando-se os juízos pessoais

---

11 LUIZ, Fernando Vieira. **Teoria da decisão judicial:** dos paradigmas de Ricardo Lorenzetti à resposta adequada à Constituição de Lenio Streck. Porto Alegre: Livraria do Advogado, 2013, p. 131.

12 Nesse sentido, Écio Oto Ramos Duarte afirma que "o intento de reconciliar o Estado com a sociedade, até então divorciados perla ciência jurídica positivista, veio associado com o interesse de superação de uma normatividade formal concebida desde a ideia da Constituição como uma mera folha de papel do racionalismo (Lassale) em direção a um modelo de Estado social que absorvesse a programaticidade das normas constitucionais tão inoperantes, senão excluída da tese jurídica, de caráter neutralizante, dos fundamentos políticos sustentada pelo modelo do Estado-legislação." (DUARTE, Écio Oto Ramos; POZZOLO, Susanna. **Neoconstitucionalismo e positivismo jurídico:** as faces da teria do Direito em tempos de interpretação moral da Constituição. 2 ed. São Paulo: Landy, 2010, p. 17.)

13 Sobre o tema, Walber de Moura Agra assevera que "o neoconstitucionalismo representou o fim dos modelos político-institucionais em que o poder estabelecido não tinha nenhum comprometimento com a concretização dos dispositivos estabelecidos na Constituição, podendo implementar livremente as políticas públicas em nome do princípio da soberania popular. O texto constitucional ganha força normativa e transforma-se em mandamento vinculante para o legislador ordinário, já que se cristaliza a vontade do *'we the people'*." (AGRA, Walber de Moura. Neoconstitucionalismo e superação do positivismo. *In:* DIMOULIS, Dimitri; DUARTE, Écio Oto Ramos (org.). **Teoria do direito constitucional**. São Paulo: Método, 2008, p. 437.)

e, portanto, arbitrários, como forma de garantir ao cidadão a incidência da Constituição na resolução do seu caso.

No Brasil, Lenio Streck conduz uma forma de abordagem do direito proveniente desse contexto e a denomina de Crítica Hermenêutica do Direito que se consubstancia como teoria da decisão porque, ao focar nos problemas relativos à decisão jurídica, dá elementos ao interprete de forma a conduzi-lo ao encontro de respostas adequadas, aclarando as obscuridades contidas nos casos jurídicos concretos, sem recorrer ao decisionismo ou à discricionariedade.[14]

A teoria decisão traz relevante contribuição quando o assunto é a busca pela superação da discricionariedade judicial, circunstância que se constitui em um dos graves problemas do Estado contemporâneo. Esse reforço se mostra evidente, sobretudo, em virtude da construção de balizas e a percepção de limites para a contenção do poder dos juízes e da própria justiça constitucional, isto é, a fim de que não haja sobreposição ao direito. Daí advém o necessário esforço para a especificação dos limites da competência do tribunal no julgamento dos casos que lhe eram levados à resolução.

Nessa linha, Ronald Dworkin traz contribuições filosóficas no sentido de uma teoria jurídica antidiscricionária que parte da crítica aos positivistas pelo uso da discricionariedade no julgamento de casos difíceis (*hard cases*), ou seja, entendendo que não é adequado, diante da inexistência de uma regra de direito, de divergência interpretativa ou de existência de regra que estivesse em desarmonia com uma estrutura político-moral preestabelecida, que um juiz crie um novo direito e o aplique ao caso.[15] Esse era o ponto crucial de dissonância acadêmica entre Ronald Dworkin e seu professor, Herbert Hart, para quem o uso da discricionariedade era admitida em determinados casos com amparo em critérios extrajurídicos.[16]

A discricionariedade judicial, no contexto positivista, surgia como uma manifestação do Estado na qual o juiz, sob a alegação de uma forma neutra de solução de controvérsias, escolhia a interpretação que entendesse mais

---

14 STRECK, Lenio Luiz. **Verdade e consenso:** constituição, hermenêutica e teorias discursivas. 5 ed. São Paulo: Saraiva, 2014, p. 30-31.

15 DWORKIN, Ronald. **Levando os direitos a sério.** 3. ed. Tradução: Nelson Boeira. São Paulo: Martins Fontes, 2010, p. 127.

16 STRECK, Lenio Luiz. **Lições de crítica hermenêutica do direito.** 2 ed. Porto Alegre: Livraria do Advogado Editora, 2016, p. 59.

correta dentre outras tantas razoáveis, ou mesmo deixava de aplicar a lei, caso a considerasse moralmente injusta.

Opondo-se a esse pensamento jurídico e admitindo limites quanto ao poder do julgador, Ronald Dworkin sustentou que a atividade jurídica teria por base o exercício da interpretação, buscando respostas na lei, nos princípios, regulamentos e precedentes constitucionais, uma vez que o poder discricionário não se coaduna com a democracia, já que direito não poderia ser a vontade de um julgador.[17]

Nessa perspectiva, Lenio Streck defende que democracia e discricionariedade são, pois, inconciliáveis, sobretudo porque o direito não é aquilo que os tribunais dizem que é, de modo que a tese de que a decisão judicial é incompatível com as consciências individuais traduz-se em parâmetro intransponível decorrente dessa contribuição hermenêutica.[18]

Assim, segundo uma leitura pós-positivista, o uso da discricionariedade conduz a uma redução no caráter democrático do processo, dada a percepção de ideias como a decisão judicial a partir de um livre convencimento ou de acordo com a consciência do juiz, ou ainda, pela livre apreciação da prova, as quais, segundo Ronald Dworkin, são incompatíveis com a democracia.

Com efeito, Ronald Dworkin é contrário ao uso da discricionariedade em determinados casos, vez que se inexiste regra aplicável, entende que o juiz tem o dever de descobrir os direitos que as partes têm a partir dos princípios estes enquanto padrões normativos obrigatórios, não podendo criar ou legislar novos direitos, nem tampouco promover aplicação retroativa.[19]

Sob a arbitrariedade enquanto consequência possível de uma decisão que seja exarada com discricionariedade na atribuição de sentidos, Lenio Streck aduz que em ambas as hipóteses há falta de controle de conteúdo e desrespeito à Constituição, pelo que deve ser prestigiado, em detrimento destas modalidades, o elemento interpretativo.[20]

---

17 DWORKIN, Ronald. **Levando os direitos a sério.** 3. ed. Tradução: Nelson Boeira. São Paulo: Martins Fontes, 2010, p. 127-203. DWORKIN, Ronald. **Uma questão de princípio.** Tradução Luis Carlos Borges. São Paulo: Martins Fontes, 2001, p. 217.

18 STRECK, Lenio Luiz. **Lições de crítica hermenêutica do direito.** 2 ed. Porto Alegre: Livraria do Advogado Editora, 2016, p. 23; 32; 45; 48; 59.

19 STRECK, Lenio Luiz. **Lições de crítica hermenêutica do direito.** 2 ed. Porto Alegre: Livraria do Advogado Editora, 2016, p. 23-24.

20 STRECK, Lenio Luiz. **Verdade e consenso:** constituição, hermenêutica e teorias discursivas. 5 ed. São Paulo: Saraiva, 2014, p. 55.

A responsabilidade política dos juízes é conceito que desponta na teoria dworkiniana, visto que na concepção do autor, em função de um dever moral que reclama uma atuação isenta de paixões, crenças e desejos particulares, os juízes estariam obrigados a descobrir os direitos que as partes têm com base em princípios. O ordenamento jurídico, portanto, está composto de regras e princípios, sendo as primeiras geradas mediante o acordo político, e os últimos, como pontos comuns reconhecidos pela sociedade e direcionadores de suas práticas, os quais, por tal condição, vedam a discricionariedade.

Ao reconhecer na doutrina de Ronald Dworkin a construção de uma tese de que sempre haverá uma resposta correta ainda que hajam outras possibilidades defensáveis sob o ponto de vista jurídico, tem-se que o direito, composto de regras e princípios, dá substrato à decisão, conformando-lhe no cenário adequado por considerar a história institucional que a ela conduz, afastando-se a discricionariedade.[21]

Com azo nessas concepções básicas, o direito, enquanto conceito interpretativo, suporta a ideia de integridade e coerência, já que a decisão judicial, decorrente do diálogo processual e da sucessão de eventos que lhe origina, por essa razão, não poderia ser entendida como um fato isolado. Essa decisão deve ser emanada, para qualquer caso, em estrita atenção ao ordenamento jurídico posto, limitando-se a atividade dos juízes como forma de conter a discricionariedade.

Ronald Dworkin defende a ideia de que a compreensão do direito resta favorecida com o comparativo entre a interpretação jurídica e aquela que se exerce em outros campos e esferas do conhecimento. Conciliando direito e literatura, o autor compara a atividade de um juiz com ao de um romancista em cadeia, o qual tem a atribuição de dar continuidade a escrita de um romance (coletivo) de forma coerente com os capítulos escritos anteriormente. Logo, essa ação coletiva exige um mínimo de coerência, sobretudo pela interpretação a ser exercida quanto ao passado. De igual modo, o juiz estaria obrigado a decidir com base nos precedentes já firmados pelo tribu-

21 Lenio Streck aduz que a integridade "exige que os juízes construam seus argumentos de forma integrada ao conjunto do direito, constituindo uma garantia contra arbitrariedades interpretativas; coloca freios, através dessas comunidades de princípios, às atitudes solipsistas-voluntaristas." Já a coerência, para o autor, existe "se os mesmos preceitos e princípios que foram aplicados nas decisões o forem para casos idênticos; mais do que isto, estará assegurada a integridade do direito a partir da *força normativa* da Constituição." (STRECK, Lenio Luiz. **Lições de crítica hermenêutica do direito.** 2 ed. Porto Alegre: Livraria do Advogado Editora, 2016, p. 61-62.)

nal, uma vez que, enquanto intérprete, afastar-se-ia a sua subjetividade em vinculação à história já em curso.[22]

Eis a ideia do romance em cadeia, a partir de uma interpretação colaborativa que tenha como norte a necessária vinculação histórica, haja vista o dever de integridade e coerência. Em outras palavras, a interpretação histórica deve ser reconstruída para possibilitar a efetivação da isonomia, mediante a aplicação do direito de forma adequada, tanto com integridade, por meio da exigência de que os juízes componham os argumentos da fundamentação de suas decisões de forma integrada ao direito, quanto com coerência, visto que os mesmos preceitos e princípios já aplicados em outros casos, os sejam em casos idênticos, assegurando-se a força normativa da Constituição.[23]

Com efeito, Dierle Nunes, Flávio Quinaud Pedron e André Frederico de Sena Horta sustentam que a partir das lições de Ronald Dworkin, é possível entender que "os juízes têm o compromisso de investigar, na história institucional do Direito, o conjunto de decisões que melhor exprimam os princípios jurídicos que têm de reger o caso concreto, decidindo-o de forma a promover a integridade e a coerência".[24]

Ronald Dworkin admite, ainda, que a resposta de um tribunal constitucional possa não estar certa e, nesse ponto, levar os direitos a sério implicaria em reconhecer a possibilidade de equívocos em decisões de instâncias administrativas e judiciais e, mesmo assim ter condições de haver um direito não reconhecido por todas as instâncias estatais.

Por outro lado, enquanto Ronald Dworkin defendeu que há uma resposta correta para os casos, Lenio Streck faz referência à existência de um direito fundamental a uma resposta constitucionalmente adequada, propondo a chamada tese da descontinuidade, segundo a qual os princípios constitucionais direcionariam o juiz em seu dever de decidir de forma

---

22 DWORKIN, Ronald. **Uma questão de princípio.** Tradução: Luis Carlos Borges. São Paulo: Martins Fontes, 2001, p. 217.

23 DWORKIN, Ronald. **Uma questão de princípio.** Tradução: Luis Carlos Borges. São Paulo: Martins Fontes, 2001, p. 217.

24 NUNES, Dierle; PEDRON, Flávio Quinaud; HORTA, André Frederico de Sena. Art. 926 do CPC e suas propostas de fundamentação: um diálogo com concepções contrastantes. In: NUNES, Dierle; MENDES, Aluisio Gonçalves de Castro; JAYME, Fernando Gonzaga (Coord.). **A nova aplicação da jurisprudência e precedentes no CPC/2015:** estudos em homenagem à professora Teresa Arruda Alvim. São Paulo: Editora Revista dos Tribunais, 2017, p. 354.

correta, dado que seriam responsáveis por introduzir o mundo prático no direito, reduzindo, assim, a discricionariedade.[25-26]

Deste modo, um dos princípios conformadores da teoria da decisão judicial formulados por Lenio Streck em sua Crítica Hermenêutica do Direito é, precisamente, o efetivo respeito à integridade e à coerência do direito, sendo que "haverá coerência se os mesmos princípios que foram aplicados nas decisões o forem para os casos idênticos; mas, mais do que isto, estará assegurada a integridade do direito a partir da força normativa da Constituição".[27] Assim, a coerência resguarda a igualdade enquanto dever imposto aos juízes, especialmente em matéria de julgamento de casos repetitivos, e a integridade concebe uma garantia contra arbitrariedades interpretativas, limitando a ação dos juízes por meio de princípios enquanto freios a atitudes de caráter discricionário.

2.1.2 A independência funcional dos juízes e o dilema da discricionariedade das decisões judiciais

Coerência e integridade, em matéria de teoria da decisão judicial, se apresentam como as chaves de leitura do CPC/2015, especialmente por conduzirem à ideia de superação da mera estabilidade da decisão. Em outros termos, consoante dispõe o art. 926, *caput*, do CPC/2015, os tribunais têm o dever de manter sua jurisprudência estável, íntegra e coerente, sendo que tais características constituem-se em parâmetros mínimos para o controle da atividade jurisdicional e que devem ser seguidos em toda e qualquer atuação das cortes, em favor da previsibilidade das decisões.

---

25 STRECK, Lenio Luiz. **Lições de crítica hermenêutica do direito.** 2 ed. Porto Alegre: Livraria do Advogado Editora, 2016, p. 24; 54; 59. STRECK, Lenio Luiz. **Verdade e consenso:** constituição, hermenêutica e teorias discursivas. 5 ed. São Paulo: Saraiva, 2014, p. 55.

26 Vale, ainda, transcrever o seguinte excerto: "Os princípios (re)inserem a facticidade ao direito, e espelham uma determinada tradição jurídica que permitirá um diálogo constante entre a decisão particular com todo o ordenamento. Deste modo, proporcionam que a atividade jurisdicional, por intermédio da fundamentação, que é condição de possibilidade, publicize o sentido que será intersubjetivamente controlado, e tenderá a manter a coerência e integridade do direito." (STRECK, Lenio Luiz. **Lições de crítica hermenêutica do direito.** 2 ed. Porto Alegre: Livraria do Advogado Editora, 2016, p. 59.)

27 STRECK, Lenio Luiz. O novo código de processo civil (CPC) e as inovações hermenêuticas: o fim do livre convencimento e a adoção do integracionismo dworkiniano. **Revista de informação legislativa**, Brasília, ano 52, n. 206, p. 33-51, jun. 2015, p. 41.

Em legítima opção, o legislador de 2015 retirou o poder de livre convencimento ou de livre apreciação pelo juiz, exigindo que os tribunais profiram suas decisões com base no direito e não na resposta que os julgadores pensam como sendo adequado. Esta é, pois, a crítica a que se dedica Lenio Streck quanto à forma de decidir de alguns juízes que, ao invés de proteger direitos e garantias fundamentais, os sufoca com subjetivismos e discricionariedade.[28]

Com efeito, a tese de "livre convencimento" motivado, objeto de profundas abordagens por Lenio Streck[29], foi alvo de atenção durante o processo normativo que findou no CPC/2015, em especial, pelo fato de que modificações importantes foram acolhidas durante a fase final de tramitação, uma vez que por emenda supressiva do relator Deputado Paulo Teixeira, atentando às conclusões de Lenio Streck sobre o tema e contando com o assentimento de Fredie Didier Jr., Dierle Nunes e Luis Henrique Volpe, todas as referências ao fato de que o magistrado teria o poder de livre convencimento foram retiradas do texto do diploma processual civil.

Diante dessa nova conformação temática, duas perspectivas de análise dos modelos de juiz se apresentam em lados distintos: de um lado, o juiz que entende que o livre convencimento ou a liberdade de aplicar a lei segundo a sua consciência é indispensável ao pleno exercício de sua atividade jurisdicional e, de outro, aquele que compreende a necessidade de considerar os fundamentos da hermenêutica filosófica para aplicação do direito, especialmente, tendo como substrato, critérios interpretativos, os quais se configuram, portanto, como limites à sua atuação e à decisão judicial.

O modelo de juiz inclinado à tese de livre convencimento tem proximidade com o texto do CPC/1973, dada a postura dogmática e de cunho voluntarista que conferia ao julgador a abertura até mesmo a uma postura de caráter autoritário, ante a possibilidade de substituição ao legislador em casos de lacuna normativa. Isso porque o código anterior carregava consigo uma rigidez formalista em razão de um paradigma liberal de litígios do século anterior, dado o caráter estritamente individual de solução de conflitos e, também, a adoção de uma postura pelo juiz de colocar-se acima das partes, com decisões com base no referido "livre convencimento". Esse é, portanto, o

28 STRECK, Lenio Luiz. **O que é isto – decido conforme minha consciência?** Coleção O que é isto? 2 ed. Porto Alegre: Livraria do Advogado Editora, 2010.

29 STRECK, Lenio Luiz. **Lições de crítica hermenêutica do direito.** 2 ed. Porto Alegre: Livraria do Advogado Editora, 2016, p. 67.

modelo de juiz que se vê na teoria da decisão de Ricardo Lorenzetti, inserida no plano da filosofia da consciência[30].

Portanto, Ricardo Lorenzetti aposta na vontade do intérprete[31] como sendo inerente ao ato de decidir. Assim, em sua teoria da decisão judicial, Lorenzetti entende que há paradigmas da decisão enquanto um conjunto comum de perspectivas que advém da forma de agir do juiz que, em preferência subjetiva, se inclina na proteção de determinados bens ou valores sociais em detrimento de outros.[32] Logo, ainda que aposte em uma racionalização metódica e, portanto, defenda que nos casos difíceis há um método diferenciado de decidir, Lorenzetti acredita na valoração individual pelo magistrado e, nesse aspecto, converge para o problema do prestígio ao protagonismo do intérprete-juiz, isto é, em sua atuação com discricionariedade.[33]

---

30 "Este objetivo pode ser obscurecido com a utilização dos paradigmas, porque a interpretação das mesmas regras e princípios pode levara conclusões diferentes pela 'ideologia' de quem toma a decisão". (LORENZETTI, Ricardo Luis. **Teoria da decisão judicial**: fundamentos de Direito. Tradução Bruno Miragem. São Paulo: Revista dos Tribunais, 2009, p. 165.)

31 Nesse sentido também: ALEXY, Robert. **Teoria dos direitos fundamentais.** Tradução: Virgílio Afonso da Silva. São Paulo: Malheiros, 2008, p. 611.

32 Ricardo Lorenzetti elenca a existência de seis paradigmas que permeiam a atividade do juiz, em rol meramente exemplificativo: o protetor (dos débeis), o ado acesso aos bens jurídicos primários (em atenção aos excluídos), a defesa das relações e bens coletivos, o consequencialista (reflexos da decisão), o do Estado de Direito e o ambiental. Assim, tais paradigmas condicionariam a decisão antes mesmo da incidência das regras jurídicas, uma vez que formam o que chama de pré-compreensão de quem profere a decisão em interpretação diferente a que consta nas normas, ou seja, constante da ideologia de quem decide. Ao tratar do paradigma aduz que: "O vocábulo 'paradigma' tem muitos sentidos diferentes. No nosso caso, fazemos referência aos modelos decisórios que têm um *status* anterior à regra e condicionam as decisões. Quem se baseia apenas em paradigmas dá prevalência ao contexto em detrimento da norma, mediante um procedimento que consiste em subsumir um termo legal em um contexto que lhe empresta sentido, e que não é o ordenamento, mas o modelo de decisão adotado de antemão pelo interprete". (LORENZETTI, Ricardo Luis. **Teoria da decisão judicial**: fundamentos de Direito. Tradução Bruno Miragem. São Paulo: Revista dos Tribunais, 2009, p. 36.)

33 A inclinação pela discricionariedade no discurso de Ricardo Lorenzetti fica clara em várias passagens, dentre elas a que diz que "o valor expressa um juízo comparativo (compara um valor com outro) (...). Essa valoração comparativa surge quando é dito sobre dois objetos que um tem mais valor que o outro, expressando juízos de preferência ou equivalência". A admissão dos "juízos de preferência" demonstra a inclinação ao subjetivismo do intérprete, sendo por isso, inclusive, que Lorenzetti aduz que diante de casos difíceis, "surgem várias alternativas, que obrigam o juiz a exercer a sua discrição

Por outro lado, há um modelo de juiz condizente com a leitura do CPC/2015 que não contempla mais a ideia de "livre convencimento" e, portanto, adota uma postura reflexiva com base em critérios interpretativos advindos da hermenêutica filosófica, em busca de uma decisão que se caracterize como uma resposta adequada à Constituição. A contribuição de Lenio Streck é, pois, no sentido de oposição ao modelo de juiz autoritário, dado o entendimento de superação da filosofia da consciência e do esquema sujeito-objeto que norteia a teoria da decisão moldada por Ricardo Lorenzetti.[34]

A retirada da expressão "livre convencimento" do texto final do CPC/2015 representa um avanço importante contra o poder discricionário e autoritário dos juízes, já que sob a égide do CPC/1973, proferiam suas decisões muitas vezes fundamentadas nesse princípio e também em seus correlatos, como a chamada "livre apreciação da prova". A propósito, na redação inicial constava a expressão "livre convencimento motivado", sendo que além de inadequadamente se referir à motivação, posto que tal verbete remete a valores morais, a sua inclusão mostrava-se redundante e, portanto, pouco importava a sua existência no texto, dado o dever constitucional imposto aos juízes quanto à necessidade de fundamentação das decisões judiciais.

A preocupação que tomava conta da comunidade jurídica quanto ao texto proposto para o CPC/2015 se referia à concessão de liberdade acentuada aos juízes, posto que a permanência da expressão "livre convencimento" certamente conduziria a um quadro de discricionariedade, fortalecendo o protagonismo judicial que, do ponto de vista hermenêutico, representaria um problema para a aplicação do direito, sobretudo em tema de casos repetitivos, onde uma decisão com esse viés negativo, seria projetada a uma infinidade de casos.

Desse modo, longe de ser uma questão de mera técnica linguística ou da hermenêutica, a conservação da expressão referida daria respaldo a um

---

baseada nos critérios de validade material." (LORENZETTI, Ricardo Luis. **Teoria da decisão judicial**: fundamentos de Direito. Tradução Bruno Miragem. São Paulo: Revista dos Tribunais, 2009, p. 131; 209.)

34 Relacionado a esse ponto, Vicente de Paulo Barretto e Mauricio Mota sustentam que a filosofia do direito não está a serviço das consciências individuais: "A filosofia do direito não expressa uma 'filosofia da consciência' (Kant, Fichte e Hegel), pois o julgamento do projeto jurídico por uma pessoa individual, importa pouco. A filosofia do direito é, assim, uma forma de reflexão crítica, que participa do discurso em torno do projeto jurídico da sociedade democrática contemporânea." (BARRETTO, Vicente de Paulo; MOTA; Maurício. **Por que estudar filosofia do direito?** – aplicações da filosofia do direito nas decisões judiciais. Brasília: ENFAM, 2011, p. 33.)

modelo de decisão no qual o juiz não estaria vinculado ao formalismo da lei ou à decisões judiciais antecedentes, até mesmo em sede de fixação de tese jurídica no julgamento do IRDR, por exemplo, já que poderia ter em conta e como parâmetro a sua livre convicção pessoal.

Além disso, o então projeto do que viria a ser o CPC/2015 adotava um modelo solipsista *stricto sensu* favorecendo, portanto, a prevalência no âmbito do Judiciário de uma filosofia da consciência, dado o prestígio ao modelo social protagonista que se estabeleceu até o CPC/1973, sobretudo fomentando uma postura autoritária dos juízes. Essa ilação restava perceptível com a abertura conferida pelo texto anterior para que o julgador tivesse liberdade de avaliação das provas carregadas aos autos, quando se observa, por exemplo, a antiga redação do art. 378, por prever que o juiz apreciaria "livremente a prova", ou do art. 401, pela possibilidade da confissão extrajudicial ser "livremente apreciada", ou ainda, o art. 490 por registrar que "a segunda perícia não substitui a primeira, cabendo ao juiz apreciar livremente o valor de uma e outra".[35]

Assim, a retirada da expressão "livre convencimento" e as que dela fossem decorrentes do texto final do CPC/2015 representou uma importante conquista hermenêutica no campo da teoria do direito, já que não se poderia coadunar, em plena democracia, com o histórico de leis processuais que, em favor da apreciação subjetiva dos juízes e tribunais, transferiam a resolução dos casos complexos, fomentando, assim, a discricionariedade judicial.

Destarte, o esperado com a aplicação do CPC/2015 pós retirada da expressão em tela, é que seja superado o velho modelo social-protagonista, não se admitindo mais decisões nas quais o juiz invoque a desnecessidade de responder a todas as questões articuladas pelas partes, ou que, são suficientes as razões de seu convencimento em sua convicção pessoal para tachar como decidida a questão.[36] Nesse diapasão, decisões desta natureza devem ser

35 CÓDIGO DE PROCESSO CIVIL: anteprojeto. **Comissão de Juristas Responsável pela Elaboração de Anteprojeto de Código de Processo Civil.** Brasília: Senado Federal, Presidência, 2010.

36 Para Humberto Theodoro Júnior, não se faz mais admissível um cenário de decisões conforme a consciência do julgador, ou seja, não devem ser tomadas com base em critérios pessoais. Nesse sentido, argumenta: "De fato, na constitucionalização do processo democrático, no Estado contemporâneo, não cabe mais pensar-se num comando processual apoiado no 'livre convencimento' e na 'livre apreciação da prova' a cargo do juiz, pelo risco que tais critérios trazem de gerar 'decisões conforme a consciência do julgador', quando se sabe que toda evolução do Estado Constitucional contemporâneo se deu no sentido de que, no processo, as decisões judiciais não devem ser tomadas a

consideradas como eivadas de nulidade pelo CPC/2015, mormente porque a obrigatoriedade de fundamentação das decisões estabelece, ao juiz, o dever se afastar-se da mínima discricionariedade que seja para registrar com base em que razões, que devem ser intersubjetivamente sustentáveis, a decisão foi desta ou de outra forma.

Enquanto justificativa de cunho democrático, Lenio Streck, em resposta ao problema da relação entre processo e controle da atividade jurisdicional, destaca que a consolidação de um processo jurisdicional democrático perpassa pelo resguardo de direitos e que suas disposições contenham o sentido de limite, isto é, de controle. Assim, o processo deve servir de controle de produção das decisões judiciais, seja porque nele o cidadão deve ter seus direitos garantidos pelo tribunal no bojo do processo, seja porque se o processo faz parte da questão democrática, as decisões proferidas devem ser construídas com a efetiva participação dos atores processuais que diretamente serão atingidos.[37] E, nesse contexto, sejam as decisões judiciais revestidas de coerência e integridade.

No tocante ao julgamento de demandas repetitivas, a questão relativa à seleção dos casos paradigmas assume relevância, sobretudo quando a pretensão de reconhecimento da existência (e pertinência) de critérios para o exercício dessa atividade conjeturar, como substrato básico, a limitação da atividade do julgador.

Desta forma, o fato de o CPC/2015 ter expurgado textualmente a possibilidade de livre convencimento do juiz se mostra em linha, portanto, com a necessidade de reconhecimento, pelo ordenamento jurídico, da pertinência quanto a previsão de critérios de seleção dos casos paradigmas no julgamento de recursos repetitivos ou do IRDR, tendo em vista que atualmente vigora um ambiente de discricionariedade quanto a esse momento processual. Logo, estando diante de um conjunto de processos com questões jurídicas comuns, o julgador não tem na legislação um norte ou direcionamento claro de quais parâmetros deverão ser utilizados para a seleção daqueles casos que adequa-

---

partir de critérios pessoais, isto é, a partir da consciência psicologista (...) A justiça e o Judiciário não podem depender da opinião pessoal que juízes e promotores tenham sobre as leis ou fenômenos sociais, até porque os sentidos sobre as leis (e os fenômenos) são produto de uma intersubjetividade, e não de um indivíduo isolado." (THEODORO JUNIOR, Humberto. **Curso de direito processual civil.** v. 1. 56. ed. Rio de Janeiro: Forense, 2015, p. 869.)

37 STRECK, Lenio Luiz. O novo código de processo civil (CPC) e as inovações hermenêuticas: o fim do livre convencimento e a adoção do integracionismo dworkiniano. **Revista de informação legislativa**, Brasília, ano 52, n. 206, p. 33-51, jun. 2015, p. 35-36.

damente se exibiriam como representativos da controvérsia e, nesse passo, seriam capazes de influenciar coerentemente na formação da tese jurídica.

Assim, a compreensão de que o CPC/2015 trouxe como aspecto positivo um modelo que se coloca no sentido da superação da discricionariedade judicial, com abrigo à garantia da independência do juiz, não se coaduna com a leitura de ausência normativa quanto a previsão de critérios de seleção de casos paradigmas, dado que por tal razão, ainda que o juiz não tenha o poder de livre convencimento assegurado no texto normativo, o exerce de fato no cenário de julgamento dos casos repetitivos, dado não estar limitado por quaisquer parâmetros nessa etapa decisória, senão aqueles que tangencialmente (e, portanto, de maneira indireta) se pode extrair da norma, a exemplo das causas com "abrangente argumentação", nos termos do que prevê o art. 1.036, §6º.

Outro ponto que, inclusive, será explorado no quarto capítulo, refere-se à necessidade de fundamentação da decisão de afetação, dado promover a seleção dos casos paradigmas. Em outros termos, além da necessidade de critérios de seleção em contraposição a um cenário de liberdade e discricionariedade – que, apesar de depurada do CPC/2015, ainda se vislumbra pela ausência de exata previsão normativa – uma vez superado esse ponto com a proposta de critérios e consequente adesão por parte da comunidade jurídica, será imprescindível reconhecer, ainda, a pertinência de fundamentação da decisão de afetação quanto a essa seleção, como forma não só de controle da atividade jurisdicional, mas também em razão da necessidade de construção do lastro vinculativo que culminará com a formação da coerente tese jurídica.

Com efeito, em se tratando de seleção dos casos paradigmas, o juiz não pode decidir conforme sua consciência, mas a partir do direito. E, considerando que o direito, com base nas lições de Lenio Streck,[38] não é aquilo que os tribunais dizem que é, mas um conceito de cunho interpretativo e que é emanado pelas instituições jurídicas, é preciso que as questões que se mostram relativas a ele encontrem respostas seja na Constituição e nos seus princípios, nas leis, ou nas demais formas jurídicas, a exemplo das teses jurídicas e nos precedentes constitucionais. Em outras palavras, o direito não encontra respaldo na vontade e na consciência individual do julgador e é necessário que, com o reforço no CPC/2015, esta ilação seja obedecida, inclusive no tocante à disciplina dos casos repetitivos, a fim de se alcançar efetivamente a coerência e a integridade na aplicação do direito.

---

38 STRECK, Lenio Luiz. **O que é isto – decido conforme minha consciência?** Coleção O que é isto? 2 ed. Porto Alegre: Livraria do Advogado Editora, 2010, p. 115.

O CPC/2015 trouxe significativos avanços no campo da teoria da decisão dado que, em tempos de democracia e em sistemas processuais ancorados na Constituição, não é plausível admitir posturas judiciais inclinadas ao livre convencimento de suas decisões, ainda que sob a suposta rubrica de serem "motivadas". O "livre" é um conceito aberto, um "cheque em branco" que se sobrepõe, inclusive, ao suposto dever de "motivação" que a ele estaria condicionado, pois guarda intrinsecamente a permissividade de exercício de vontades e a possibilidade de utilização de juízos e conceitos individuais preexistentes.[39]

A interpretação não pode ser reduzida a um mero ato (subjetivo) de vontade, vez que a atribuição de sentido ao Direito, corporificada na decisão judicial tem como pressuposto o dever de que este ato judicante se conjecture como um ambiente dialógico, isto é, com a necessária participação ativa dos atores processuais – razão pela qual em julgamento de casos repetitivos há uma acentuada abertura discursiva, por exemplo, pelo *amicus curiae*, de modo viabilizar o contraditório efetivo – e não um mero produto da mente do juiz.

Nota-se, portanto, de uma tendência de mudança cultural e de racionalidade do próprio sistema processual a partir dos influxos do novo Código, quanto ao modo de ver e teorizar o Direito, a fim de alcançar a legitimidade da decisão com base na Constituição democrática. A autonomia do Direito é indispensável nesse contexto, pois corrobora para o cumprimento dos ditames constitucionais, sobretudo no dever de os juízes

39 Nesse sentido, Lenio Luiz Streck, em raciocínio que se opõe ao protagonismo judicial do final do século XIX e início do século XX, aduz: "O Estado Democrático e a Constituição são incompatíveis com modelos de motivação teleológicos do tipo "primeiro decido e só depois busco o fundamento". Superado o paradigma subjetivista, é a intersubjetividade que será a condição para o surgimento de uma decisão (ver *Verdade e consenso*, sexta edição, pela Saraiva). Nesse sentido, o juiz deve controlar a sua subjetividade por intermédio da intersubjetividade proveniente da linguagem pública (doutrina, jurisprudência, lei e Constituição). As suas convicções pessoais são – e devem ser – irrelevantes para a decisão. Por isso, a decisão judicial não é fruto do pensamento pessoal ou da "consciência do julgador". Se a decisão jurídica for fruto de uma "hermenêutica pessoal-solipsista", obviamente já estaremos falando de hermenêutica, e, sim de uma "interpretação como ato de vontade." (STRECK, Lenio. Hermenêutica constitucional. In: CAMPILONGO, Celso Fernandes; GONZAGA, Alvaro de Azevedo; FREIRE, André Luiz (Coords.). **Enciclopédia jurídica da PUC-SP**. Tomo II: Direito Administrativo e Constitucional. São Paulo: Pontifícia Universidade Católica de São Paulo, 2017, p. 11. Disponível em: https://enciclopediajuridica.pucsp.br/verbete/18/ edicao-1/hermeneutica-constitucional.. Acesso em: 19 abr. 2019.)

julgarem em atenção à legislação posta (conforme o Direito), a partir da própria Constituição.

Por tais razões é que no último capítulo, sob o título de "Teoria da Decisão II", será dada continuidade às cogitações filosófico-processuais ora iniciadas, mas no viés daquela seção, qual seja, o de contribuição teórica para a compreensão e efetivo respeito às teses jurídicas surgidas em julgamentos de casos repetitivos e suas razões de decidir, que teorizam e dão substância a um microssistema de formação e aplicação de precedentes vinculantes na (ou aos moldes da) cultura jurídica brasileira.

2.2 A COMPETÊNCIA SOB O ENFOQUE DOS CASOS REPETITIVOS

Como se frisou em linhas pretéritas, em caminho inverso ao afunilamento dos institutos para tratamento sob a ótica de um microssistema de julgamento de casos repetitivos, e apenas com a escopo de apontar detidamente os predicados diferenciadores entre o IRDR e os recursos repetitivos, é possível assinalar dois elementos que se mostram capazes de singulariza-los, quais sejam, a já esboçada legitimidade para requerer a sua instauração e, a que tem foco na presente seção, a competência para julgamento.

Em breve esforço histórico, quando se nota que a construção faseada do microssistema de julgamento de casos repetitivos no ambiente processual brasileiro vem desde a previsão do recurso extraordinário com repercussão geral, seguido os recursos especiais repetitivos e, neste momento, com o CPC/2015 unificando o tratamento de tais espécies e prevendo o IRDR, resta clara a opção legislativa pela dicotomia no tratamento da matéria, cuja particularidade, portanto, se assenta nos aspectos de competência e legitimidade.[40]

Na verdade, o legislador de 2015, que nada tinha de impeditivo, talvez tenha optado por não unificar o tratamento da matéria com a previsão de um único instituto aplicável a todas as instâncias, permanecendo com a disposição dos institutos que foram sendo lapidados no curso das evoluções processuais.

Assim, o entendimento mais apropriado não deve ser pela opção de inexistência de um só instituto aplicável a todas as instâncias, mas pela escolha legislativa quanto à previsão de institutos processuais que são complemen-

---

40 MELLO PORTO, José Roberto Sotero de. **Teoria geral dos casos repetitivos.** 1. ed. Rio de Janeiro: GZ, 2018, p. 117.

tares no sentido de dispor da técnica de julgamento de casos repetitivos, seja nas instâncias ordinárias, por meio do IRDR, ou ainda, nas instâncias extraordinárias, com os recursos repetitivos.

Assim, nas linhas seguintes, serão abordados os aspectos relacionados à competência, tanto no âmbito geral do Poder Judiciário, quanto no plano de organização interna dos tribunais, enquanto um passo prévio e necessário para a proposição dos critérios de seleção das demandas repetitivas para julgamento sob tal rito.

Uma vez definida a competência, será o respectivo tribunal o órgão responsável pela análise de preenchimento dos critérios de seleção dos processos paradigmas, apresentando-se tais requisitos ou parâmetros como verdadeiras balizas ou limites dessa atividade cognitiva, visando garantir um grau mínimo de coerência e adequação, a fim de que do julgamento final, a tese jurídica dele resultante seja refletida de maneira legítima para os demais casos similares.

2.2.1 Competência para admissibilidade e julgamento do IRDR

Como primeira linha de abordagem, pretende-se dispor de maior energia sobre aquela relacionada à admissibilidade, processamento e julgamento do IRDR, especialmente pela linha tênue com a etapa de seleção dos casos repetitivos que servirão de paradigmas para os demais.

Com efeito, identificar a perspectiva de competência em relação ao Judiciário em geral, isto é, sob qual tribunal recairia tal responsabilidade, será a primeira fase de incursão nesta seção, após a qual, de modo complementar, serão apresentadas considerações sobre o instituto sob uma visão de competência funcional ou interna dos tribunais, bem como o tratamento junto aos tribunais superiores e, por fim, breves considerações sobre a possibilidade nos juizados especiais.

Assim, ainda sob a lógica de que os institutos se complementam e que, portanto, o IRDR veio a ser previsto após a experiência processual dos recursos repetitivos e, tendo-se por base uma interpretação sistemática, a ilação preliminar que se pode extrair do CPC/2015 é a de que o instituto em questão foi desenhado pelo legislador para processamento perante os tribunais de segundo grau. Essa é a primeira análise ora pretendida, ou seja, a análise da competência para o IRDR sob o plano do judiciário global.

Assim, essa ilação preliminar mostra-se oportuna, haja vista que embora a indicação do tribunal competente para processamento e julgamento do IRDR não tenha restado prevista de modo expresso no texto final dos dispositivos atinentes no CPC/2015, é claramente concebível a partir da construção histórica dos institutos que lhe antecederam no ordenamento pátrio.

Nessa linha, Aluisio Gonçalves de Castro Mendes entende que a competência do IRDR dirigida aos tribunais de segundo grau decorre de uma interpretação sistemática e, portanto, autêntica, a qual é perceptível não só a partir dos trabalhos realizados ao longo do processo legislativo, mas também pela redação final dos dispositivos atinentes à matéria no CPC/2015, especialmente no Capítulo VIII, do Título I, do Livro III, da Parte Especial, haja vista que não houve menção, de modo expresso, a Tribunal Regional Federal, Tribunal de Justiça, Tribunal Regional do Trabalho ou tribunal de segundo grau em geral.[41]

Corroborando com essa visão, a partir do CPC/2015, claramente os arts. 977, *caput*, 978 e 979, §1º, além do 986, fazem indicação expressa de que o requerimento de instauração do IRDR seria dirigido a tribunal, o qual, por sua vez, teria a competência para a admissibilidade, o processamento e o julgamento do IRDR, sem deixar de notar também que em tais dispositivos, há reiterada menção à figura do relator, em evidente alusão ao desenvolvimento do IRDR no âmbito de tribunal.

Com efeito, também há de se considerar que os arts. 982, I e 985, I, do CPC/2015, ao versarem, respectivamente, da suspensão dos processos e da eficácia da tese, trazem a menção relevante às figuras do "Estado" ou "região", de modo que o tribunal competente sob o ponto de vista territorial de forma originária para apreciação do IRDR, também nessa visão, seria o tribunal de segundo grau, isto é, os Tribunais Regionais Federais e aos Tribunais de Justiça, no âmbito da Justiça Comum, para todas as questões de direito comum repetitivas que decorram de processos em trâmite seja no primeiro (juízos singulares) ou no segundo (tribunais) graus de jurisdição. Inclusive, a própria citação de Estado ou região no art. 985, I do CPC/2015 quanto à eficácia da tese confirma o limite em relação ao âmbito do tribunal local que decidiu a questão.

No que concerne ao âmbito Federal, a doutrina[42] entende como cabível o IRDR perante os ramos especializados do Poder Judiciário, dado o diá-

41 MENDES, Aluisio Gonçalves de Castro. **Incidente de resolução de demandas repetitivas:** sistematização, análise e interpretação do novo instituto processual. Rio de Janeiro: Forense, 2017, p. 137.

42 MENDES, Aluisio Gonçalves de Castro. **Incidente de resolução de demandas repetitivas:** sistematização, análise e interpretação do novo instituto processual. Rio de Janeiro:

logo de fontes e o caráter subsidiário e supletivo da norma processual civil enquanto geral e, portanto, aplicável a tais ramos. Assim sendo, contata-se o reconhecimento da competência para matérias trabalhistas aos Tribunais Regionais do Trabalho[43], e eleitoral, no âmbito dos Tribunais Regionais Eleitorais, ficando de fora, contudo, a Justiça Militar Federal em razão da inexistência de tribunais de segundo grau em tal esfera[44].

Por fim, à guisa de reforço, também se poderia frisar que o próprio CPC/2015 afastaria, ao menos para os processos em trâmite no primeiro e segundo graus de jurisdição, a eventual ilação pelo cabimento do IRDR perante tribunal superior, já que o §4º do art. 976 deixa claro o não cabimento do incidente quando um dos tribunais superiores, no âmbito de sua respectiva competência, já tiver afetado recurso para definição de tese sobre questão de direito material ou processual repetitiva.

Em outros termos, além do destaque à complementariedade entre os institutos do IRDR e dos recursos repetitivos, ao trazer o pressuposto de instauração negativo de não haver recurso afetado nos tribunais superiores sobre o tema, o disposto no §4º do art. 976 do CPC/2015, não apenas figura como um indicativo de que se afastaria, então, a competência do tribunal

---

Forense, 2017, p. 138; MELLO PORTO, José Roberto Sotero de. **Teoria geral dos casos repetitivos.** 1. ed. Rio de Janeiro: GZ, 2018, p. 118; DIDIER JR., Fredie; CUNHA, Leonardo Carneiro da. **Curso de direito processual civil**. V. 3. 14 ed. Salvador: Juspodivm, 2017, p. 676.

43 Em relação aos processos trabalhistas, a aplicabilidade do IRDR parece evidente, considerando o microssistema de julgamento de casos repetitivos, em razão da própria abertura legislativa havida anteriormente ao CPC/2015 com a Lei 13.015/2014, que delineou o sistema de julgamento de recursos repetitivos naquela seara. No mesmo sentido, o Tribunal Superior do Trabalho trouxe a matéria no bojo da Instrução Normativa 38, editada pela Resolução 201, de 10 de novembro de 2015, e da Instrução Normativa 39, editada pela Resolução 203, de 15 de março de 2016. Além disso, o enunciado 347 aprovado no Fórum Permanente de Processualistas Civis (FPPC) segue esta linha, ao registrar: *"(arts. 976 e 15). Aplica-se ao processo do trabalho o incidente de resolução de demandas repetitivas, devendo ser instaurado quando houver efetiva repetição de processos que contenham controvérsia sobre a mesma questão de direito"*. DIDIER Jr., Fredie; TALAMINI, Eduardo; NUNES, Dierle; CREMASCO, Suzana; FRANÇA, Marina; JAYME, Fernando. **Carta de Belo Horizonte** – Enunciados do Fórum Permanente de Processualistas Civis. Disponível em: http://esmec.tjce.jus.br/wp-content/uploads/2015/06/Carta-de-Vit%C3%B3ria.pdf. Acesso em 28 out 2020.

44 MENDES, Aluisio Gonçalves de Castro. **Incidente de resolução de demandas repetitivas:** sistematização, análise e interpretação do novo instituto processual. Rio de Janeiro: Forense, 2017, p. 138.

superior, mas reforça a tese de que a competência para julgamento é do tribunal de segundo grau.

Ademais, como se verá adiante, em face da decisão proferida e que fixa a tese em sede de IRDR são cabíveis, de acordo com a hipótese, os recursos extraordinário ou especial, nos termos do art. 987, caput, do CPC/2015, de modo que também sob esse prisma, pela literalidade da norma, se nota um afastamento de eventual competência para processamento e julgamento pelos tribunais superiores, vez que serão os responsáveis pela condução da fase recursal, em evidente reforço ao direcionamento de competência aos tribunais de segundo grau.

Num segundo momento, em relação à competência funcional relacionada ao IRDR, isto é, aquela relativa ao órgão interno ao tribunal competente para apreciação e julgamento do incidente, cabe destacar que o CPC/2015, nos termos do art. 978, *caput*, atribuiu essa definição aos regimentos internos dos tribunais e, conforme notou Bruno Dantas, "não o fez por delegação legislativa, mas em observância estrita ao disposto no art. 96, I, *a*, da CF/1988, que concede aos tribunais a competência de dispor sobre a competência e funcionamento de seus respectivos órgãos jurisdicionais".[45]

Seguindo o contorno constitucional, o art. 978, *caput*, do CPC/2015 apenas estabeleceu como única exigência que o órgão indicado pelo regimento interno deveria ser dentre aqueles responsáveis pela uniformização da jurisprudência do respectivo tribunal. Em complemento e considerando a matéria, Aluisio Gonçalves de Castro Mendes[46], Fredie Didier Jr e Leonardo Carneiro da Cunha[47], dentre outros autores[48], entendem que a condição de especialização do órgão que irá julgar o IRDR em relação à matéria é fundamental, ou seja, que a composição do órgão tenha de forma majoritária, desembargadores ligados a turmas ou câmaras com competência para o jul-

---

45 DANTAS, Bruno. Do incidente de resolução de demandas repetitivas: comentários aos artigos 976 a 987. *In*: WAMBIER, Teresa Arruda Alvim; DIDIER JR., Fredie; TALAMINI, Eduardo; DANTAS, Bruno (coord.). **Breves comentários ao novo código de processo civil.** 3. ed. São Paulo: Revista dos Tribunais, 2016, p. 2.430.

46 MENDES, Aluisio Gonçalves de Castro. **Incidente de resolução de demandas repetitivas:** sistematização, análise e interpretação do novo instituto processual. Rio de Janeiro: Forense, 2017, p. 137-138.

47 DIDIER JR., Fredie; CUNHA, Leonardo Carneiro da. **Curso de direito processual civil.** v. 3. 14 ed. Salvador: Juspodivm, 2017, p. 725.

48 Nessa mesma linha: THEODORO JÚNIOR, Humberto; NUNES, Dierle; BAHIA, Alexandre Melo Franco; PEDRON, Flávio Quinaud. **Novo CPC:** fundamentos e sistematização. 3 ed. Rio de Janeiro: Forense, 2016, p. 452-453.

gamento da matéria discutida no incidente.[49] Reforça-se, na oportunidade, a orientação para que o julgamento do IRDR seja em forma de colegiado desde o exame de admissibilidade, em atenção ao princípio da ampla participação.

Por outro lado, sobre a hipótese em que o IRDR tiver como pano de fundo a necessidade de apreciação de inconstitucionalidade de lei ou de tratado, competirá ao tribunal, em atenção ao previsto nos arts. 948 a 950 do CPC/2015, promover a remessa da questão ao plenário ou órgão especial, conforme dispuser o regimento interno, atendendo-se à cláusula de reserva de plenário constante do art. 97 da CF/1988.

Assim, trata-se de hipótese de exceção ao julgamento do IRDR pelo órgão inicialmente definido como competente pelo regimento interno (regra geral), aumentando-lhe a importância por fazê-lo guardar semelhança com o incidente de arguição de inconstitucionalidade. Contudo, para Luiz Guilherme Marinoni, a resolução da questão do controle de constitucionalidade será sempre pela via do referido incidente de arguição de inconstitucionalidade.[50]

Em terceiro passo, impende analisar a competência dos tribunais superiores para o IRDR, uma vez que apesar de ter sido concebido como instituto que deve ter seu processamento e decisão conduzidos pelos tribunais estaduais e regionais federais, é fato que em decorrência da maior parte da

---

49 A título de exemplo, o Regimento Interno do Tribunal de Justiça do Estado do Rio de Janeiro dispõe em seus arts. 5ºA, I, e 5ºB, I, respectivamente à Seção Cível Comum e Cível Consumidor a competência para julgar o IRDR quando os recursos, remessas necessárias ou processos de competência originária de que provenha forem de competência de suas Câmaras Cíveis.

50 "Quer dizer que o colegiado competente para o incidente de resolução, ao decidir que a questão é de controle de constitucionalidade, deve encaminhá-la ao juízo do plenário ou do órgão especial, nos termos do art. 949, II, do CPC/2015. Aliás, isto também deve ocorrer quando, não obstante a questão de direito tenha sido delineada no requerimento de instauração do incidente de resolução como 'questão constitucional', decida o colegiado que a questão abre oportunidade para uma provável decisão de inconstitucionalidade. Nestes casos, participam do incidente de constitucionalidade as partes do incidente de resolução de demandas repetitivas, ou seja, aqueles que devem participar do incidente de resolução na qualidade de representantes dos litigantes excluídos e as partes do processo originário, que, igualmente, devem necessariamente participar do incidente de resolução (art. 984, II, a, do CPC/2015). É o que acontece, similarmente, quando a questão que requer controle de constitucionalidade, na ação coletiva, é encaminhada à decisão do plenário ou do órgão especial". MARINONI, Luiz Guilherme. **Incidente de resolução de demandas repetitivas:** decisão de questão idêntica x precedente. São Paulo: Revista dos Tribunais, 2016.

legislação existente e discutida nos tribunais ter como fonte a União, não se pode descuidar da necessidade de uniformização nacional, o que exige certamente a remessa em sede recursal ao STJ e STF, fazendo-os integrar a dinâmica do procedimento em tela.[51]

Nessa senda, não há dúvidas quanto à competência recursal das cortes superiores para o IRDR, mas há que se discutir sobre a possibilidade de instauração originária do incidente nesses tribunais.

O ponto de partida dessa polêmica advém da lógica trazida no art. 976, §4º do CPC/2015 de ser impossível a coexistência entre recursos repetitivos e o IRDR em relação a uma mesma questão de direito em discussão, dado ser plausível o fato de que a decisão do tribunal superior deva prevalecer, o que tornaria ineficaz a aplicação do IRDR perante os tribunais locais. Apesar dessa leitura, há de se relativizar essa conclusão quando se está diante de um IRDR que tenha surgimento em caso de causas originárias nos tribunais superiores.

Inaugurando a posição pela viabilidade, Aluisio Gonçalves de Castro Mendes[52] entende ser possível o IRDR para os processos de competência originária dos tribunais superiores e recomenda que seja feita a disciplina prévia no regimento interno do STJ e do STF para resguardo ao devido processo legal e a segurança jurídica. Em sua visão, há de se observar, portanto, a cláusula geral de uniformização de jurisprudência prevista no art. 926 do CPC/2015, isto é, a obrigação de que os tribunais devem uniformizar sua jurisprudência e mantê-la estável, íntegra e coerente, e ainda, com base na experiência alemã, entende que as técnicas de gestão e de julgamento de questões repetitivas prescindem de determinação legal.

No mesmo sentido, Fredie Didier Jr e Leonardo Carneiro da Cunha[53] manifestam-se pelo cabimento do IRDR perante os tribunais superiores, seja em causas originárias ou em recursos ordinários, e aduzem inexistir impedimento legal, sobretudo porque a previsão, anteriormente constante

---

51 DANTAS, Bruno. Do incidente de resolução de demandas repetitivas: comentários aos artigos 976 a 987. *In*: WAMBIER, Teresa Arruda Alvim; DIDIER JR., Fredie; TALAMINI, Eduardo; DANTAS, Bruno (coord.). **Breves comentários ao novo código de processo civil.** 3. ed. São Paulo: Revista dos Tribunais, 2016, p. 2.442-2.444.

52 MENDES, Aluisio Gonçalves de Castro. **Incidente de resolução de demandas repetitivas:** sistematização, análise e interpretação do novo instituto processual. Rio de Janeiro: Forense, 2017, p. 140-141.

53 DIDIER JR., Fredie; CUNHA, Leonardo Carneiro da. **Curso de direito processual civil.** v. 3. 14 ed. Salvador: Juspodivm, 2017, p. 724.

do parágrafo do art. 978 na proposta da Câmara, de que caberia apenas perante o tribunal de justiça e em tribunal regional federal não prevaleceu na redação final do Senado Federal.

Por outro lado, José Roberto Sotero de Mello Porto[54] se inclina em sentido contrário, seja considerando a opção legislativa de atribuir a cada corte uma clara função, reservando ao STJ e ao STF o tratamento da matéria em sede recursal e, assim, acentuando a função de cortes de precedentes, seja pela questionável necessidade de admissão do IRDR nos tribunais superiores, ainda que em caráter subsidiário, haja vista que quando se pensa nos requisitos de efetiva repetição de processos e ausência de recursos repetitivo sobre o tema afetado, nos termos do art. 976, I e §4º do CPC/2015, este último dificilmente se notaria em causas de competência originária.[55]

Nessa linha, há recente julgado da 2ª Turma do STJ, em sede de julgamento do IUJur no CC 144.433-GO, trouxe firme posicionamento no sentido de que o STJ não tem competência originária para instaurar o IRDR, mas competência recursal. Dentre as razões apresentadas, o julgado evidenciou que pelos dispositivos que sustentam o IRDR no CPC/2015, tal instrumento estaria direcionado exclusivamente aos tribunais estaduais e regionais, dado que se o legislador tivesse a intenção de institui-lo também para os tribunais superiores, não teria promovido a delimitação espacial do comando, dentre outros, o constante do art. 982. Além disso, denotou que o RISTJ, após adaptação às alterações realizadas pelo §3º do art. 982 do CPC/2015, não previu a hipótese de IRDR, mas apenas o rito para suspensão de todos os processos individuais ou coletivos em curso no território nacional que versem sobre a questão objeto do incidente.[56]

---

54 MELLO PORTO, José Roberto Sotero de. **Teoria geral dos casos repetitivos.** 1. ed. Rio de Janeiro: GZ, 2018, p. 122-124.

55 Para José Roberto Sotero de Mello Porto, as causas de competência originária são parcela diminuta do acervo dos tribunais de cúpula, ao aduzir: "Verificando o acervo atual do STF, vê-se que 30.209 processos são recursos (AI, ARE e RE), 2.256 são ações de controle concentrado, 5.796 são feitos criminais e, nas demais originárias (8.200), destacam-se as reclamações (3.256), que já demandam precedente prévio e geralmente atinem ao caso concreto, devendo ser pontualmente desfeita a ilicitude, e os mandados de segurança (1.517)." (MELLO PORTO, José Roberto Sotero de. **Teoria geral dos casos repetitivos.** 1. ed. Rio de Janeiro: GZ, 2018, p. 123.)

56 STJ. IUJur no CC 144.433/GO, Relator: Ministro Marco Aurélio Bellize, por unanimidade. Segunda Seção, Data de Julgamento: 14/03/2018, Data de Publicação: DJe 22/03/2018.

Nessa esteira, apesar das ponderações pelo cabimento do IRDR nos tribunais superiores, com azo na inexistência de tratamento da matéria no regimento interno de tais órgãos e afim de não se comprometer a segurança jurídica e o devido processo legal, há de se inclinar no sentido de que o microssistema tende a funcionar com completude mesmo diante da reserva do IRDR aos tribunais locais, deixando o seu tratamento perante os tribunais superiores apenas em nível recursal.

Sopesando como ponto positivo quanto ao desenho sistêmico de julgamento de casos repetitivos, José Roberto Sotero de Mello Porto argumenta que "uma vantagem considerável, certamente querida pelo legislador, é a fixação de entendimento de maneira clara em cada corte, algo que possibilita a insurgência com base em dissídio jurisprudencial (artigo 105, III, c da CF) de forma facilitada".[57]

Por fim, quanto ao cabimento do IRDR nos juizados especiais, a melhor doutrina se inclina no sentido não só de sua viabilidade, mas de ser recomendável a sua instauração por múltiplos fatores, dentre eles, a possibilidade de resolução de conflitos de interpretação internos a um mesmo Estado ou região, prestigiando a segurança jurídica e a igualdade de tratamento perante a lei. Além desse ponto, Aluisio Gonçalves de Castro Mendes[58] frisa que a eficácia da tese fixada em IRDR no microssistema dos juizados especiais possibilita tanto a viabilidade da uniformização nos Juízos Especiais Cíveis, que não gozariam de instrumento legal para esse fim, quanto para a pacificação de questões de direito processual, posto que o objeto dos pedidos de uniformização não as comporta.

Em sentido contrário, Felippe Borring Rocha[59] sustenta ser impossível a instauração do IRDR perante as Turmas Recursais dos Juizados Especiais por entender que somente a estrutura do Tribunal, por sua robustez, poderia absorver uma atribuição de tamanha magnitude. Ademais, grande parte das críticas ao cabimento do IRDR nesse microssistema também repousam sob o argumento de que nos Juizados Federais e nos Juizados Fazendários há a previsão dos pedidos de uniformização de jurisprudência.

---

57 MELLO PORTO, José Roberto Sotero de. **Teoria geral dos casos repetitivos.** 1. ed. Rio de Janeiro: GZ, 2018, p. 122-124.

58 MENDES, Aluisio Gonçalves de Castro. **Incidente de resolução de demandas repetitivas:** sistematização, análise e interpretação do novo instituto processual. Rio de Janeiro: Forense, 2017, p. 166-167.

59 ROCHA, Felippe Borring. **Manual dos juizados especiais cíveis estaduais:** teoria e prática. 9 ed. São Paulo: Atlas, 2017, p. 352.

Entretanto, a viabilidade de instauração do IRDR no âmbito dos juizados especiais se mostra medida adequada em razão dos pontos positivos levantados, inclusive, devendo ser processado em órgão colegiado integrante do próprio sistema – Aluisio Gonçalves de Castro Mendes[60] entende que deve ser justamente perante as Turmas Recusais – de forma análoga ao que se desenvolve nos tribunais de segunda instância. Ademais, essa compreensão está coerente com as previsões dos enunciados 21[61] e 44[62] aprovadas no âmbito dos trabalhos desenvolvidos pela Escola Nacional de Formação e Aperfeiçoamento de Magistrados (ENFAM).[63]

Com relação aos efeitos, os processos em trâmite perante os juizados especiais, dado o princípio básico de uniformidade do sistema de precedentes e em respeito aos provimentos vinculativos elencados no art. 927 do CPC/2015, devem se submeter à tese fixada em sede de IRDR, seja em incidente julgado no interior do próprio microssistema, seja em incidente que for decidido perante os tribunais de segundo grau. A propósito, havendo IRDRs em curso sobre o mesmo tema tanto no juizado especial quanto no âmbito do Tribunal a ele vinculado[64], há de ser prestigiado o entendimento

---

60 MENDES, Aluisio Gonçalves de Castro. **Incidente de resolução de demandas repetitivas:** sistematização, análise e interpretação do novo instituto processual. Rio de Janeiro: Forense, 2017, p. 167.

61 Enunciado 21 ENFAM: *"O IRDR pode ser suscitado com base em demandas repetitivas em curso nos juizados especiais"*. BRASIL. Escola Nacional de Formação e Aperfeiçoamento de Magistrados (ENFAM). **Enunciado 21**. Brasília, 26 a 28 de agosto de 2015. Disponível em: <https://www.enfam.jus.br/wp-content/uploads/2015/09/ ENUNCIADOS--VERS%C3%83O-DEFINITIVA-.pdf>. Acesso em: 23 jan 2019.

62 Enunciado 44 ENFAM: *"Admite-se o IRDR nos juizados especiais, que deverá ser julgado por órgão colegiado de uniformização do próprio sistema"*. BRASIL. Escola Nacional de Formação e Aperfeiçoamento de Magistrados (ENFAM). **Enunciado 44**. Brasília, 26 a 28 de agosto de 2015. Disponível em: <https://www.enfam.jus.br/wp-content/uploads/2015/09/ ENUNCIADOS-VERS%C3%83O-DEFINITIVA-.pdf>. Acesso em: 23 jan 2019.

63 Em breve contextualização, as conclusões constantes dos Enunciados 21 e 44 do ENFAM tiveram por base a proposta formulada por Aluisio Gonçalves de Castro Mendes, sendo que a aprovação de seu texto por magistrados de todo o país ocorreu durante o Seminário "O Poder Judiciário e o Novo Código de Processo Civil", promovido pelo ENFAM em agosto de 2015 na cidade de Brasília.

64 "É de se ressaltar que o problema da dualidade de julgamentos, pela justiça ordinária e especial, somente será resolvido, de modo definitivo, com a delimitação completa da competência material entre os respectivos órgãos judiciais. Entretanto, enquanto isso não ocorre, há que se estabelecer um sistema lógico e constitucional, sem que haja o engessamento na utilização do nóvel IRDR. Portanto, havendo demandas repetitivas,

que advir da tese fixada neste último, em respeito ao papel nomofilático que as Cortes ostentam.[65]

Assim, mantém-se a premissa de ausência de submissão hierárquica dos magistrados dos juizados ao Tribunal de Justiça ou Tribunal Regional Federal respectivo, em linha inclusive com o disposto no art. 98, I, da CF/1988 que prevê a autonomia organizacional dos juizados[66], mas em prestígio à racionalidade do sistema, mormente quando se está diante de decisões em questões de direito repetitivas, é factível a vinculação do microssistema dos juizados especiais à tais decisões quando proferidas em julgamento de IRDR nos seus respectivos tribunais, de modo a garantir não só a segurança jurídica, mas a estabilização da interpretação no âmbito de sua estrutura e sua adequada e uniforme extensão aos seus jurisdicionados.

Em decorrência desse raciocínio e atentando-se ao disposto no art. 988, II, do CPC/2015, caso não a tese jurídica fixada em acórdão prolatado em sede de IRDR pelo Tribunal de Justiça ou Tribunal Regional Federal não seja seguida pelos juizados a eles vinculados, caberá a Ação

---

estas poderão ensejar o incidente tanto nos juizados como na justiça ordinária, mas não de modo concomitante. A inexistência de recurso repetitivo, no âmbito nacional, ou de IRDR, no nível local, são pressupostos para que se possa instaurar o incidente nos Juizados, em órgão competente para a uniformização da jurisprudência, como turma estadual ou turmas reunidas, de acordo com a organização pertinente. A decisão proferida no âmbito dos juizados somente terá efeito vinculativo em relação aos órgãos do próprio juizado e na esfera territorial do órgão prolator da decisão proferida no IRDR. A tese jurídica firmada se manterá apenas se, e enquanto, não julgado IRDR na esfera estadual ou regional, respectivamente. Tanto nos juizados como na justiça ordinária os IRDRs serão suscitados a partir de processos que tramitem respectivamente no âmbito de cada um destes ramos da justiça, guardando-se, assim, lógica sistêmica e constitucional. Mas, para que não existam conflitos internos e agasalhando-se o entendimento já consagrado constitucionalmente, quanto à prevalência das decisões proferidas pelos tribunais, regionais ou estaduais, o IRDR firmado pelos Tribunais Regionais ou de Justiça terão prevalência sobre os Juizados Especiais, com efeito vinculativo sobre os seus órgãos, ainda que houvesse tese firmada anteriormente no âmbito das Turmas Recursais dos Juizados Especiais." (MENDES, Aluisio Gonçalves de Castro. **Incidente de resolução de demandas repetitivas:** sistematização, análise e interpretação do novo instituto processual. Rio de Janeiro: Forense, 2017, p. 166.)

65 MELLO PORTO, José Roberto Sotero de. **Teoria geral dos casos repetitivos.** 1. ed. Rio de Janeiro: GZ, 2018, p. 126.

66 É cediço o entendimento de que os juízes que compõem os Juizados Especiais não se submetem em hierarquia jurisdicional aos Tribunais de Justiça ou Tribunais Regionais Federais a que estão vinculados, mas à sua própria Turma Recursal. Nesse sentido, a Súmula 376 do STJ: *"Compete a turma recursal processar e julgar o mandado de segurança contra ato de juizado especial."*

de Reclamação para o respectivo tribunal, com vistas a buscar, em nome da integridade do sistema, do respeito e da uniformidade das decisões, a sua adequada incidência.

2.2.2 Competência para admissibilidade e julgamento dos recursos repetitivos

No que concerne aos recursos repetitivos, a competência para julgamento da causa segue o desenho constitucional da matéria, o qual atribui à corte correspondente à modalidade recursal interposta, ou seja, cabendo ao STJ o processamento e julgamento dos recursos especiais, nos termos do art. 105, III e, ao STF, dos recursos extraordinários, consoante dispõe o art. 102, III, ambos da CF/1988. Neste ponto, não há – como de fato não poderia ter – novidade em relação ao regramento trazido pelo CPC/2015[67].

Dito de outro modo, como não há dúvidas sobre a competência do Tribunal a depender do recurso interposto, para José Roberto Sotero de Mello Porto[68], considerando o desenho do microssistema de resolução de demandas repetitivas vislumbrado a partir do CPC/2015, o que se pode levantar é a

---

67 Cabe uma consideração neste ponto, ainda que em nota de rodapé, quanto ao juízo de admissibilidade dos recursos excepcionais – dado que se relaciona com o tema da seleção dos processos repetitivos – haja vista que a redação inicialmente publicada do CPC/2015 acabou sendo modificada antes mesmo de sua entrada em vigor. Em breve histórico, quando o CPC/2015 foi sancionado, uma das novidades era a extinção do juízo de admissibilidade *a quo*, ou seja, tanto a apelação quanto os recursos excepcionais deixariam de ter o juízo de admissibilidade realizado de forma provisória pela instância inferior, nos termos do que previa o CPC/1973, de modo geral nos arts. 541 e 542, e de modo específico, no art. 543-A, §5º para a repercussão geral, art. 543-B, §3º para os recursos extraordinários repetitivos, e art. 543-C, §7º, para os recursos especiais repetitivos. Após intensos debates de ordem legislativa sobre a função relevante de filtro preclusivo do exame de admissibilidade nos tribunais locais, a evitar procrastinações e preservar a força coercitiva das decisões de primeiro grau, além de impedir a sobrecarga das Cortes Superiores, foi editada em fevereiro de 2016, a Lei 13.256/2016 que deu nova redação ao art. 1.030 da Lei 13.105/2015 antes mesmo do término da *vacatio legis*, de modo a reestabelecer o juízo de admissibilidade nos tribunais intermediários, de forma similar a que constava do CPC/1973. Nesse sentido: MACÊDO, Lucas Buril de. A análise dos recursos excepcionais pelos tribunais intermediários – o pernicioso art. 1.030 do código de processo civil e sua inadequação técnica como fruto de uma compreensão equivocada do sistema de precedentes vinculantes. In: DIDIER JR., Fredie; CUNHA, Leonardo Carneiro da (Coord.). **Julgamento de casos repetitivos.** Salvador: Editora Juspodivm, 2017, p. 329-332.

68 MELLO PORTO, José Roberto Sotero de. **Teoria geral dos casos repetitivos.** 1. ed. Rio de Janeiro: GZ, 2018, p. 127.

necessidade de maior detalhamento quanto á competência funcional interna do respectivo Tribunal.

Isso porque, considerando a previsão trazida no art. 978, *caput* do CPC/2015, que atribui ao regimento interno do Tribunal a indicação do órgão competente, dentre aqueles responsáveis pela uniformização de jurisprudência, para o julgamento do incidente, insta lembrar que para o IRDR tal norma recai sobre os Tribunais locais.

No caso dos recursos repetitivos, o art. 1.036 do CPC/2015, conquanto não determine de modo direto a indicação de competência funcional, traz a obrigação para observância do que dispõe o regimento interno do STJ ou do STF para o julgamento de tais espécies recursais, e que, apesar de sugerir a complementação do procedimento em tais diplomas, dada a necessária convergência dos institutos de tutela pluri-individual, entende-se pela imposição de previsão dos órgãos internos responsáveis para julgamento.

Saindo do campo teórico para o campo prático, vê-se que não há grandes empasses nessa temática, posto que já é de praxe que a fixação da tese, no caso do STF, seja matéria reservada ao Tribunal Pleno, e no âmbito do STJ, a Seção ou Corte Especial, conforme o caso, submeterá o recurso especial representativo da controvérsia apto, bem como o recurso especial distribuído cuja multiplicidade de processos com idêntica questão de direito seja reconhecida pelo relator, conforme art. 1.037 do CPC/2015, ao rito dos recursos repetitivos para julgamento, nos termos do que dispõe o art. 256-I e 256-N do RISTJ.

2.2.3 Poderes e limites do órgão julgador na fase de admissibilidade

Uma vez aclarados os órgãos competentes para processar e julgar os incidentes dentro do microssistema de casos repetitivos, compete delimitar o campo de atuação e possibilidades de tais estruturas, naquilo que importa para a presente abordagem, isto é, qual o papel atribuído ao órgão julgador e os limites dessa atuação, em especial, nas decisões de admissão e afetação do incidente, comportando nesta última, a análise pertinente ao preenchimento dos critérios de seleção dos processos repetitivos paradigmas.

Para tanto, um passo atrás permite retomar o momento inicial do procedimento, qual seja, o de instauração do incidente, a fim de tecer breves considerações introdutórias para as etapas decisórias que sucederão à sua distribuição.

Com efeito, conquanto a redação do art. 977 do CPC/2015 faça referência a "pedido de instauração", seguido de seu parágrafo único que prevê a obrigação de instrução do ofício ou a petição com os documentos necessários à demonstração do preenchimento dos pressupostos "para a instauração do incidente", é fato que o mesmo já se considera iniciado com a mera provocação ao presidente do tribunal competente para fixar a tese, podendo, posteriormente, ser inadmitido, tal como acontece, por exemplo, com o indeferimento da petição inicial, em que o processo já se considera existente.

Embora tenha sido feito um paralelo com a petição inicial, a instauração do incidente deve ter por base um instrumento que contempla requisitos formais específicos em obediência ao regime jurídico dos incidentes processuais e que, por esta razão, se distinguem daqueles que são exigidos para a petição inicial, a exemplo, da desnecessidade de indicação do valor da causa.

Assim, o pressuposto da regularidade formal no IRDR exige a atenção, em primeiro lugar, à forma prevista em lei, qual seja, por ofício, se de iniciativa do juiz ou relator, ou por meio de petição, se o pedido advir de uma das partes, Ministério Público ou Defensoria Pública, e, em um segundo requisito, a instrução com os documentos necessários à demonstração do preenchimento dos pressupostos de admissibilidade, a exemplo de cópias de peças processuais e certidões de inteiro teor para apontar a existência de postulações múltiplas, e ainda, juntando cópias de decisões conflitantes.[69]

Uma vez protocolado e dirigido adequadamente ao Presidente do Tribunal competente para fixar a tese, o registro e a distribuição deverão ser realizados no dia de sua entrada, com base no disposto no art. 929 do CPC/2015, de modo que o Presidente do Tribunal tem o papel de recepção meramente formal do IRDR e sua consequente distribuição para o órgão colegiado com competência funcional para o processamento e julgamento.

O procedimento de julgamento dos processos repetitivos é bifásico, ou seja, resta clara a dicotomia entre a fase de admissibilidade e a fase de mérito ou de julgamento, sendo certo que em ambas as decisões serão colegiadas.[70]

---

69 DANTAS, Bruno. Do incidente de resolução de demandas repetitivas: comentários aos artigos 976 a 987. *In*: WAMBIER, Teresa Arruda Alvim; DIDIER JR., Fredie; TALAMINI, Eduardo; DANTAS, Bruno (coord.). **Breves comentários ao novo código de processo civil.** 3. ed. São Paulo: Revista dos Tribunais, 2016, p. 2.429-2.430.

70 MENDES, Aluisio Gonçalves de Castro. **Incidente de resolução de demandas repetitivas:** sistematização, análise e interpretação do novo instituto processual. Rio de Janeiro: Forense, 2017, p. 176. DANTAS, Bruno. Do incidente de resolução

Nos termos do art. 981 do CPC/2015, tão logo o incidente seja distribuído, o órgão colegiado competente para julga-lo procederá ao seu juízo de admissibilidade. Após, superada a primeira fase, o segundo momento configura o julgamento propriamente dito da questão de direito suscitada, findando-se com a formulação da tese jurídica vinculativa.

Ademais, algumas questões preambulares são destacadas com propriedade na literatura jurídica. Para Aluisio Gonçalves de Castro Mendes[71], não há que se falar em prevenção quanto a recursos anteriormente interpostos nos processos que motivaram a instauração, mas apenas em relação a incidentes de julgamento de casos repetitivos anteriores, os quais atraem a competência. José Roberto Sotero de Mello Porto[72] aduz que se advirem instaurações múltiplas de IRDR no mesmo Tribunal versando sobre a mesma questão de direito, recomenda-se a reunião dos dois incidentes no órgão ou relatoria do julgador que primeiro tenha proferido a decisão de admissão, em linha com o Enunciado 89[73] do FPPC; contudo, corre autonomamente, caso este cenário aconteça em Tribunais diferentes, conforme admitido pelo Enunciado 90[74] do FPPC, podendo ensejar futuro dissídio jurisprudencial, nos termos do art. 105, III da CF/1988, mas tendo ainda a possibilidade de

---

de demandas repetitivas: comentários aos artigos 976 a 987. *In*: WAMBIER, Teresa Arruda Alvim; DIDIER JR., Fredie; TALAMINI, Eduardo; DANTAS, Bruno (coord.). **Breves comentários ao novo código de processo civil.** 3. ed. São Paulo: Revista dos Tribunais, 2016, p. 2.430.

71 MENDES, Aluisio Gonçalves de Castro. **Incidente de resolução de demandas repetitivas:** sistematização, análise e interpretação do novo instituto processual. Rio de Janeiro: Forense, 2017, p. 176.

72 MELLO PORTO, José Roberto Sotero de. **Teoria geral dos casos repetitivos.** 1. ed. Rio de Janeiro: GZ, 2018, p. 153.

73 Enunciado 89 FPPC: *"(art. 976) Havendo apresentação de mais de um pedido de instauração do incidente de resolução de demandas repetitivas perante o mesmo tribunal todos deverão ser apensados e processados conjuntamente; os que forem oferecidos posteriormente à decisão de admissão serão apensados e sobrestados, cabendo ao órgão julgador considerar as razões neles apresentadas"*. BRASIL. Fórum Permanente de Processualistas Civis (FCCP). **Enunciado 89**. Salvador, 08 e 09 de novembro de 2013. Disponível em: <https://riccipi.com.br/wp-content/uploads/2015/02/Enunciados-FPPC-Consolidados.pdf>. Acesso em: 30 nov 2020.

74 Enunciado 90 FPPC: *"(art. 976) É admissível a instauração de mais de um incidente de resolução de demandas repetitivas versando sobre a mesma questão de direito perante tribunais de 2º grau diferentes"*. BRASIL. Fórum Permanente de Processualistas Civis (FCCP). **Enunciado 90**. Salvador, 08 e 09 de novembro de 2013. Disponível em: <https://riccipi.com.br/wp-content/uploads/2015/02/Enunciados-FPPC-Consolidados.pdf>. Acesso em: 30 nov 2020.

suspensão nacional dos processos, com base no art. 982, §3º do CPC/2015, sendo certo, por derradeiro, que a questão ainda poderá ser pacificada por meio de recursos excepcionais contra o mérito do IRDR, consoante art. 987 do CPC/2015.

Tendo como substrato as linhas acima, o ponto de partida para a abordagem seguinte é o momento de apreciação da admissibilidade do incidente, enquanto primeira fase decisória necessária para o seu adequado seguimento e julgamento.

Com efeito, a fase de admissibilidade comporta uma clara divisão entre a decisão de admissão, que se presta a analisar os pressupostos de cabimento da modalidade processual, e a decisão de afetação, que se verifica pela análise de elementos que se afiguram necessários ao julgamento da causa sob a perspectiva de sua extensão à pluralidade.[75] Deve-se frisar que há divergência doutrinária quanto a essa divisão, podendo-se citar Bruno Dantas[76], que não vê a distinção proposta, e Sofia Temer[77], que entende que parte do conteúdo da decisão de afetação, qual seja, a delimitação do objeto, estaria contido no momento da admissão, reservando-se para a fase de afetação e instrução aqueles os atos e decisões ligados aos sujeitos, suas possibilidades de participação e, ainda, a apresentação de argumentos propriamente dita.

Mantém-se, contudo, o tratamento didático de forma apartada, sobretudo por se entender que a decisão de admissão é anterior à de afetação e recai sobre a análise dos pressupostos legais de cabimento da modalidade processual, ao passo que a decisão de afetação, além de comportar a definição do objeto, carrega também outros predicados, sendo o principal deles a seleção dos processos paradigmas.

Com efeito, a fim de denotar o papel e a forma de exercício dos poderes e limites do tribunal na questão relacionada à seleção dos casos repetitivos paradigmas, seguir-se-á com a abordagem da atuação do órgão julgador na fase de admissibilidade do incidente.

---

75 MELLO PORTO, José Roberto Sotero de. **Teoria geral dos casos repetitivos.** 1. ed. Rio de Janeiro: GZ, 2018, p. 158-159.

76 DANTAS, Bruno. Do incidente de resolução de demandas repetitivas: comentários aos artigos 976 a 987. *In*: WAMBIER, Teresa Arruda Alvim; DIDIER JR., Fredie; TALAMINI, Eduardo; DANTAS, Bruno (coord.). **Breves comentários ao novo código de processo civil.** 3. ed. São Paulo: Revista dos Tribunais, 2016, p. 2.425-2.426.

77 TEMER, Sofia. **Incidente de resolução de demandas repetitivas.** Salvador: Juspodivm, 2018, p. 128-130.

2.2.3.1 Decisão de admissão: preenchimento dos pressupostos legais de cabimento

O exame de admissibilidade do incidente terá oportunidade, por conseguinte, a partir de sua distribuição ao órgão colegiado competente e o recebimento pelo respectivo relator, nos termos do que dispõe o art. 981 do CPC/2015.

Nota-se que o dispositivo em comento, ao fazer alusão a "órgão colegiado", incumbiu tal análise a uma pluralidade de julgadores, em sujeição ao princípio da ampla participação, o que inclusive foi objeto tanto do art. 257-A do RISTJ ao prever a decisão de afetação colegiada pela ferramenta eletrônica, quanto do Enunciado 91[78] do FPPC que reafirmou a interpretação pela vedação à decisão monocrática em sede de juízo de admissibilidade no IRDR. Ademais, a decisão deve ser por maioria simples dos membros do órgão colegiado, conforme inteligência do parágrafo único do art. 257-C do RISTJ, também constante da redação do art. 896-C da CLT.

Para os recursos repetitivos, sob a égide do CPC/2015 e em decorrência da lógica do microssistema do qual faz parte, importa-se a obrigação para proferimento uma decisão plural de afetação que veio expressa de modo evidente para o IRDR, divergindo, assim, do tratamento dado pelo CPC/1973 para o qual ao relator incumbiria, individualmente, decidir a afetação do julgamento do caso repetitivo à Seção ou Corte Especial. Nesse sentido, Bruno Dantas avalia que "a opção do legislador é acertada e evita perplexidades como a afetação de dois casos que versam sobre idêntica questão jurídica ou, até mesmo, a instauração do incidente em casos que não preencham os requisitos legais".[79]

A decisão de admissão se prestará ao exame do preenchimento dos pressupostos de cabimento previstos no art. 976 do CPC/2015, quais sejam, a efetiva repetição de processos que contenham controvérsia sobre a mesma questão unicamente de direito, a existência de risco de ofensa à isonomia

78 Enunciado 91 FPPC: "*(art. 981) Cabe ao órgão colegiado realizar o juízo de admissibilidade do incidente de resolução de demandas repetitivas, sendo vedada a decisão monocrática.*". BRASIL. Fórum Permanente de Processualistas Civis (FCCP). **Enunciado 91**. Salvador, 08 e 09 de novembro de 2013. Disponível em: <https://riccipi.com.br/wp-content/uploads/2015/02/Enunciados-FPPC-Consolidados.pdf>. Acesso em: 30 nov 2020.

79 DANTAS, Bruno. Do incidente de resolução de demandas repetitivas: comentários aos artigos 976 a 987. *In*: WAMBIER, Teresa Arruda Alvim; DIDIER JR., Fredie; TALAMINI, Eduardo; DANTAS, Bruno (coord.). **Breves comentários ao novo código de processo civil.** 3. ed. São Paulo: Revista dos Tribunais, 2016, p. 2.430.

e à segurança jurídica, e o pressuposto negativo de inexistência de recurso afetado perante os Tribunais Superiores, no âmbito de suas competências, visando a definição de tese sobre questão de direito material ou processual repetitiva.

Para José Roberto Sotero de Mello Porto[80], o exame em sede de admissibilidade não fica restrito aos documentos carreados junto à inicial do incidente, porquanto que em atenção ao postulado da cooperação judiciária nacional previsto nos arts. 67 a 69 do CPC/2015, é possível que o órgão julgador adote postura proativa no sentido de expedir ofícios ou requisitar dados e informações de juízos pares ou inferiores.

Tendo sido objeto de análise pelo colegiado e ponderado como não preenchidos os pressupostos de admissibilidade, o incidente será inadmitido, decisão esta que não preclui nem faz coisa julgada, uma vez que será possível reapresentá-lo quando os pressupostos puderem ser satisfeitos, na forma do que prevê o art. 976, §3º do CPC.

Em relação a possibilidade recursal face à decisão que inadmitiu o incidente, há de se concordar com Rodolfo de Camargo Mancuso[81], para quem a interposição de recurso especial ou extraordinário não se afigura factível seja porque falta de interesse recursal, já que sanada a falha o IRDR poderá ser novamente suscitado (art. 976, §3º do CPC/2015), ou porque a decisão de admissibilidade não carrega a projeção nacional como a decisão que fixa a tese jurídica art. 927, III do CPC/2015) e, portanto, não caberia a interposição das modalidades de recursos excepcionais, ou ainda, porque tais recursos devem ser interpostos, nos termos dos arts. 102, III, e art. 105, III da CF/1988, contra uma causa decidida, quesito não atendido em se tratando de inadmissibilidade do IRDR.

2.2.3.2 Decisão de afetação: a delimitação da questão de direito e a seleção dos casos paradigmáticos

Desde logo aventam-se, como elementos principais do conteúdo examinado pelo órgão julgador para o fim de proferir a decisão de afetação, a identificação da questão jurídica e a adequada seleção dos casos repetitivos na condição de paradigmas. Tais elementos se mostram em linha com o

80 MELLO PORTO, José Roberto Sotero de. **Teoria geral dos casos repetitivos.** 1. ed. Rio de Janeiro: GZ, 2018, p. 156.

81 MANCUSO, Rodolfo de Camargo. **Incidente de resolução de demandas repetitivas:** a luta contra a dispersão jurisprudencial excessiva. São Paulo: Revista dos Tribunais, 2016, p. 240.

objetivo da decisão de afetação, cujo conteúdo, frisa-se, é plural em razão de ser voltada para a extensão de eficácia da tese jurídica aos demais casos similares.

Antes, contudo, cabe aprofundar o sentido da decisão de afetação. De início, o termo advém do tratamento dado à matéria pelo art. 1.037 do CPC/2015 que se dirige a disciplina dos recursos repetitivos ao prever que o relator "proferirá a decisão de afetação", mas em função do desenho do microssistema do qual faz parte, é extensível ao também ao IRDR, para o qual embora o art. 982 do CPC/2015 se refira a "admitido o incidente" – portanto, sem menção direta à afetação – o seu conteúdo também contempla os objetos que integram esse segundo momento decisório.

Quanto à competência para prolação da decisão em comento, a leitura dos arts. 982 e 1.037 do CPC/2015 em interpretação mais aderente ao desenho de competências anteriormente visto é o de que o relator será o responsável por externar o entendimento do órgão colegiado, o qual é o juízo competente para o procedimento. A esse respeito, Fredie Didier Jr. e Sofia Temer defendem que após a sessão colegiada que aprecia a admissibilidade do incidente e apresenta os seus limites objetivos, o relator profere tão somente decisão de organização, a qual se presta a formalizar aquilo que foi decidido pelo colegiado, ou seja, como a decisão monocrática não altera o que foi delimitado, tem-se que os seus efeitos referem-se à certificação desse objeto.[82]

Com efeito, para se chegar a tal momento, os membros do colegiado necessitam destinar tempo para o debate qualificado, de modo a garantir a ampla participação interna, e ainda, a emissão de uma decisão fundamentada.

Deste modo, a leitura sistemática dos dispositivos mencionados conduz à ilação de que em um primeiro momento, o exame quanto ao preenchimento dos pressupostos de cabimento confere substrato à decisão de admissão – anteriormente abordada – e após esta, seguir-se-á com a etapa de análise dos elementos ínsitos ao julgamento direcionado à pluralidade, isto é, à repercussão externa às causas paradigmas, dentre eles, comportando a etapa de seleção destes casos.

Com azo nesta segmentação, José Roberto Sotero de Mello Porto[83] entende, a partir da disciplina trazida pelo CPC/2015, que a decisão de afe-

---

82 DIDIER JR., Fredie; TEMER, Sofia. A decisão de organização do incidente de resolução de demandas repetitivas: importância, conteúdo e o papel do regimento interno do Tribunal. **Revista de Processo**, São Paulo, v. 258, n. 41, p. 257-278, ago. 2016.

83 MELLO PORTO, José Roberto Sotero de. **Teoria geral dos casos repetitivos.** 1. ed. Rio de Janeiro: GZ, 2018, p. 158-180.

tação comporta não só a identificação da questão jurídica controvertida (art. 1.037, I) e a seleção de casos paradigmas (art. 1.036 e 1.037), mas também questões como o efeito da prevenção do órgão julgador que primeiro proferir tal decisão (art. 1.037, §3º), a suspensão das ações em curso sobre a mesma questão (art. 1.037, II) como forma de assegurar a isonômica aplicação da tese a ser fixada, e a adoção de medidas de caráter instrutório como a requisição de informações aos órgãos onde tramitam processos sobre a matéria (arts. 982, II e 1.038, III) ou de outros processos representativos da controvérsia (art. 1.037, III), e ainda, a intimação do Ministério Público (arts. 982, III e 1.038, III) e da Defensoria Pública para manifestar-se no incidente.

Portanto, o foco nessa seção será em torno dos dois elementos apontados no início, isto é, a identificação da questão jurídica controvertida e a seleção dos casos paradigmas. Na visão de Bruno Dantas, tais elementos se caracterizam como dois momentos distintos de aferição, no plano objetivo, da representatividade exigida dos recursos repetitivos ou do IRDR, que servirão de base para o julgamento dos demais.[84]

Fátima Nancy Andrighi, ao lembrar o julgamento do REsp 1.061.530/RS[85] que tratava de tema correlato às ações revisionais de contrato bancário, destacou que durante a sessão, o primeiro passo adotado foi estabelecer que cada decisão seria dividida em duas partes, sendo a primeira voltada à solução do recurso especial interposto, e a segunda, destinada a orientar o futuro julgamento de diversos processos em curso em todo o território nacional. Colocando no cenário abordado, entende-se que a primeira etapa comportaria também a definição da questão jurídica no caso do IRDR, e a segunda, estaria ligada à seleção dos processos paradigmas, posto o caráter plural que a decisão terá ante a fixação da tese jurídica e extensão de seus efeitos.[86]

O primeiro elemento relativo à identificação da questão jurídica controvertida, tem por base o disposto no art. 1.037, I do CPC/2015, o qual define que tal atividade seja realizada "com precisão", sobretudo em razão de dois pontos cruciais: seja pela importância que assume quanto ao caráter

---

84 ALVIM, Teresa Arruda; DANTAS, Bruno. **Recurso especial, recurso extraordinário e a nova função dos tribunais superiores no direito brasileiro.** 4. ed. São Paulo: Revista dos Tribunais, 2017, p. 526.

85 STJ. REsp 1.061.530/RS, Relatora: Ministra Nancy Andrighi. Segunda Seção. Data de Julgamento: 22/10/2008, Data de Publicação: DJe 10/03/2009.

86 ANDRIGHI, Fátima Nancy. Recursos repetitivos. **Revista de Processo**, São Paulo, v. 35, n. 185, p. 265-281, jul. 2010, p. 270.

determinante para o deslinde da causa e, nessa condição, o órgão colegiado precisa avaliar com rigor para que não sejam esquecidos pontos indispensáveis relacionados à causa de pedir; seja pelo dever de clareza, vez que o art. 979, §1º do CPC/2015 prevê que os tribunais mantenham banco eletrônico de dados atualizados com informações específicas sobre questões de direito submetidas ao incidente, garantindo-se a comunicação imediata ao CNJ para inclusão no cadastro.

Aluisio Gonçalves de Castro Mendes esclarece que a precisão na definição da questão jurídica que será submetida a julgamento é um ponto importante, devendo representar (a) uma indagação geral e comum, posto tratar-se de um problema atinente a um conjunto de demandas repetitivas; (b) uma questão de direito, e não de fato, dado que o modelo do incidente reflete uma legítima opção legislativa; (c) uma controvérsia atual e relevante entre órgãos julgadores, circunstância que demonstra a necessidade-utilidade para a instauração do incidente.[87]

Teresa Arruda Alvim e Bruno Dantas notam que na técnica inglesa da *Group Litigation Order*, a definição da questão jurídica para apreciação conjunta é momento crucial, posto que nessa atividade, ao expor quais questões tem maior relevo, se está convergindo para a resolução das demais ações similares pendentes de julgamento, ressaltando-se que nessa técnica o órgão julgador tem o poder de decidir até mesmo quais questões serão decididas conjuntamente e quais serão relegadas a um tratamento individual.[88]

De acordo com Sofia Temer, há a estabilização objetiva do incidente com a definição da questão jurídica controvertida, sendo, pois, efeito natural do saneamento objetivo promovido pelo colegiado. Além da delimitação exata da questão de direito a ser solucionada pelo tribunal, serão apontados os argumentos ou teses dissonantes apresentadas até aquele momento, e ainda, os dispositivos normativos relacionados à controvérsia.[89]

Novamente cabe lembrar que para o caso do IRDR, o CPC/2015 não tratou de maneira clara sobre esta etapa de delimitação do objeto do incidente.

87 MENDES, Aluisio Gonçalves de Castro. **Incidente de resolução de demandas repetitivas:** sistematização, análise e interpretação do novo instituto processual. Rio de Janeiro: Forense, 2017, p. 178.

88 ALVIM, Teresa Arruda; DANTAS, Bruno. **Recurso especial, recurso extraordinário e a nova função dos tribunais superiores no direito brasileiro.** 4. ed. São Paulo: Revista dos Tribunais, 2017, p. 527.

89 TEMER, Sofia. **Incidente de resolução de demandas repetitivas.** Salvador: Juspodivm, 2018, p. 130-131.

Todavia, a disciplina trazida em relação aos recursos repetitivos se amolda perfeitamente à hipótese, vez que lhe dá conformação dentro da ótica do microssistema dos casos repetitivos.

Do ponto de vista prático, tornou-se comum, quando da decisão que encerra a fase de admissibilidade do IRDR, a apresentação da questão jurídica a ser dirimida ocorrer em forma de pergunta (a exemplo do IRDR 5033207-91.2016.4.04.0000/SC[90] que tratou da forma de identificação do valor para definição da competência dos Juizados Especiais Federais) ou como afirmação a ser confirmada ou não pelo Tribunal (é caso ocorrido no IRDR 5024326-28.2016.4.04.0000/PR[91] que tratou sobre a exigência de aulas em simulador de direção veicular em autoescolas para candidatos à obtenção de CNH), de modo a deixar o mais evidente possível o teor do objeto em debate.

Em paralelo à delimitação da questão jurídica, embora o IRDR não tenha a pretensão de decidir diretamente o caso do qual surgiu, mas a definição de uma tese jurídica sobre a questão de direito posta, entende-se como indissociável também a delimitação da situação fática ao qual está intimamente ligado, visto que em projeção do cenário decisório, há um intrínseco dever de correlação ou congruência ao menos em relação à categoria fática, enquanto um mínimo rastro de contextualização, para a qual a tese vindoura deverá ser aplicada.

---

90 O IRDR 5033207-91.2016.4.04.0000, alusivo ao direito de a parte autora renunciar ao valor excedente a 60 (sessenta) salários mínimos para fins de fixação da competência do Juizado Especial Federal, independentemente do montante alcançado pelas 12 (doze) parcelas vincendas, teve a questão de direito assim definida: *"Conhecido o incidente, define-se que a questão jurídica a ser apreciada é a seguinte: na definição do valor a ser considerado para deliberação sobre a competência dos Juizados Especiais Federais, inclusive para efeito de renúncia, algum montante representado por parcelas vincendas deve ser somado ao montante representado pelas parcelas vencidas?"*. (TRF4. IRDR 5033207-91.2016.4.04.0000, Relator: Des. Ricardo Teixeira do Valle Pereira, Data de Julgamento: 22/09/2016.)

91 O IRDR 5024326-28.2016.4.04.0000, alusivo à matéria de direito administrativo relacionada à declaração de nulidade da Resolução 543/2015 do CONTRAN e dos demais atos normativos editados em decorrência da referida Resolução que trouxeram a exigência de aulas em simulador de direção veicular em autoescolas para candidatos à obtenção de CNH, teve, em caráter afirmativo, a seguinte delimitação da questão de direito objeto de discussão: *"A Resolução nº 543/2015 do CONTRAN foi editada em estrita observação aos limites do poder regulamentar, do que resulta a legalidade da obrigatoriedade da inclusão de aulas em Simulador de Direção Veicular para os candidatos à obtenção da Carteira Nacional de Habilitação - CNH"*. (TRF4. IRDR 5024326-28.2016.4.04.0000, Relator: Des. Marga Inge Barth Tessler. Data de Julgamento: 08/09/2016.)

Nota-se, deste modo, a ligação entre a delimitação da questão de direito a ser apreciada pelo Tribunal e o dever de fundamentação da decisão de afetação, nos termos propostos quando se abordou a necessidade de se afastar a discricionariedade judicial, por meio do prestígio à decisão que justifique a escolha que se está fazendo, a partir dos elementos fáticos e jurídicos postos nos processos.

Nesse sentido, a estabilização do objeto do incidente, enquanto a questão de direito afetada para julgamento, ocorrerá com a sua adequada fundamentação na decisão de afetação, momento a partir do qual se configura um dever de congruência entre esta e a futura decisão de mérito do IRDR[92]. A principal consequência desse contexto é a limitação ao Tribunal quanto à futura prolação da tese, uma vez que veda que sejam proferidas teses sobre questões que não estiverem definidas dentro do objeto do incidente.

Ademais, cabe ressaltar que versão original do CPC/2015 havia previsto claramente a regra da correlação no então §2º do art. 1.037[93], contudo, a Lei 13.256/2016 que alterou o regime dos recursos perante os tribunais superiores revogou essa disposição, o que, de acordo com a melhor doutrina não inviabiliza a compreensão de que o há a necessidade de congruência entre a decisão que admite o incidente e fixa o seu objeto e a decisão final de mérito, mormente sob a égide do princípio do contraditório, segundo o qual, nessa leitura, a tese jamais poderia se prestar a refletir parâmetros sobre questões de direito que não tenham sido submetidas ao amplo debate.[94]

---

92 O Enunciado 606 do FPPC firmou o seguinte entendimento: "*(arts. 982; 985). Deve haver congruência entre a questão objeto da decisão que admite o incidente de resolução de demandas repetitivas e a decisão final que fixa a tese*". BRASIL. Fórum Permanente de Processualistas Civis (FCCP). **Enunciado 606**. São Paulo, 18 à 20 de março de 2016. Disponível em: <https://institutodc.com.br/wp-content/uploads/2017/06/FPPC-Carta-de-Florianopolis.pdf >. Acesso em: 30 nov 2020.

93 A redação do então §2º do art. 1.037 previa que: "*É vedado ao órgão colegiado decidir, para fins do art. 1.040, questão não delimitada na decisão a que se refere o inciso I do caput*". Com abordagem teórica: HILL, Flávia Pereira. Breves comentários às principais inovações quanto aos meios de impugnação das decisões judiciais no novo CPC. In: DIDIER JR., Fredie (coord.). **Processo nos tribunais e meios de impugnação às decisões judiciais.** Salvador: Juspodivm, 2016, p. 506.

94 Sofia Temer aponta que: "Em realidade, o que justifica a delimitação do objeto do incidente e a vedação de fixação de tese sobre questão distinta é, sobretudo, a necessidade de respeito ao contraditório, enquanto garantia constitucional. Com efeito, é uma exigência legal que a decisão do IRDR seja amplamente debatida, que lhe seja dada publicidade e que seja facultado o envolvimento da sociedade na fixação da tese.

Assim, a circunscrição objetiva do incidente e, por adstrição, a proibição de tese sobre questões distintas assegura não apenas o amplo debate da questão de direito, mas sob o viés do contraditório, garante a publicidade e a abertura para participação da sociedade, sem o que não se estaria protegendo outros valores como a segurança jurídica e a representatividade adequada.

Não obstante, outra forma de interpretar a mencionada alteração legislativa segundo o viés de atribuir máxima efetividade à técnica processual seria no sentido de que o tribunal não estaria impossibilitado de readequar a questão de direito enquanto objeto do incidente, podendo ocorrer a requerimento de um dos intervenientes ou de ofício.[95] Contudo, tal hipótese somente seria possível em caráter de exceção e verificando a sua necessidade durante a robusta instrução do incidente, de modo a garantir a segurança jurídica, posto ser princípio-base do microssistema de julgamento de casos repetitivos.

Assim, não pode o tribunal afetar para julgamento uma determinada questão, suspender as demandas que tratem desta controvérsia, informar aos juízos e à sociedade que uma determinada matéria vai ser julgada, abrir para manifestação sobre esta questão específica e, ao final, fixar tese sobre ponto diverso. Esta situação configuraria evidente ofensa ao direito ao contraditório e significaria burla ao escopo e ao procedimento previsto na lei para legitimar a abrangente eficácia da decisão proferida no incidente." TEMER, Sofia. **Incidente de resolução de demandas repetitivas.** Salvador: Juspodivm, 2018, p. 132-133.

95 Aluisio Gonçalves de Castro Mendes pondera que: "A redefinição da questão ou das questões jurídica(s) poderá ser feita a requerimento de um dos intervenientes (Ministério Público, Defensoria Pública ou partes), bem como de ofício pelo órgão julgador do IRDR, conforme proposta formulada pelo relator ou por qualquer integrante do colegiado. Naturalmente, caberá ao relator, ao apresentar o seu voto, se manifestar sobre a identificação precisa da questão que será objeto de discussão e julgamento no Incidente de Resolução de Demandas Repetitivas.

Embora a questão, como já mencionado, ainda possa sofrer modificações por ocasião do julgamento final, ou seja, do mérito do IRDR, não se pode menosprezar a importância quanto à definição desde o momento da admissibilidade do incidente em razão de alguns motivos. O primeiro é que a fixação da questão, por ocasião da admissibilidade, norteará as discussões e contraditório pertinentes, devendo-se, assim, guardar a devida correlação entre o objeto, debate e decisão. Em segundo lugar, a definição da questão de direito será fundamental para a verificação da relação entre o objeto do IRDR e os processos em tramitação, de modo a se aferir se estes versam ou dependem da respectiva elucidação, ou seja, se estarão submetidos aos efeitos do julgamento do incidente e se enquadrar nas hipóteses de eventual suspensão." (MENDES, Aluisio Gonçalves de Castro. **Incidente de resolução de demandas repetitivas:** sistematização, análise e interpretação do novo instituto processual. Rio de Janeiro: Forense, 2017, p. 181.)

Assim, se necessária a apreciação, pelo tribunal, de outras questões correlacionadas ao objeto do IRDR, far-se-á imprescindível a emissão de uma nova decisão de afetação, carreando-lhe todas as medidas decorrentes como a nova determinação de suspensão dos processos, ampla divulgação do incidente com esse novo recorte e, ainda, a garantia de repetição do contraditório pelas partes. Nessa linha, lembra-se o ocorrido no IRDR 5026813-68.2016.4.04.0000/PR[96], no bojo do qual após a decisão de admissibilidade, restou reconhecido o surgimento de outras questões jurídicas que guardariam similitude com a demanda e, por essa razão, decidiu-se pela ampliação da tese mediante a prévia adoção das providências em destaque.

Nessa esteira, após o momento de estabilização do objeto do incidente, ainda é possível a apresentação de novas informações, razões e fundamentos sobre a matéria em discussão, de modo que isso não pode ser considerado uma ofensa à correlação em eventual alegação de que o objeto do incidente estaria sendo ampliado. Isso porque o que não se admite é a alteração da questão de direito à qual os argumentos se referem, sendo que para aquela já definida, é factível a apresentação de novas razões pelos sujeitos processuais, assegurando-se o pleno exercício do contraditório, nos termos do art. 10 do CPC/2015.

Nessa linha, o IRDR 0018608-85.2016.8.19.0000/RJ[97], que versou sobre a forma de pagamento de incorporação de gratificação especial de atividade (GEAT) no Estado do Rio de Janeiro, trouxe em sua decisão de admissão, o registro de que para o referido momento, seriam levadas em consideração as teses jurídicas controversas apontadas pelo legitimado, o que não seria impeditivo para que outras ventiladas no curso do julgamento do incidente fossem levadas em conta sobre a mesma questão jurídica afetada como objeto do IRDR.

Tendo em vista as considerações realizadas em torno da delimitação da questão jurídica, não restam dúvidas de que tal conteúdo da decisão de afetação se constitui premissa basilar para a adequada seleção dos processos paradigmas. De outro giro, a estabilização objetiva se feita de forma equivocada, em verdade, comprometerá a realização da etapa de identificação

96 Versou sobre o direito à ampliação do adicional previsto no art. 45 da Lei 8.213/91 aos demais benefícios previdenciários. (TRF4. IRDR 5026813-68.2016.4.04.0000, Decisão monocrática, Relator: Des. Rogério Fraveto. Data de Julgamento: 03/05/2017.)

97 TJRJ. IRDR 0018608-85.2016.8.19.0000, Rio de Janeiro Porciuncula Vara Única, Relator: Des. Sergio Ricardo de Arruda Fernandes. Seção Cível Comum, Data de julgamento: 23/06/2016, Data de Publicação: 24/06/2016.

de quais casos seriam apropriados para embasar a análise da questão controvertida visando a definição da tese jurídica.

Sobre esse elo de ligação entre a identificação da questão de direito e a seleção dos casos paradigmas, Bruno Dantas, ao abordar o tratamento dos recursos repetitivos, traz a advertência necessária no sentido de que "a precisão na escolha das questões de direito determinantes para a resolução do caso é a pedra de toque do segundo momento, consistente na seleção dos casos representativos da controvérsia. Se o tribunal falhar na primeira etapa, inexoravelmente falhará também na escolha do recurso-piloto, por razões óbvias".[98]

Com efeito, nesse segundo momento, a decisão de afetação deve encarregar-se de gerar a base sob a qual será construído o racional que comporá a tese jurídica. Logo, as circunstâncias fáticas constantes dos processos repetitivos serão consideradas, pois não apenas irão permitir a contextualização necessária à futura composição da *ratio decidendi* da decisão – ainda que de forma contida ao não descuidar da história que advém dos autos processuais paradigmas, mas respeitando a opção legítima do legislador de julgar a questão jurídica no IRDR –, mas também possibilitarão um ambiente aberto ao debate, claramente colaborativo quanto à exposição dos argumentos e posições contrapostas. Portanto, os processos que vierem a ser selecionados como paradigmas terão papel crucial nesse contexto, dado que balizarão a futura tese jurídica.

Em defesa da adequada interpretação para a construção legislativa do instituto, mas sem afastar a responsabilidade na percepção dos casos concretos que estão por detrás do incidente, Aluisio Gonçalves de Castro Mendes aponta, ao identificar o segundo elemento representativo da precisão na definição do objeto do IRDR, tratar-se de "uma questão de direito e não de fato, mas em razão da opção legislativa fixada pelo ordenamento brasileiro, embora para a elucidação posterior dos processos individuais possam ser necessários o esclarecimento e a comprovação dos fatos".[99]

Em razão da normatização que envolve o microssistema, sempre que possível, o órgão que julga o incidente também realizará o julgamento dos

98 ALVIM, Teresa Arruda; DANTAS, Bruno. **Recurso especial, recurso extraordinário e a nova função dos tribunais superiores no direito brasileiro.** 4. ed. São Paulo: Revista dos Tribunais, 2017, p. 529.

99 MENDES, Aluisio Gonçalves de Castro. **Incidente de resolução de demandas repetitivas:** sistematização, análise e interpretação do novo instituto processual. Rio de Janeiro: Forense, 2017, p. 178.

casos concretos, de modo a realizar o exercício pedagógico da tese, sendo exceções à realização desta segunda fase, as hipóteses de superveniente perda do objeto, em razão do abandono dos processos ou desistência, ou por restar prejudicada em decorrência de problemas de competência, a exemplo do caso em que o IRDR ainda esteja em primeiro grau.[100]

Quanto à seleção dos casos paradigmas cabe destacar que os seus critérios, contudo, não encontram previsão direta na legislação, a exemplo do que se vê quanto à indicação explicita dos pressupostos de cabimento para a instauração do IRDR na redação constante do art. 976 do CPC/2015.

Diante dessa lacuna, abriu-se um espaço de cogitação desses critérios tanto na literatura jurídica, por atuação da doutrina pátria, quanto pela jurisprudência, em forma de uma atividade contínua rumo à construção de bases teóricas visando a identificação de balizas adequadas de seleção de processos paradigmas, dentre a enormidade de ações repetitivas que se apresentam perante o Judiciário para julgamento.

A doutrina[101] pátria, de certa maneira, trouxe algumas linhas sobre o tema da seleção dos casos repetitivos, mas que reclamam o seu maior aprofundamento teórico, inclusive tendo em vista a possibilidade de observância do mesmo no bojo de algumas decisões judiciais, dada a relevância nesse contexto de formação de precedentes fomentado pelo CPC/2015. Não obstante a importância de cada uma dessas contribuições, algumas, inclusive, oferecidas ainda sob a égide do CPC/1973, e outras mediante o apontamento da relevância e indicação de textos legais que estariam a tangenciar o tema, fato é que ainda há a necessidade de densificação teórica, circunstância sob a qual o presente estudo se justifica.

---

100 MELLO PORTO, José Roberto Sotero de. **Teoria geral dos casos repetitivos.** 1. ed. Rio de Janeiro: GZ, 2018, p. 160.

101 TOFFOLI, Vitor. Recursos especiais repetitivos: critérios de seleção dos recursos paradigmas. **Revista de processo**, São Paulo, v. 36, n. 197, p. 271-295, jul. 2011. CABRAL, Antônio do Passo. A escolha da causa-piloto nos incidentes de resolução de processos repetitivos. *In*: DIDIER JR., Fredie; CUNHA, Leonardo Carneiro da (coord.). **Julgamento de casos repetitivos.** Salvador: Juspodivm, 2017, p. 37-64. ALVIM, Teresa Arruda; DANTAS, Bruno. **Recurso especial, recurso extraordinário e a nova função dos tribunais superiores no direito brasileiro.** 4. ed. São Paulo: Revista dos Tribunais, 2017, p. 529-531. MELLO PORTO, José Roberto Sotero de. **Teoria geral dos casos repetitivos.** 1. ed. Rio de Janeiro: GZ, 2018, p. 159-165. WOLKART, Eric Navarro. **Precedente judicial no processo civil brasileiro:** mecanismos de objetivação do processo. Salvador: Juspodvim, 2013, p. 133-139.

Antes, porém, chegar à noção da necessidade de tais critérios faz-se imprescindível ter a compreensão da justificativa para essa segunda etapa da decisão de afetação. Assim, diante da sistemática de julgamento dos casos repetitivos, observada a enormidade de participantes, seria impraticável pensar na participação simultânea de todos como única forma de se ter uma decisão legítima. Sob essa ótica, a seleção criteriosa de processos visa resguardar a promoção do contraditório ampliado como forma de afastar, com a estabilização subjetiva propiciada pela participação de representantes igualmente legítimos, qualquer arguição de obstrução ao acesso a uma ordem jurídica justa em sede de tutela pluri-individual.

Nesse passo, ao falar de tutela pluri-individual, Teresa Arruda Alvim e Bruno Dantas, em importante releitura da ideia de representatividade adequada com base nas lições de Susan Gibbons, defendem a sua configuração objetiva no processamento dos recursos repetitivos, isto é, por meio da adequada seleção do recurso representativo da controvérsia. Em outros termos, partindo-se do pressuposto que no Brasil é a própria lei quem aponta os representantes para a causa, o correto uso do conceito seria enquanto representatividade aferida no plano objetivo, por meio da seleção, dentro da lógica do microssistema, do processos paradigmas adequados à embasar a construção da tese jurídica capaz de projetar efeitos válidos para os feitos análogos.[102]

Sobre os limites do colegiado na seleção dos processos paradigmas e a importância de um exercício razoável e coerente da análise quanto ao preenchimento dos critérios visando uma escolha qualificada, Marcelo Mazzola lembra do cumprimento necessário, pelo colegiado, do dever de comprometimento nesta etapa, como decorrência lógica do princípio da cooperação, de modo a prestigiar a atuação com responsabilidade a fim de se evitar problemas futuros de alegação de inaplicabilidade ou inefetividade da tese jurídica, diante da ausência, sobretudo, do preenchimento da

102 "Não obstante o Brasil ter adotado o seu próprio modelo de ação coletiva relegando ao segundo plano o requisito crucial da *representatividade adequada*, que na doutrina e na jurisprudência norte-americanas é o ponto-chave da permissão para que os membros dos grupos ausentes em juízo suportem os efeitos da coisa julgada, não se pode passar ao largo do conceito de representatividade na definição da natureza do recurso representativo da controvérsia." (ALVIM, Teresa Arruda; DANTAS, Bruno. **Recurso especial, recurso extraordinário e a nova função dos tribunais superiores no direito brasileiro.** 4. ed. São Paulo: Revista dos Tribunais, 2017, p. 523-524.)

representatividade adequada dos processos paradigmas, portanto, sob o já abordado aspecto objetivo.[103]

Desta forma, uma vez evidenciada não só a importância do tema e a pertinência em vista dos elementos conceituais trazidos, mas sobretudo em razão da lacuna legislativa constatada e a tímida abordagem pela literatura jurídica, pertinente se faz aprofundar sobre aos critérios segundo os quais se acredita que, a partir de uma leitura principiológica e contextualizada do CPC/2015 alinhada com as perspectivas contemporâneas do processo civil, seja possível compor uma proposta que represente a máxima ilação dos conceitos sobre o tema e validamente possa direcionar a atividade do Tribunal, como verdadeiro limite à sua atividade, no sentido de garantir a isonomia e a segurança jurídica, sobretudo na promoção de uma decisão íntegra e coerente.

103 "Nada obstante ignora o dever de comprometimento o relator que, no caso de instauração do IRDR ou na escolha de recursos sob a sistemática dos repetitivos, escolhe entre os processos análogos aquele menos representativo da controvérsia, evidenciando pouca responsabilidade na análise da matéria e ignorando os desdobramentos de um julgamento dessa natureza." MAZZOLA, Marcelo. **Tutela jurisdicional colaborativa:** a cooperação como fundamento autônomo de impugnação. Curitiba: CRV, 2017, p. 169.

Capítulo 3

OS CRITÉRIOS DE SELEÇÃO DA AMOSTRAGEM NO JULGAMENTO SOB O RITO DOS REPETITIVOS

A seleção dos casos que servirão de base para a formação da tese jurídica e, portanto, para a resolução de uma ou mais questões de direito comuns a uma série de litígios é fator determinante para a efetividade do julgamento.

Por isso, é evidente a existência de uma preocupação legítima com os critérios que serão utilizados pelos órgãos julgadores durante o exercício dessa função, justamente porque caso haja a seleção de um processo inadequado é até possível que a decisão proferida com base nele possa resolvê-lo satisfatoriamente, mas por não representar o contexto adequado dos demais já apresentados ao crivo do Judiciário, decerto gerará um impacto deletério sobre uma série de outros casos, que receberão o reflexo equivocado da tese jurídica.

É cediço que nem o CPC/1973, tampouco o CPC/2015 dispuseram de modo específico sobre os critérios que melhor pudessem apontar os casos representativos da controvérsia para fins de julgamento de casos repetitivos. Timidamente se pode evidenciar, ora nos dispositivos afetos aos recursos repetitivos, ora naqueles concernentes ao IRDR, elementos que permitem levantar a matéria, a exemplo da exigência de argumentação abrangente na seleção dos recursos representativos (art. 1.036, §6º do CPC/2015), mas decerto não se debruçou sobre a questão.

Diante disso, restou à doutrina e à jurisprudência a atividade contínua rumo à construção de bases teóricas visando a identificação de critérios adequados para a seleção de processos paradigmas, dentre as ações repetitivas que se apresentam perante o Judiciário para julgamento.

Vitor Toffoli[1], Antônio do Passo Cabral[2], Teresa Arruda Alvim e Bruno Dantas[3], José Roberto Sotero de Mello Porto[4] e Erick Navarro

---

1 Victor Toffoli, ainda sob a égide do CPC/1973, resumiu em quatro os critérios a serem utilizados na seleção do recurso representativo da controvérsia: (i) o número de recursos a serem analisados para se chegar ao paradigma, devendo-se lembrar que no código revogado exigia-se a escolha de pelo menos um recurso de cada relator; (ii) Os recursos selecionados devem conter a maior diversidade de fundamentos no acórdão e de ar-

Wolkart[5] são alguns dos autores que, em alguma medida, abordaram determinados aspectos relativos à seleção dos casos repetitivos, seja sob a noção de evidenciar a importância do tema sem aprofundar nos critérios, seja debruçando-se sobre aqueles que entendiam passíveis de cogitação.

Não obstante a importância de cada contribuição, algumas inclusive esboçadas sob a égide do CPC/1973, outras de maneira mais superficial mediante o apontamento da relevância e indicação de textos legais que estariam a tangenciar o tema, fato é que ainda há a necessidade de densificação teórica, motivo pelo qual o presente estudo se ampara e, portanto, se justifica.

3.1 "SELEÇÃO" OU "ESCOLHA" DE CASOS? ACEPÇÃO, LEGITIMIDADE E QUANTIDADE

O presente subtítulo, a pretexto de trazer considerações sobre as acepções possíveis para a atividade do Tribunal no exercício de sua função limitada de pinçar os processos paradigmas para lastrear o julgamento de casos repetitivos, não tem o desígnio de simplesmente justificar a opção por um dos termos como o mais coerente por mero rigor ou formalismo terminológico.

Nessa perspectiva, não há melhor modo de iniciar a abordagem senão pelas lições de José Carlos Barbosa Moreira para quem o zelo em relação a nomenclatura adequada, distante de ser uma mera preocupação formalística,

---

gumentos no recurso especial; (iii) o recurso representativo da controvérsia deverá ter como objeto a questão mais abrangente, referindo-se ao disposto no §2º do artigo 1º da então Resolução STJ nº 8/2008; (iv) em existindo acórdãos que tenham sobre a mesma questão de direito soluções opostas, ambos deverão ser selecionados como paradigmas. (TOFFOLI, Vitor. Recursos especiais repetitivos: critérios de seleção dos recursos paradigmas. **Revista de processo**, São Paulo, v. 36, n. 197, p. 271-295, jul. 2011.)

2 CABRAL, Antônio do Passo. A escolha da causa-piloto nos incidentes de resolução de processos repetitivos. *In*: DIDIER JR., Fredie; CUNHA, Leonardo Carneiro da (coord.). **Julgamento de casos repetitivos.** Salvador: Juspodivm, 2017, p. 37-64.

3 ALVIM, Teresa Arruda; DANTAS, Bruno. **Recurso especial, recurso extraordinário e a nova função dos tribunais superiores no direito brasileiro.** 4. ed. São Paulo: Revista dos Tribunais, 2017, p. 529-531.

4 MELLO PORTO, José Roberto Sotero de. **Teoria geral dos casos repetitivos.** 1. ed. Rio de Janeiro: GZ, 2018, p. 159-165.

5 WOLKART, Eric Navarro. **Precedente judicial no processo civil brasileiro:** mecanismos de objetivação do processo. Salvador: Juspodvim, 2013, p. 133-139.

denota um esforço inspirado na compreensão da utilidade que dele decorre visando a melhor aplicação do Direito.[6]

Com efeito, a opção pela expressão "seleção" de processos quando se está tratando de julgamento de casos repetitivos tem uma razão particular. É perceptível que parte significativa da literatura jurídica[7] se inclina pelo uso da palavra "escolha" a fim de identificar tal contexto processual o que, em uma análise perfunctória, traduz certo descompasso em relação ao próprio objetivo do procedimento, isto é, a busca por uma decisão coerente, desprovida de subjetividade em sua base, que aplicar-se-á um sem-número de outros casos que contemplam circunstâncias similares.

O dicionário Priberam da língua portuguesa define "seleção" como a "escolha feita com critério e fundamentada nos motivos do fim que se quer obter".[8] Assim, o esclarecimento da palavra seleção como uma "escolha qualificada", ou seja, a escolha feita com base em critérios e com fundamentos no tocante à sua finalidade, traduz o ponto relevante da definição que ora se destaca.

Logo, para o alcance do sentido daquilo que representa uma decisão coerente, contudo, faz-se imprescindível que a base de onde provém a análise, isto é, aquele caso ou casos postos à debate, sejam objeto de seleção, não de escolha (isto é, qualquer escolha).

Oportunamente, ao debruçar-se sobre os conceitos de decisão – no caso, decisão jurídica – e escolha, Lenio Luiz Streck adverte que a decisão "não pode ser entendida como um ato em que o juiz, diante de várias pos-

---

6 "Dar a cada coisa o seu nome, e apenas este, não é preocupação formalística de quem pusesse acima de tudo o amor pela boa arrumação e pelo impecável polimento do imobiliário dogmático; é esforço que se inspira, principalmente, na compreensão da utilidade que daí se tira para a melhor aplicação do Direito e, portanto, para uma realização menos imperfeita da justiça entre os homens." (BARBOSA MOREIRA, José Carlos. Questões prejudiciais e questões preliminares. *In:* BARBOSA Moreira, José Carlos. **Direito processual civil:** ensaios e pareceres. Rio de Janeiro: Borsoi, 1971, p. 73-74.)

7 TOFFOLI, Vitor. Recursos especiais repetitivos: critérios de seleção dos recursos paradigmas. **Revista de processo**, São Paulo, v. 36, n. 197, p. 271-295, jul. 2011. CABRAL, Antônio do Passo. A escolha da causa-piloto nos incidentes de resolução de processos repetitivos. *In:* DIDIER JR., Fredie; CUNHA, Leonardo Carneiro da (coord.). **Julgamento de casos repetitivos.** Salvador: Juspodivm, 2017, p. 37-64.

8 SELEÇÃO. *In:* DICIONÁRIO da língua portuguesa. Lisboa: Priberam Informática, 2019. Disponível em: https://dicionario.priberam.org/selecao. Acesso em: 24 abr. 2019.

sibilidades possíveis para a solução de um caso concreto, escolhe aquela que lhe parece mais adequada", ou seja, "decidir não é sinônimo de escolher".[9]

Nesse aspecto, Dierle Nunes, Flávio Quinaud Pedron e André Frederico de Sena Horta frisam que "a escolha é sempre parcial, é um ato de opção de algo sem um compromisso maior do que o simples ato corporificado nessa escolha"[10] e, nesse sentido, por tratar-se de um ato de opção que o sujeito realiza ao se deparar diante da liberdade entre duas ou mais possibilidades, no direito, a palavra técnica que a ela se liga é a discricionariedade.

Assim, a decisão não se dá por meio de uma escolha, mas a partir do comprometimento com algo que se antecipa, de modo que "no caso da decisão jurídica, esse algo que se antecipa é a compreensão daquilo que a comunidade política constrói como direito (ressalte-se, por relevante, que essa construção não é a soma de diversas partes, mas, sim, um todo que se apresenta como a melhor interpretação – mais adequada – do direito)."[11]

Em decorrência disso, o uso de critérios para selecionar casos que melhor representarão o debate e a discussão da controvérsia é essencial para a concepção de uma decisão coerente, haja vista que ao afastar a subjetividade daquele que fez a triagem, caracteriza verdadeiramente a "seleção", que pode ser tida como uma "escolha qualificada" e, por essa razão, necessita ser detidamente fundamentada.

A esse respeito, o próprio CPC/2015, embora não tenha disposto de um rol prevendo de maneira expressa a existência desses critérios, em diversas passagens faz alusão às expressões decorrentes do ato de selecionar, deixando transparecer ter sido esta uma ação a ser realizada de forma analítica e com fundamento em critérios válidos e adequados, visando, sobretudo, a construção de uma decisão coerente e extensível aos demais representados em sede de resolução de casos repetitivos. Nesse sentido pode-se destacar as disposições constantes dos arts. 1.030, IV e V, b; 1.036, §§1º, 4º, 5º e 6º;

---

9 STRECK, Lenio Luiz. **O que é isto – decido conforme minha consciência?** Coleção o que é isto? V. 1. 4 ed. Porto Alegre: Livraria do Advogado, 2013, p. 106-107.

10 NUNES, Dierle; PEDRON, Flávio Quinaud; HORTA, André Frederico de Sena. Art. 926 do CPC e suas propostas de fundamentação: um diálogo com concepções contrastantes. In: NUNES, Dierle; MENDES, Aluisio Gonçalves de Castro; JAYME, Fernando Gonzaga (Coord.). **A nova aplicação da jurisprudência e precedentes no CPC/2015:** estudos em homenagem à professora Teresa Arruda Alvim. São Paulo: Editora Revista dos Tribunais, 2017, p. 354.

11 STRECK, Lenio Luiz. **O que é isto – decido conforme minha consciência?** Coleção o que é isto? V. 1. 2 ed. Porto Alegre: Livraria do Advogado, 2010, p. 105-106.

1.037, *caput* e §1º, todos do CPC/2015, os quais fazem referência às derivações do ato de selecionar.

Ademais, pela definição posta, estaria afastado o uso do termo "escolha", em prol de uma reflexão mais apropriada, sobretudo quando o tema em debate é o fenômeno do julgamento das demandas repetitivas. Por conseguinte, dois aspectos decorrentes da seleção das demandas despontam como cruciais para embasar o entendimento pela aderência desta acepção: a primeira se observa a partir dos sujeitos que dão ensejo ao procedimento e, em um segundo momento, sob o viés do quantitativo de processos necessários à representação da controvérsia.

Sob o primeiro aspecto, considerando a existência de múltiplos protagonistas que podem dar ensejo à instauração do incidente – ou seja, no Judiciário, Ministério Público ou mesmo as partes no processo –, é preciso que se vislumbre, por qualquer deles, o uso de critérios válidos na eleição dos casos a serem avaliados sob o rito dos repetitivos, para possibilitar a compreensão da matéria em sua amplitude, e não apenas a partir de uma perspectiva limitante de algum deles.

Nessa linha, quando a instauração do incidente se dá de ofício pelos órgãos do Judiciário (pelo juiz de primeira instância ou pelo relator do recurso no Tribunal), em razão da visibilidade de vários processos versando sobre a mesma matéria, mostra-se factível a seleção de maneira mais ampla, de demandas devidamente instruídas, com delimitação e peso argumentativo mais abrangente.

Por oportuno, deve-se considerar que no caso dos recursos repetitivos, apesar do §1º do art. 1.036 do CPC/2015 atribuir competência ao Presidente do Tribunal de origem (juízo de instância inferior), para seleção dos recursos e envio ao STJ ou ao STF, é crível que o relator no Tribunal Superior também possa realizar essa seleção, não somente devido à não vinculação à opção originária garantida pelo §4º do mesmo dispositivo, mas também pela abrangência de atuação do órgão julgador, o qual tem visibilidade de recursos de distintos locais do país ou da própria região de origem, tendo, portanto, maiores oportunidades de conduzir a um pluralismo na decisão futura.

De modo semelhante, o Ministério Público, enquanto órgão estatal, também pode dar ensejo ao incidente ao intervir no processo, selecionando causas que servirão de base para a discussão. E, ainda, as partes podem indicar processos em sede de provocação de instauração do incidente, sendo, contudo, uma ação mais limitada àquelas demandas em que figuram como autores ou rés, à exceção dos litigantes habituais, os quais, por possuírem diversos processos abordando a mesma matéria, têm a possibilidade de indicar e submeter à validação do julgador a partir de uma perspectiva maior de elementos e variáveis.

Assim, sob o prisma da seleção pelos distintos atores processuais, e mesmo que tal ato seja respaldado em critérios postos e processualmente coerentes, é imperiosa a conclusão pela necessidade de o órgão julgador – inclusive quando a hipótese for de instauração do incidente por iniciativa de um dos membros do próprio tribunal – se debruçar sobre tais questões por ocasião da admissibilidade, decidindo pelo seguimento de forma fundamentada, a fim de se resguardar as garantias processuais, mormente amparando a seleção – até mesmo corrigindo-a, se necessário – com base em critérios adequados que conduzam a uma decisão coerente.

Uma vez abordada a questão propedêutica sobre a seleção, assim como a sua correlação com os sujeitos envolvidos, observa-se que a técnica dos julgamentos de casos repetitivos ainda reclama um ponto de esclarecimento: aquele relacionado ao aspecto quantitativo. Isso porque a questão jurídica precisa estar bem delineada, de modo que a eleição de mais de um processo para afetação – ainda que o IRDR, diferentemente do rito para os recursos repetitivos, permita a seleção de apenas um – mostra-se como a conduta processualmente mais aderente ao fim de chegar-se a uma decisão que se preste a resolver a questão jurídica e pacificar os diversos casos em debate, projetando-se eficazmente para os demais, vez que terá sido resultado de um dilatado diálogo de argumentos e enfrentamento de teses contrapostas.

Nessa perspectiva, aprofundando um pouco mais o caso do IRDR, ainda que o Tribunal tenha remetido apenas uma causa para julgamento sob este rito ou mesmo, ainda no caso do incidente ter sido suscitado em processo isolado – por dado sujeito, enquanto parte na demanda – impende ao tribunal julgador a ação de selecionar, em caráter complementar, ao menos outro processo para afetação a fim de atender ao critério que se entende como válido para a construção da futura decisão.

Sobre esse ponto, em pequena digressão ao contexto do revogado CPC/1973, observa-se que em relação aos recursos especiais repetitivos, cuja previsão estava no art. 543-C, embora o presidente do Tribunal de origem pudesse admitir apenas um recurso representativo da controvérsia para encaminha-lo ao STJ, já se observava uma leitura adequada pela também revogada Resolução 8 do STJ no sentido de atribuir importância à multiplicidade de causas selecionadas, visto que o art. 1º, §1º deste normativo previa que "serão selecionados pelo menos um processo de cada Relator e, dentre esses, os que contiverem maior diversidade de fundamentos no acórdão e de argumentos no recurso especial".[12]

Ressalta-se que após a edição do CPC/2015, a resolução em comento foi revogada pela Emenda Regimental 24, de 28 de setembro de 2016 que, ao alterar o Regimento Interno do STJ, trouxe em seu art. 256, a disciplina interna da atuação do STJ quanto ao disposto art. 1.036, §1º do CPC/2015, prevendo para os recursos especiais repetitivos, a necessidade de seleção de dois ou mais recursos representativos da controvérsia.

Ademais, o próprio CPC/2015 tratou da questão quantitativa ao estabelecer, para o caso dos recursos repetitivos no art. 1.036, §4º, a possibilidade de que o relator no Tribunal Superior selecionar outros recursos representativos da controvérsia, haja vista que a escolha feita pelo presidente ou vice-presidente do Tribunal de Justiça ou do Tribunal Regional Federal não é dotada de vinculação.

A razoabilidade na seleção das causas se apresenta, também em relação ao quantitativo, como o caminho processual coerente para o julgamento de causas repetitivas, logicamente aqui também frisando que não deverão ser muitos processos afetados, sob pena de retardar a própria tramitação dos feitos e, assim, causar prejuízos à própria duração razoável do processo.

3.2 A REPRESENTATIVIDADE ADEQUADA AOS CASOS PARADIGMÁTICOS E A NECESSIDADE DE CRITÉRIOS COMO LIMITES AO TRIBUNAL

Assim sendo, antes de seguir com a abordagem sobre quais seriam os critérios que se apresentariam apropriados a caracterizar a representatividade dos casos sujeitos ao julgamento sob o rito dos casos repetitivos, importa anotar, ainda que em breves linhas, os lastros de tratamento jurídico da matéria, restando claro que há algum tempo, a doutrina e a jurisprudência evidenciavam a premência de um olhar mais detido sob a questão da representatividade adequada.

A ideia de representatividade é fundamental para garantir a extensão dos efeitos que decorrerem do julgamento dos casos repetitivos selecionados para o debate da questão jurídica comum entre eles, portanto, como repre-

12 BRASIL. Superior Tribunal de Justiça (STJ). Resolução 8, de 7 de agosto de 2008. Estabelece os procedimentos relativos ao processamento e julgamento de recursos especiais repetitivos. **Diário da Justiça Eletrônico do STJ**, Poder Judiciário, Brasília, DF, 8 ago. 2008.

sentativos da controvérsia. Em outras palavras, para que os processos sejam de fato representativos, os atributos que devem ser filtrados se apresentam como uma preocupação, visto que tais conferirão o caráter de qualificação à escolha a ser feita ou confirmada pelo julgador.

Partindo de algumas experiências do direito estrangeiro, como acertadamente lembram Teresa Arruda Alvim e Bruno Dantas, a doutrina e a jurisprudência alemãs conferem grande interesse e atenção à seleção da ação-piloto na técnica do *Musterverfahren*, dado que tomando-se como exemplo o caso seminal *Deutsche Telekom*, a Corte considerou que a demanda ao final escolhida para debate reunia os dois atributos que entendia como essenciais, quais sejam: "(i) a completude da abordagem sobre as questões de fato e de direito submetidas à apreciação judicial; e (ii) o valor da causa era maior dentre todas as demandas individuais, o que atraia a presunção de que os melhores advogados teriam sido contratados para o caso".[13]

Susan Gibbons, ao abordar a *Group Litigation Order* no direito inglês, adverte quanto a possível compreensão pela violação do devido processo legal na técnica de julgamento de *test claims*, a exemplo do que ocorre nas *class actions*, diante da negativa de participação daqueles que não tivessem seu caso escolhido como piloto. Contudo, em sua compreensão, afasta-se tal possibilidade a partir da mesma leitura tida no direito estadunidense quanto à legitimação, ou seja, pela via da substituição processual os demais sujeitos do grupo estarão representados, visto que a causa escolhida conterá o debate de todas as questões relevantes sob o ponto jurídico apontado, a conferir, pois, o caráter de representatividade adequada na seleção da ação-piloto.[14]

---

13 ALVIM, Teresa Arruda; DANTAS, Bruno. **Recurso especial, recurso extraordinário e a nova função dos tribunais superiores no direito brasileiro.** 4. ed. São Paulo: Revista dos Tribunais, 2017, p. 525.

14 Sobre o entendimento abordado, vale colacionar o trecho: "Thus, the legitimacy of the test claim device fundamentally depends upon whether the selected test claims properly and adequately reflect (or 'represent') all relevant material issues, interests, legal and factual permutations, concerns and so forth that exist within the total universe of claims in the group. If not, then any non-represented group members will have good reason to contend either that their cases, too, shoud proceed as test claims, or that they should not be bound by the test claim outcomes". (GIBBONS, Susan M. C. Group litigation, class actions and Lord Woolf´s three objectives: a critical analysis. **Civil Justice Quarterly**, v. 27, 2008, p. 231-232). Em tradução livre: "Assim, a legitimidade do dispositivo da *test claim* depende fundamentalmente de se a *test claims* selecionada devida e adequadamente reflete (ou 'representa') todas as questões relevantes materiais, interesses, permutações legais e factuais, preocupações e assim por diante que existem dentro do universo total de reivindicações no grupo. Se não,

No direito brasileiro, Eduardo Lamy e Sofia Temer, após escreverem sobre o requisito da representatividade adequada no processo coletivo, frisam que apesar do contexto analisado, o problema da representação é verificado também no âmbito das demandas repetitivas, quando estas têm por fundamento os demais meios processuais de coletivização e de uniformização de jurisprudência dos direitos individuais homogêneos. E, ao valer-se da experiência do instituto dos recursos repetitivos à luz do CPC/1973, denotam a preocupação que permeia a redação da tese contida nesta obra, qual seja, a ausência de elementos objetivos para possibilitar a escolha do recurso que irá representar todos os demais, fazendo referência à lacuna literária a respeito do tema.[15]

Ainda sobre os recursos repetitivos, Luiz Rodrigues Wambier e Rita Vasconcelos há muito alertavam que "de todos os aspectos de que trata o art. 543-C do CPC/1973, e a respectiva regulamentação, entendemos que o mais significativo é o que diz respeito à escolha dos recursos representativos da controvérsia".[16]

E essa preocupação com a escolha do caso representativo da controvérsia no âmbito do CPC/1973, embora não tenha sido firmada no texto final da Lei 11.418/2006, que introduziu o art. 543-B no código revogado, foi, ao menos, objeto de atenção pelo legislador brasileiro que não ignorou o tema porquanto que na primeira versão do projeto de lei, o PLS 12/2006, trouxe a previsão de que, havendo multiplicidade de recursos extraordinários com fundamento em idêntica controvérsia, a análise da repercussão geral, segundo a redação do art. 5º, I, caberia ao Tribunal de origem na forma de seu regimento interno, "e obedecidos os critérios objetivos previamente estabelecidos pelo Supremo Tribunal Federal (...)".

Sobre a ausência de atenção à previsão de critérios por parte do legislador, José Miguel Garcia Medina e Teresa Arruda Alvim Wambier já alertavam quanto aos recursos especiais repetitivos no CPC/1973, que o racional empregado pela norma constante do art. 543-C não levava "em

---

então qualquer membro do grupo não representado terá boas razões para argumentar que seus casos, também, devem prosseguir como *test claims*, ou que eles não devem estar vinculados aos resultados das *test claims*".

15 LAMY, Eduardo de Avelar; TEMER, Sofia Orberg. **A representatividade adequada na tutela de direitos individuais homogêneos.** p. 167.

16 WAMBIER, Luiz Rodrigues; VASCONCELOS, Rita de Cássia Corrêa de. **Sobre a repercussão geral e os recursos especiais repetitivos, e seus reflexos nos processos coletivos.** p. 38.

conta critérios como a quantidade de litisconsortes, a natureza individual ou coletiva da ação, etc."[17]

Por outro lado, no caso da disciplina dada ao art. 543-C do CPC/1973, o STJ, levando em consideração a preocupação com os critérios de seleção do recurso representativo da controvérsia, editou a Resolução n. 8/2008 trazendo balizas relacionadas a maior diversidade de fundamentos no acórdão e de argumentos no recurso especial, conforme será abordado adiante, inclusive com referência à sua revogação e ao tratamento em sede de Regimento Interno da referida Corte diante da entrada em vigor do CPC/2015.

A propósito, o CPC/2015 traz alguns aspectos sobre a escolha e julgamento dos recursos repetitivos nos arts. 1.036 a 1.041, sem deixar de mencionar que para o recurso extraordinário, o requisito da repercussão geral vem previsto no art. 1.035, o que evidencia uma certa evolução o sistema processual pátrio, diante das mudanças incorporadas.

Dessa forma, tendo por alicerce a breve incursão feita por alguns registros históricos, a questão da representatividade dos processos selecionados no âmbito das demandas repetitivas previstas no CPC/2015 deve ser aferida, seja no caso dos recursos repetitivos ou a hipótese do IRDR, com base em critérios objetivos, os quais precisam ser necessariamente fundamentados pelo julgador por uma questão de controle judicial, de modo que tais se afigurem capazes de gerar uma decisão adequada às demais demandas semelhantes, especialmente pela tese jurídica coerente com o diálogo advindo dos casos selecionados.

Quando se fala em critérios, se tem a expectativa, como dito antes, de construção de um lastro mínimo para que o julgador possa – portanto, por caminhos delimitados – selecionar as causas que melhor representem a controvérsia para julgamento. Em outras palavras, os critérios devem ser assimilados como verdadeiros vetores interpretativos e decisórios, como parâmetros que delimitam e conferem diretrizes para a coerente escolha qualificada dos casos repetitivos, em caráter de complementariedade.

Teresa Arruda Alvim e Bruno Dantas, com pertinência, asseveram que a seleção do recurso-piloto – extensivo aos processos que de uma maneira geral representem o ponto jurídico debatido, tendo em vista o microssistema – deve estar ancorado em parâmetros mínimos que, nessa condição, levem

---

17 MEDINA, José Miguel Garcia. WAMBIER, Teresa Arruda Alvim. Sobre o novo art. 543-C do CPC: sobrestamento de recursos especiais "com fundamento em idêntica questão do direito". **Revista de Processo**, São Paulo, v. 33, n. 159, p. 215-221, mai. 2008, p. 217.

em conta toda a qualidade e variedade de perspectivas argumentativas que tenham sido cogitadas e, portanto, possam ser extraídas dos casos individuais. Isso porque, os processos que contemplam essa leitura representarão uma seleção mais adequada para o fim pretendido, qual seja, o de assegurar as melhores condições advindas dos casos de efetivamente influenciar no convencimento do Tribunal.[18]

Nesse sentido, os critérios para seleção dos casos repetitivos representam verdadeiros parâmetros limitadores à competência do Tribunal, sendo importante que a própria Corte lhes dê a máxima efetividade a fim de que, a partir de um controle rigoroso quanto à admissibilidade desses processos representativos, não se cogite eventual interrupção desnecessária de processos que não guardam relação ou afinidade com a questão discutida e, ainda, seja afiançada a própria celeridade e economia processuais, por evitar atos que importem oneração ao Judiciário. Nesse ponto, Fátima Nancy Andrighi destaca, como exemplo, a eventual expedição de ofícios a fim de notificar diversos *amicus curiae* dispersos pelo país em causa que não terá sobrevida.[19]

3.3 CRITÉRIOS DE SELEÇÃO DOS CASOS PARADIGMÁTICOS

Com efeito, é possível defender a pertinência quanto a quatro critérios para identificar os casos repetitivos que adequadamente poderão representar os demais processos e, de modo legítimo, assegurarão a repercussão coerente da tese jurídica ao final firmada, sendo eles (e suas subclassificações): a argumentação abrangente, o contraditório efetivo, a afetação subjetiva e a representação processual ampla.

Antes, porém, deve-se ressaltar o caráter de complementariedade entre os critérios de seleção dos casos repetitivos sob dois aspectos: seja pelo viés da ausência de hierarquia ou mesmo prevalência entre os parâmetros e, ainda, pela necessária interdependência entre eles.

---

18 ALVIM, Teresa Arruda; DANTAS, Bruno. **Recurso especial, recurso extraordinário e a nova função dos tribunais superiores no direito brasileiro.** 4. ed. São Paulo: Revista dos Tribunais, 2017, p. 527.

19 "Atualmente, é salutar que os Tribunais de origem exerçam também um rigoroso controle de admissibilidade na escolha dos processos representativos da controvérsia, para que não haja interrupção desnecessária no curso de diversos outros recursos e também para que não sejam praticados desnecessariamente diversos atos processuais preparatórios para a formação do incidente, como a remessa de ofícios aos diversos Tribunais do país e a notificação de vários *amicus curiae*, que acabam por se manifestar em processo que não terá a sobrevida esperada." (ANDRIGHI, Fátima Nancy. Recursos repetitivos. **Revista de Processo**, São Paulo, v. 35, n. 185, p. 265-281, jul. 2010, p. 272).

Em relação à ausência de hierarquia entre os critérios para a chegar-se à seleção dos casos representativos, além de todos apresentarem-se do mesmo modo relevantes sob o aspecto processual, qualquer conclusão em sentido oposto sucumbiria a ideia de limites à competência do Tribunal quanto ao exercício dessa função, inclusive pela possibilidade de, como destacado anteriormente, recair em uma abertura subjetiva deletéria tendente à discricionariedade judicial.

Por outro lado, a complementariedade sobre a vertente da interdependência se verifica em razão do fato de que tais critérios, ao se prestarem à mesma finalidade, fundamentalmente atuam em coadjuvação recíproca para a seleção adequada dos casos paradigmas e, assim, um critério viabiliza o outro, sendo-lhe, pois, parte indissociável para a sua configuração.

Adiante, com a exposição de cada um deles, ficará mais evidente essa assertiva, sendo razoável citar, como exemplo, que o critério da representação processual, enquanto garantia do efetivo acesso à justiça por meio de representantes dos legitimados processuais, se dá mediante o amplo exercício do contraditório, este entendido como um critério autônomo, o qual, por sua vez é naturalmente viabilizado pelo desenvolvimento de um ambiente processual aberto ao diálogo amplo de argumentos – leia-se, outro critério – e que, por fim, tal é exercido com a seleção dos sujeitos capazes, inclusive, do *amicus curiae*, na perspectiva do critério da atuação subjetiva.

Com efeito, ante a competência conferida ao Tribunal quanto à possibilidade de seleção de vários casos, não seria razoável privilegiar extensamente um critério em detrimento de outro, de modo que os parâmetros ou vetores de seleção devem ser harmonizados a cada análise.

Em outras palavras, não se pode dizer, por exemplo, que uma demanda individual com vasta abrangência argumentativa será necessariamente selecionada em relação outra demanda que, apesar de se tratar de um processo coletivo com evidente representação processual ampla, não tenha o mesmo grau quanto ao critério argumentativo, apenas por justifica-lo como sendo supostamente o mais relevante. Há que se avaliar, pois, o conjunto dos critérios e a presença de cada um deles em alguma medida, a fim de se chegar aos casos que seriam mais apropriados para funcionar como paradigmas para o julgamento da questão jurídica.

Os critérios de seleção, portanto, não são excludentes, isto é, devem ser coligidos a fim de serem selecionados casos efetivamente representativos, que considerem todos os parâmetros estabelecidos seja em maior ou menor medida para alguns deles, mormente tendo-se em conta a ausência de fixação de um número máximo a ser reservado para fins de afetação – embora, como se verá adiante, não seja também razoável a seleção em grande proporção, seja de casos ou de sujeitos intervenientes, a fim de não inviabilizar o tempo de tramitação do procedimento.

3.3.1 Argumentação abrangente: atenção ao diálogo contributivo

Considerando a dimensão que a carga de alegações aventadas nos processos assume em relação à decisão final e, por conseguinte, à formação da futura tese jurídica, a qual, por sua vez, reverberará para um número imprevisível de casos repetitivos, o primeiro requisito a exigir atenção quando da análise dos casos e, portanto, dos processos que virão a ser selecionados é a presença de base argumentativa abrangente (ou abrangência argumentativa), sob os aspectos de quantidade e qualidade.

Para se chegar ao final do processo com a consagração da etapa essencial de fixação da tese jurídica enquanto principal objetivo dos julgamentos de casos repetitivos, imperioso se faz prezar pela fundamentação adequada, a qual exige, portanto, a análise dos argumentos e demais fundamentos invocados pelas partes no bojo dos processos representativos da controvérsia.

Na redação inicial do CPC/2015, o legislador consagrou, dentro do microssistema de julgamento de casos repetitivos, a exigência de que o conteúdo do acórdão abrangesse a análise de todos os fundamentos suscitados, fossem eles favoráveis ou contrários à posição ao final adotada, tanto no IRDR (art. 984, §2º), como nos recursos repetitivos (art. 1.038, §3º). Contudo, em razão da reforma promovida pela Lei 13.256/2016, o comando relativo aos recursos foi flexibilizado para permitir a análise, pelos tribunais superiores, não de todos, mas apenas dos fundamentos relevantes.

Não obstante a alteração legislativa, entende-se que a essência da fundamentação deva permear os julgamentos dos casos paradigmas, sobretudo em razão da importante eficácia da decisão, que deve ser representativa para todos os demais casos, sob o aspecto de sua própria legitimidade. Esse dever de consideração dos argumentos é de se esperar que seja exercido pelo próprio tribunal, assim como pelos demais interessados, para evitar qualquer percepção sobre a instabilidade decisória ou superficialidade dos julgados, haja vista que se nos litígios individuais, a consideração dos argumentos é uma premissa relevante, muito mais o será nos casos repetitivos.[20]

---

20 "Pontue-se que a ampliação objetiva do número de recursos auxilia no cumprimento no disposto do art. 489, §1º, IV, que determina que, no julgamento, deverá ocorrer o

O diálogo que se origina no processo com a apresentação de teses e argumentos pelas partes e demais interessados é que conduz à plenitude da discussão, de modo que apesar do fato de que em muitas ocasiões os processos repetitivos apresentam linhas argumentativas em certa medida muito próximas, há de se prezar sempre pelo acurado exame e seleção de feitos com o maior número de pontos de debate que nortearão o julgamento da questão de direito. Em outras palavras, embora seja natural a coincidência de argumentos em diversos casos repetitivos, dado que a origem da questão em discussão é comum, é possível tangenciar como filtro, a escolha daqueles processos que contenham a maior variedade de possível argumentos.

A abrangência argumentativa, portanto, está presente não apenas nos autos do processo por meio das informações, argumentos e dados apresentados, mas também pelo debate que se verifica a partir da realização de audiências públicas e do envolvimento da sociedade em torno da discussão das teses propostas, trazendo não apenas volume (quantidade) ao contexto, mas elementos que agregarão valor (qualidade) à decisão.[21] Nesse sentido, quanto mais plural for a argumentação constante dos autos, maiores condições terá o órgão julgador de aprofundar-se e realizar uma cognição capaz de, legitima e democraticamente, firmar a tese jurídica.

José Miguel Garcia Medina e Teresa Arruda Alvim Wambier, ao tratarem da sistemática dos recursos especiais repetitivos sob a ótica do art. 543-C do CPC/1973, já consideravam que a seleção de recursos versando sobre idêntica questão de direito deveria considerar aqueles que discutissem a tese em sentidos opostos, por permitirem uma melhor análise pelo Tribunal. Em outros termos, a doutrina já destacava a essência do critério que ora se lapida, no sentido de que os recursos selecionados como representativos da controvérsia para encaminhamento ao STJ deveriam conter, de modo

---

enfrentamento de todos os argumentos deduzidos no processo capazes de, em tese, infirmar a conclusão adotada pelo julgador. Se em julgamentos de litígios individuais esta já é uma obrigação essencial, nos julgamentos repetitivos ela se torna ainda mais relevante. E assim sendo, se evitará o atual julgamento de macro lides em fatias, que promove a instabilidade decisória e a superficialidade dos julgados." (NUNES, Dierle. Do julgamento dos recursos extraordinário e especial repetitivos: comentários aos artigos 1.036 a 1.041. *In*: WAMBIER, Teresa Arruda Alvim; DIDIER JR., Fredie; TALAMINI, Eduardo; DANTAS, Bruno (coord.). **Breves comentários ao novo código de processo civil.** 3. ed. São Paulo: Revista dos Tribunais, 2016, p. 2.585.)

21 TEMER, Sofia. **Incidente de resolução de demandas repetitivas.** 3 ed. Salvador: Juspodivm, 2018, p. 209.

completo, todos os fundamentos necessários à compreensão integral da questão do direito.[22]

Com efeito, a conclusão em tela é extremamente válida para o contexto da matéria no CPC/2015, inclusive para o IRDR em razão do microssistema que o envolve, sendo decorrência da concepção de que uma vez que os casos selecionados reflitam adequadamente as questões jurídicas relevantes em litígio, com diversificadas alegações e pontos de vistas, se estará, então, a submeter à cognição do órgão julgador, os processos com uma quantidade significativa de fundamentos para o fim de esclarecer detidamente a lide, de maneira especial, sob o viés da integralidade do debate argumentativo.

Em termos normativos, o CPC/1973 não trouxe a previsão expressa desse critério, sendo que o STJ, ao disciplinar o tratamento dos recursos especiais repetitivos à luz do art. 543-C do referido código revogado, em manifesta preocupação quanto aos critérios a serem considerados quando da seleção do recurso representativo da controvérsia, editou a Resolução 8/2008 (atualmente revogada) que, ao regulamentar o procedimento para o instrumento processual supracitado no âmbito da Corte, trouxe em seu art. 1º, §1º, a diretriz para que fossem eleitos os casos que contivessem "maior diversidade de fundamentos no acórdão e de argumentos no recurso especial".

Para Vitor Toffoli,[23] ao analisar o art. 1º da Resolução 8/2008 do STJ, entendeu que estaria claro a partir de então, a previsão de critérios para seleção do recurso representativo da controvérsia, sendo que, no primeiro momento, far-se-ia a identificação do número de recursos a serem avaliados para se chegar ao paradigma (à época, previa a Resolução a orientação de seleção de pelo menos um processo de cada relator) e, em um segundo momento, a escolha de processos que contivessem a maior diversidade de fundamentos no acórdão e de argumentos no recurso especial.[24]

Rogerio Licastro Torres de Mello, embora tenha se manifestado, à época, em sentido favorável à eleição de recursos com fundamentação mais ampla, por considerar que nesse ponto o STJ estaria aprofundan-

---

22 MEDINA, José Miguel Garcia. WAMBIER, Teresa Arruda Alvim. Sobre o novo art. 543-C do CPC: sobrestamento de recursos especiais "com fundamento em idêntica questão do direito". **Revista de Processo**, São Paulo, v. 33, n. 159, p. 215-221, mai. 2008, p. 217.

23 TOFFOLI, Vitor. Recursos especiais repetitivos: critérios de seleção dos recursos paradigmas. **Revista de processo**, São Paulo, v. 36, n. 197, p. 271-295, jul. 2011, p. 283.

24 No mesmo sentido: TAVARES JUNIOR, Homero Francisco. Recursos especiais repetitivos: aspectos da Lei 11.672/2008 e da Res. 8/2008 do STJ. **Revista de Processo**, São Paulo, v. 33, n. 166, p. 190-202, dez. 2008, p. 195.

do a forma em que se daria a seleção, arguiu a inconstitucionalidade da previsão constante do art. 1º, §1º, da Resolução 8/2008. Em sua visão, ao invés de apenas operacionalizar a execução da Lei 11.672/2008, referida resolução teria se excedido tanto ao prever a obrigação para o Tribunal local selecionar um recurso especial de cada relator, quanto por estender, sem previsão legal, a referida legislação a outras espécies recursais que não o recurso especial, concluindo pela afronta ao art. 22, I, da Constituição Federal, que atribui competência legislativa privativa à União para editar normas processuais.[25]

Essa linha de entendimento seria possivelmente arguida face a eventual norma do STF, caso a redação inicial do PLS 12/2006 – que deu ensejo à Lei 11.418/2006 e, portanto, introduziu o art. 543-B no código revogado – tivesse prevalecido, ou seja, com a previsão de que para a seleção de recursos extraordinários representativos da controvérsia em sede de casos repetitivos, seria cogente que o Tribunal de origem o fizesse obedecendo os "critérios objetivos previamente estabelecidos pelo Supremo Tribunal Federal".[26] Como

---

25 O seguinte trecho reflete bem esse posicionamento: "O fato, contudo, é que não reputamos admissível criar, em termos de resolução de tribunal, inovações que não constam da própria lei federal que se pretende regulamentar, dado que isto fere de morte o regime de competências estabelecido na Constituição Federal para legislar sobre direito processual civil. Este "transbordamento" normativo havido na Resolução 8 a torna parcialmente viciada em seu nascedouro, além de representar perigoso precedente em que, no âmbito de uma Corte, extrapolam-se limites estabelecidos em lei federal, subvertendo-se nosso regime constitucional de competência legislativa. (...) Parece-nos induvidoso, outrossim, que o conteúdo da Resolução 8 do STJ neste particular (estabelecimento da condição de que seja 'pinçado' um recurso de cada relator na origem em casos de questões repetitivas), não consiste em disposição meramente procedimental: muito além de dispor sobre a forma como se dará a seleção (por exemplo, eleger-se na origem recursos com fundamentação mais ampla, o que seria correto a nosso ver), está-se a estabelecer um requisito que simplesmente não consta da lei regulamentada, instituindo-se um estreitamento de caráter processual no que toca à seleção de recursos especiais na origem, e não apenas acerca da forma como se dará tal seleção." (MELLO, Rogerio Licastro Torres de. Recursos especiais repetitivos: problemas de constitucionalidade da resolução 8/2008, do STJ. **Revista de Processo**, São Paulo, v. 33, n. 163, p. 190-195, set. 2008, p. 192-193.)

26 Veja-se a redação: "Art. 5º Quando houver multiplicidade de recursos extraordinários com fundamento em idêntica controvérsia, a análise da repercussão geral observará o seguinte: I – caberá ao Tribunal de origem, na forma de seu regimento interno, e obedecidos critérios objetivos previamente estabelecidos pelo Supremo Tribunal Federal, selecionar um ou mais recursos representativos da controvérsia e encaminha-los ao Supremo Tribunal Federal, sobrestando os demais até que haja pronunciamento definitivo, não podendo esse sobrestamento exceder o período de

dito acima, a redação não permaneceu, dado que logo no Parecer 75/2006 e Emenda 1, a Comissão de Constituição, Justiça e Cidadania (CCJ) retirou mencionado trecho.[27]

Nesse ponto, são válidas as conclusões de Erik Navarro Wolkart para quem os limites do poder regulamentar foram respeitados, uma vez que visando a melhor operação da previsão relativa aos recursos especiais repetitivos, em referência ao §1º do art. 543-C do CPC/1973, a Resolução 8/2008 do STJ optou por uniformizar o modo pelo qual os Tribunais inferiores deveriam selecionar um ou mais recursos, de modo que além da interpretação gramatical, deve-se recorrer a outras como a teleológica para concluir por aquela que se adeque aos fins da norma regulamentada, afastando-se o vício de inconstitucionalidade.[28]

Apesar do CPC/2015 não trazer a previsão expressa e específica dos critérios de seleção dos casos paradigmas, é possível sustentar, a partir de uma leitura mais acurada do texto legal, que o critério da abrangência argumentativa pode ser extraído do art. 1.036, §6º, que prevê que os recursos que figurarão como representativos da controvérsia deverão ser selecionados dentre aqueles que contenham "abrangente argumentação e discussão a respeito da questão a ser decidida". Assim, o dispositivo em comento, ao abrir a subseção específica sobre o julgamento dos recursos extraordinário e especial repetitivos, além de evidenciar a existência do critério para tais instrumentos, também é extensível ao IRDR diante do microssistema de resolução dos casos repetitivos.

A título de ilustração quanto à observância do critério em tela na decisão proferida na fase de admissibilidade, inclusive sob o aspecto da necessidade

---

um ano.(...)" (BRASIL. Senado Federal. PLS n.º 12/2006. Regulamenta o art. 102, § 3º, da Constituição Federal, para disciplinar o procedimento para exame da repercussão geral das questões constitucionais discutidas no recurso extraordinário para o Supremo Tribunal Federal. **Diário do Senado Federal**, Poder Legislativo, Brasília, DF, 24 jan. 2006, p. 1518-1519.).

27 No tópico "II – Análise" do Parecer n.º 75/2006, os membros da CCJ entenderam por simplificar a redação, em consonância com a sugestão de substitutivo elaborada pelos Ministros Gilmar Mendes e César Peluzo, de modo a evitar "o excessivo detalhamento regulamentação do tema" e, portanto, adotar uma postura da regulamentação mínima, deixando para que o próprio STF fixasse, em seu Regimento Interno, normas necessárias à execução da lei, sem registrar expressamente parâmetros seja para a identificação da repercussão geral, seja para a seleção de casos paradigmas em se tratando de repetitivos.

28 WOLKART, Eric Navarro. **Precedente judicial no processo civil brasileiro:** mecanismos de objetivação do processo. Salvador: Juspodivm, 2013, p. 136-137.

de fundamentação do critério na decisão de afetação, veja-se o caso do REsp 1.669.635/SP, relatado pelo Ministro Paulo de Tarso Sanseverino, Presidente da Comissão Gestora de Precedentes, o qual teve por amparo, nesse ponto, o Parecer da Procuradoria-Geral da República.

O recurso repetitivo em tela comportou a discussão sobre a possibilidade ou não de inclusão da Taxa de Uso do Sistema de Transmissão de Energia Elétrica (TUST) e da Taxa de Uso do Sistema de Distribuição de Energia Elétrica (TUSD) na base de cálculo do ICMS sobre o consumo de energia elétrica, sendo que na decisão de afetação proferida em 31/08/2017, o Ministro Relator entendeu como adequada a qualificação do recurso, pelo Tribunal de origem, como representativo da controvérsia em virtude da tese que se pretendia firmar trazer a questão central supracitada, cuja discussão estava em consonância com o disposto no art. 1.036, §6º do CPC/2015, isto é, abrangente argumentação e discussão a respeito da questão a ser discutida.[29]

O critério em análise está intimamente ligado à fase de instrução e, nessa condição e para a sua conformação, é possível argumentar que o CPC/2015 prevê tanto a possibilidade de que sejam selecionadas manifestações de outros processos em que se discuta a controvérsia ou ser solicitada a remessa de outros recursos representativos de tribunais de justiça ou regionais federais (art. 1.037, III), como também a requisição de informações dos órgãos em que tramitem os processos repetitivos (art. 982, II) e, ainda, a coleta de argumentos e informações por meio da realização de audiências públicas, nas quais serão ouvidos os integrantes da sociedade civil e pessoas com experiência ou maior entendimento no tocante à temática a ser decidida

---

29 Vale transcrever o seguinte trecho: "Feito esse breve registro sobre parte das alterações regimentais atinentes aos recursos repetitivos, passo à análise precária formal do presente recurso qualificado pelo Tribunal de origem como **representativo da controvérsia**.

A Procuradoria-Geral da República, por meio do parecer de lavra do Subprocurador--Geral da República Antonio Fonseca, manifesta-se pela admissão do recurso como representativo da controvérsia. Conclui, em síntese, que:

'a matéria debatida no presente recurso enquadra-se por completo à tese representativa de controvérsia que se pretende firmar, pois traz como questão central justamente a discussão em torno da composição da base de cálculo para recolhimento do ICMS em relação às tarifas de transmissão e distribuição de energia elétrica (TUST e TUSD). Assim, está em consonância com o disposto no artigo 1.036, §6º do CPC/2015: somente podem ser selecionados recursos admissíveis que contenham abrangente argumentação e discussão a respeito da questão a ser decidida.'". (STJ. REsp 1.669.635/SP, Relator: Ministro Paulo de Tarso Sanseverino. Data de Julgamento: 31/08/2017, Data de Publicação: 15/09/2017.)

(art. 1.038). Assim, as situações relatadas contribuem, em sede de instrução processual, para a completude da discussão argumentativa, sendo relevante observa-las nos casos paradigmas.

Ademais, em atenção ao disposto na parte final do art. 1.036, *caput* do CPC/2015 – que atribui aos Regimentos Internos do STF e do STJ, no âmbito da organização de cada Tribunal, a disciplina quanto à aplicação de suas normas processuais em sede de julgamento de casos repetitivos – o STJ, buscando se adequar às inovações legislativas, promoveu a alteração do seu Regimento Interno por meio da Emenda Regimental 24, de 28 de setembro de 2016, tendo por principal modificação a regulamentação de todas as fases do recurso especial repetitivo, ou seja, desde a indicação do recurso representativo de controvérsia pelos Tribunais de origem, bem como pelo próprio STJ, até a revisão de tese.

Referida Emenda Regimental revogou a Resolução 8/2018 e, aprofundando o critério da abrangência argumentativa, dispôs no bojo art. 256, §1º, I, do Regimento Interno do STJ, sobre a seleção de recursos a partir da perspectiva daqueles que contivessem "maior diversidade de fundamentos no acórdão e de argumentos no recurso especial".

Sobre o tema, vale notar, a título de exemplo, a identificação do critério da abrangência argumentativa no tratamento da sistemática do julgamento dos recursos repetitivos, no âmbito da justiça do trabalho, na forma dos arts. 896-B e 896-C da CLT.[30] O tratamento da matéria foi abordado posteriormente pela Instrução Normativa n. 38 do Tribunal Superior do Trabalho (TST), editada pela Resolução 201, de 10 de novembro de 2015, que ao regulamentar o procedimento relativo ao incidente de julgamento dos recursos de revistas e de embargos repetitivos, dispôs no art. 4º que somente poderão ser afetados os recursos representativos da controvérsia que, a critério do relator, contenham abrangente argumentação e discussão a respeito da questão a ser decidida.

A importância do requisito da abrangência na argumentação a ser considerada para a afetação é reforçada pelo teor do art. 12 da Instrução Normativa 38, ao dispor que o conteúdo do acórdão paradigma abrangerá a análise de todos os fundamentos da tese jurídica discutida, favoráveis ou contrários, deixando claro, com isto, a necessária vinculação do ato decisório ao critério ora identificado, sobretudo como forma de controle da

30 Acrescentados pela Lei 13.015, de 21 de julho de 2014. O Ato 491/SEGJUD.GP, de 23 de setembro de 2014, editado pela Presidência do Tribunal Superior do Trabalho, fixou parâmetros procedimentais mínimos para dar efetividade à referida lei.

atuação Estatal. E, por fim, nessa linha de raciocínio, o parágrafo único do referido art. 12 veda ao órgão colegiado decidir, para os fins do art. 896-C da CLT, questão não delimitada na decisão de afetação, garantindo, pois, a coerência entre os pronunciamentos judiciais, isto é, a correlação decisória com a matéria objeto de afetação, inclusive, para fins de circunscrever a abrangência argumentativa.

Assim sendo, ao contrário do cenário de obscuridade que permeava o CPC/1973, a nova lei processual traz, ainda que de forma não expressa, mas por extração do entendimento contido no art. 1.036, §6º, o critério da abrangência argumentativa, sendo necessário frisar que as suas variações sob os aspectos quantitativo e qualitativo, como resultado de uma ilação que também se extrai do critério posto, deverão ser melhor entendidas na abertura a seguir, seja no primeiro caso, como identificação do volume e da diversidade de argumentos, seja no segundo, em razão do conteúdo e completude das alegações.

3.3.1.1 Aspecto quantitativo: volume e diversidade de argumentos

A primeira derivação do critério da argumentação abrangente diz respeito ao volume de argumentos que constam dos processos a serem selecionados para o julgamento sob o rito dos casos repetitivos, sejam eles recursos ou incidentes e, em perspectiva em paralelo, a diversidade de fundamentos que serão franqueados ao julgador para a construção da decisão futura.

Dessa forma, o ponto de partida do aspecto em exame é a vertente numérica, de modo que a abertura à admissão de uma variedade de alegações possa conduzir à possibilidade de análise de um número maior de argumentos. Assim, para que a decisão seja refletida de maneira coerente para outros processos repetitivos similares, é imperioso que as demandas selecionadas como representativas tenham se debruçado sobre todos, ou ao menos a maior parte, dos pontos de debate acerca da questão jurídica, isto é, com a máxima possibilidade de abordagem das alegações arguidas nos demais processos.

É cediço que os casos repetitivos, em grande parte, apresentam discussões de questões comuns, a exemplo da negativação nos cadastros de restrição de crédito e, em razão da dinâmica em que são levados ao Judiciário, refletem também a existência de argumentos em grande parte similares, os quais, portanto, apresentam uma modelagem padrão. É a partir desse cenário que a importância do aspecto quantitativo se denota, uma vez que dentre os processos repetitivos, há aqueles em que apenas uma parte de argumentos é vislumbrada e outros em que a questão é discutida de forma mais abrangente, ou seja, com a apresentação de variadas teses e alegações.

Na verdade, sob a ótica do microssistema de julgamento de demandas repetitivas, esse viés é extraído a partir da fraseologia constante do art. 1.036, §6º do CPC/2015 "abrangente argumentação e discussão a respeito da questão a ser decidida", a qual é refinada pelo art. 256, §1º, I do RISTJ ao prever que a seleção de recursos representativos da controvérsia deva levar em conta, preferencialmente, "a maior diversidade de fundamentos constantes do acórdão e dos argumentos do recurso especial".

Para Antônio do Passo Cabral, ao abordar os riscos de construção de uma tese jurídica que não tenha por base o desenvolvimento do maior número possível de argumentos, adverte para o fato de que a decisão pode se revelar equivocada justamente pela ausência de análise de todos os pontos de vista, em especial, daqueles argumentos que poderiam conduzir o Tribunal a uma decisão diversa.[31] Nessa linha, a decisão e, portanto, a tese jurídica não se revelaria adequada à aplicação a casos futuros.

Segundo Leonardo Carneiro da Cunha, se não houve um amadurecimento do assunto ou o aprofundamento da discussão (com exceção da hipótese do incidente preventivo), há um grande risco de dissensos, sem esquecer da possibilidade de se verificar, em decorrência dessa análise desprendida da completude, uma decisão menos eficiente diante do surgimento de novos argumentos que não foram debatidos ou imaginados no momento inicial de fixação da tese jurídica.[32]

Nesse ponto, a decisão paradigma reclama a seleção de um grupo mais dilatado de argumentos e fundamentos dos processos originários, seja na visão do autor ou na perspectiva do réu, esperando-se que tenham sido debatidos no curso processual visando o amadurecimento da discussão[33] e, então, a fixação de contornos sólidos para reduzir ou quiçá eliminar as

31 CABRAL, Antônio do Passo. A escolha da causa-piloto nos incidentes de resolução de processos repetitivos. *In*: DIDIER JR., Fredie; CUNHA, Leonardo Carneiro da (coord.). **Julgamento de casos repetitivos.** Salvador: Juspodivm, 2017, p. 49.

32 CUNHA, Leonardo Carneiro da. Anotações sobre o incidente de resolução de demandas repetitivas previsto no projeto do novo código de processo civil. **Revista de Processo**, São Paulo, v. 36, n. 193, p. 255-279, mar. 2011, p. 262.

33 Nesse sentido, Ronald Dworkin assevera que: "O problema que surge em todos os casos é saber se os assuntos em discussão estão maduros para uma decisão judicial e se a decisão judicial resolveria esses assuntos de forma a diminuir a probabilidade de (ou eliminar as razões para) novos dissensos." (DWORKIN, Ronald. **Levando os direitos a sério.** 3. ed. Tradução: Nelson Boeira. São Paulo: Martins Fontes, 2010, p. 337.)

chances de novos dissensos, dado o objetivo final de pacificação da questão controversa.

Assim, a fim de se evitar a arguição de ausência de correlação entre a decisão proferida em relação aos casos que ainda serão objeto de julgamento, é que se reforça a importância de atenção ao viés do critério da argumentação abrangente que ora se aborda. A arguição quanto à hipótese de *distinguishing*, segundo Antônio do Passo Cabral, "teria fundamento na omissão do Tribunal julgador em considerar certos argumentos que, não debatidos, impediriam que a tese jurídica fosse aplicada porque aquele caso seria 'diverso', devendo ser apreciado à luz daqueles argumentos não analisados quando do julgamento do incidente".[34]

Ainda sobre a hipótese da decisão sobre os pontos em disputa, ou seja, quando os temas ainda não estão amadurecidos ou ainda comporte algum tipo de dissenso, Leonardo Carneiro da Cunha assevera que tal não estabelece, de maneira irrefutável, a *ratio decidendi* a ser seguida, dado que a questão permanece em aberto e sujeita a novos questionamentos, que terão como ponto de partida novos argumentos ainda não avaliados e sob os quais não houve reflexão por parte do Tribunal.[35]

Nessa perspectiva, admite-se a possibilidade de dissensos até determinado momento processual, ou seja, até que as questões sejam maturadas. A partir desse exaurimento, surge-se a oportunidade da análise para

---

34 CABRAL, Antônio do Passo. A escolha da causa-piloto nos incidentes de resolução de processos repetitivos. *In*: DIDIER JR., Fredie; CUNHA, Leonardo Carneiro da (coord.). **Julgamento de casos repetitivos.** Salvador: Juspodivm, 2017, p. 49.

35 Vale destacar o seguinte trecho: "Em qualquer assunto, o dissenso inicial gera ambivalência, incerteza e, até mesmo, ignorância a respeito da amplitude das questões envolvidas e de suas implicações na vida de cada um dos sujeitos interessados no tema. A essa altura, quando ainda se iniciam as discussões e se instaura a polêmica, ainda não se chegou ao melhor momento para que o tribunal se posicione e fixe uma tese jurídica a ser aplicável a casos futuros. Tolerar o dissenso por algum tempo é, na verdade, uma maneira de permitir que o debate continue até que se alcance maior clareza sobre o assunto. Uma decisão sobre os pontos em disputa, que fixe a tese jurídica para casos futuros, não estabelece, de uma vez por todas, a *ratio decidendi* a ser seguida, ficando a questão em aberto e sujeita a novos questionamentos, com a apresentação de outros argumentos ainda não apreciados e sobre os quais não houve reflexão, análise, ponderação, exame pelo tribunal. É manifestamente alto o risco de haver sucessivas decisões afastando a aplicação do precedente, em razão de algum *distinguishing*, *overruling* ou *overriding*." (CUNHA, Leonardo Carneiro da. Anotações sobre o incidente de resolução de demandas repetitivas previsto no projeto do novo código de processo civil. **Revista de Processo**, São Paulo, v. 36, n. 193, p. 255-279, mar. 2011, p. 262-263.)

proferimento da decisão, quando a fixação da tese jurídica será factível de ser extraída à luz da completude da discussão, no que toca à análise dos argumentos. Se assim não for, mais uma vez se observa um evidente espaço para se suscitar o afastamento do precedente a partir de decisões sucessivas com aplicação do *distinguishing* ou do *overruling*.

Por fim, a diversidade de argumentos, ainda enquanto leitura quantitativa que se extrai do citado art. 256, §1º, I do RISTJ, apesar de não ter constado da redação final do art. 1.036, §6º do CPC/2015, é um dos aspectos que devem ser ponderados juntamente com a qualidade de argumentos, nele prevista.

Com efeito, uma vez que a decisão no julgamento dos casos paradigmas serão aplicadas a inúmeros processos, com a possibilidade de avaliar a questão jurídica sob a ótica de um rol diversificado de argumentos, por certo se emprestará uma necessária visão pluralista a estes julgamentos, os quais terão por base não apenas uma variedade de pontos de vista, mas também de perspectivas argumentativas apreciadas pelo julgador.

3.3.1.2 Aspecto qualitativo: conteúdo e completude das alegações

Sob o viés da qualidade da argumentação, o CPC/2015 ao prever, no bojo do art. 1.036, §6º, a limitação para seleção de recursos que contenham "abrangente argumentação e discussão a respeito da questão a ser decidida", trouxe a obrigatoriedade de que os processos selecionados tenham, em seu substrato, um conteúdo abrangente e amplo de arguições e de teses, isto é, com densidade. A finalidade, portanto, está em promover uma discussão aberta e eficiente a respeito da questão jurídica que será julgada.

A abrangente argumentação a respeito da questão jurídica quer demonstrar que a escolha dos processos deve ter como parâmetro a ideia de municiar o Tribunal com um material vasto e rico onde contenham múltiplas alegações advindas dos processos repetitivos desde a origem de sua tramitação, ou seja, que vem sendo invocados desde as instâncias inferiores.

Na linha do conteúdo, o agrupamento de processos repetitivos deverá levar em conta a questão central discutida, ou seja, a mais abrangente, sempre que a análise desta for prejudicial a discussão quanto às questões secundárias, as quais se consubstanciam em outras alegações ventiladas nos feitos. Essa previsão constava do art. 1º, §2º da Resolução 8/2008 do STJ, e foi revogada por meio da Emenda Regimental 24/2016, que trouxe em seu lugar a previsão constante do art. 256, §1º, II do RISTJ, que direcionou a seleção de processos, sob a ótica do conteúdo das alegações, atentando-se preferencialmente "a questão de mérito que puder tornar prejudicadas outras questões suscitadas no recurso especial".

Essa conformação do critério em seu viés qualitativo ligado à abrangência da discussão da questão pode ser notada em alguns julgados do STJ, a exemplo do REsp 976.836/RS[36], cuja relatoria foi Ministro Luiz Fux, sendo pacificada a matéria por meio da tese jurídica firmada no sentido de que "o repasse econômico do PIS e da COFINS, nos moldes realizados pela empresa concessionária de serviços de telefonia, revela prática legal e condizente com as regras de economia e de mercado, sob o ângulo do direito do consumidor". Em verdade, sobre esse tema, o recurso especial originariamente afetado ao rito dos repetitivos foi o REsp 1.008.533/RJ[37], que se referia à aplicação do art. 42, parágrafo único, do CDC[38] à hipótese de repetição dos valores que se alegava como repassados indevidamente ao consumidor, nas contas de telefone, a título de PIS/COFINS. Contudo, em razão da questão debatida no REsp 976.836/RS ser mais abrangente do que aquela constante no REsp 1.008.533/RJ, por versar sobre a discussão da própria legalidade (questão anterior) e sendo a eventual repetição de indébito dela decorrente, o Ministro promoveu a substituição do caso paradigma, em atenção ao critério ora abordado.

Ademais, a variante qualitativa do critério da argumentação abrangente busca evidenciar a necessidade de seleção de causas que tenham sido desenvolvidas de maneira clara, com uma linha argumentativa bem articulada e cuja abordagem tenha primado por um desencadeamento lógico de ideias e teses.

Assim sendo, se espera que considerando um número acentuado de ações judiciais e em atenção à técnica processual, sejam selecionadas aqueles casos nos quais tenha se verifique que os autos processuais gozam de dedicação a um vernáculo adequado e coerente, permeado de concisão na exposição da matéria e em observância às regras ortográficas da língua portuguesa, mesmo porque os feitos serão avaliados pelos tribunais os quais,

---

36 STJ. REsp 976.836/RS, Relator: Ministro Luiz Fux. Primeira Seção, Data de Julgamento: 25/08/2010, Data de Publicação: DJe 05/10/2010.

37 STJ. REsp 1.008.533/RS, Relator: Ministro Luiz Fux. Primeira Seção, Data de Julgamento: 20/10/2010, Data de Publicação: DJe 12/11/2010.

38 O dispositivo prevê que o consumidor cobrado em quantia indevida tem direito à repetição do indébito, por valor igual ao dobro do que pagou em excesso, acrescido de correção monetária e juros legais, salvo hipótese de engano justificável.

diante do volume de atuação com reduzida estrutura, terão a atividade focada sobretudo com este parâmetro.

Para a averiguação desse requisito, é necessária a observação da qualidade da peça de IRDR ou do recurso, bem como do contexto no qual tais instrumentos estão inseridos. Assim, o órgão julgador deverá selecionar os processos em que os subsídios destinados à instrução, de ordem fática e jurídica, de modo a conduzir o julgamento a partir da perspectiva mais precisa possível não apenas da questão jurídica repetitiva, mas também da controvérsia que sobre ela paira, inclusive para, se for o caso, realizar distinções posteriormente.

O órgão julgador, portanto, observará a qualidade da argumentação não apenas na peça recursal, mas em outros instrumentos eventualmente constantes dos autos como uma decisão recorrida, peça de contrarrazões, etc. Evidentemente, um caso pode não conter todas as peças mais adequadas à representação da controvérsia, razão pela qual o órgão a quo, por exemplo, poderá encaminhar ao tribunal tantos recursos quantos forem necessários, contendo cada um deles, por exemplo, um ou mais dos instrumentos citados com clareza e qualidade.

Nessa perspectiva, a atividade de seleção exige bastante prudência, posto que é dos autos dos processos selecionados que se extrairão os elementos para o julgamento acerca da questão jurídica em controvérsia repetitiva. Por conta disso, é indispensável fornecer aos tribunais competentes aqueles processos que contenham todos os elementos fáticos e jurídicos reputados necessários à adequada compreensão da questão de direito em debate e, portanto, do litígio ao qual ela está vinculada. Por esse viés, Eduardo Talamini assevera que se deve levar em conta não só as petições constantes do processo, mas também outras peças relevantes a exemplo de ser um recurso selecionado "por ter a peça recursal mais clara e precisa, outro pela qualidade das contrarrazões, um terceiro por conter acórdão mais bem fundamentado, etc.".[39]

Há de se concordar com o alerta feito por Antônio do Passo Cabral quanto à cautela a ser tida na leitura desse aspecto de modo a não o firmar como uma "barreira elitista à admissão do processo", lembrando ainda que talvez esta tenha sido a preocupação do legislador ao não prever a "qualidade" da argumentação como um critério expresso, em linha com o que se destacou anteriormente. E segue, referido autor, destacando que "nem

---

39 TALAMINI, Eduardo. Repercussão geral em recurso extraordinário: nota sobre sua regulamentação. **Revista Dialética de Direito Processual**, São Paulo, v. 54, p. 56-68, set. 2007, p. 61.

sempre processos com longas divagações, ou mesmo redigidos dentro das mais estritas regras ortográficas da língua portuguesa, correspondem ao que se pode definir como 'argumentação de qualidade'".[40] Logo, recomenda-se sempre razoabilidade durante o exercício da função seletiva.

Por outro lado, a qualidade na argumentação deve ser avaliada a partir das alegações formuladas pelas partes e demais intervenientes do processo, como o *amicus curiae*, por meio das petições apresentadas ou mesmo por meio do uso da palavra em sustentação oral, sendo que o eventual conteúdo de citações à doutrina, decisões judiciais e a jurisprudência devem ser avaliados de forma persuasiva, mas não vinculante quanto ao critério qualitativo. Nesse sentido, também o conteúdo das sentenças, no IRDR, e dos acórdãos, no caso dos recursos repetitivos, devem ser sopesados sob a ótica da fundamentação abalizada.

Contudo, ainda como derivação do aspecto qualitativo em seu viés de abrangência, tem-se a seleção de processos que caminham ou que tiveram julgamentos opostos sobre uma mesma questão de direito. Esse é um ponto que atribui substância para o julgamento sob o rito aplicável aos casos repetitivos, sob o aspecto da necessidade de fornecer ao julgador, dentre o volume de demandas selecionadas, um consolidado consistente que contenha manifestações diversificadas e que representem cada uma dessas posições. Trata-se, pois, de buscar, a partir do debate de teses opostas, o equilíbrio e a ampliação da extensão dos argumentos, daí o porquê de evidenciar a pertinência dessa questão no aspecto da abrangência.

Com efeito, considerando o volume de processos selecionados, dentre estes, também se verificará a presença de processos com divergência de teses. Sob esse prisma, o RISTJ prevê, no seu art. 256, §1º, III que os recursos a serem selecionados deverão notar, preferencialmente, "a divergência, se existente, entre órgãos julgadores do Tribunal de origem, caso em que deverá ser observada a representação de todas as teses em confronto".

De acordo com José Miguel Garcia Medina e Teresa Arruda Alvim Wambier, a riqueza argumentativa estaria também presente na conjuntura de teses contrapostas acerca de um determinado problema jurídico. Portanto, não se exige a convergência de teses, mas a existência de processos que contenham a discussão da questão jurídica em sentido contrário e favorável a uma determinada orientação, os quais apresentariam, de modo amplo, os dois

40 CABRAL, Antônio do Passo. A escolha da causa-piloto nos incidentes de resolução de processos repetitivos. *In*: DIDIER JR., Fredie; CUNHA, Leonardo Carneiro da (coord.). **Julgamento de casos repetitivos.** Salvador: Juspodivm, 2017, p. 50-51.

pontos de vista, a exemplo do caso de recursos que versam sobre a legalidade de cobrança de um tributo federal, seja com tese favorável à legalidade da cobrança, no caso daquele interposto pela União, ou com sustentação em sentido contrário, no caso de irresignação conduzida pelo contribuinte.[41]

Luiz Rodrigues Wambier e Rita de Cássia Corrêa Vasconcelos, além de ponderar o viés quantitativo a partir do volume de argumentos, já que os recursos selecionados deveriam conter o maior número de fundamentos para propiciar a mais plena compreensão da questão de direito neles versada, ainda frisaram, também levando em conta a necessidade de debate e o completo conhecimento sobre a questão jurídica comum, para a linha da diversidade dessas alegações, isto é, da presença, inclusive, de linhas argumentativas em sentidos contrários.[42]

Para Vitor Toffoli, analisando a seleção dos recursos repetitivos, destacou que "havendo decisões em sentidos opostos, necessariamente deverão estar entre os recursos paradigmas uma que representa cada posição".[43] Deixou claro, portanto, a aspecto de imprescindibilidade na seleção de processos com decisões opostas – se houver –, de forma a possibilitar uma análise mais ampla com a reflexão sobre todos os pontos de vista que exsurgem da questão jurídica.

De igual modo, no caso do IRDR, a seleção dos casos paradigmas deve se pautar pelos processos que apresentem variedade de argumentos contrários e favoráveis à questão de direito em debate. Na verdade, o aspecto de importância em se levar em conta todos os argumentos jurídicos, favoráveis e contrários, além de ter como razão o resguardo à futura conformação do

---

41 MEDINA, José Miguel Garcia. WAMBIER, Teresa Arruda Alvim. Sobre o novo art. 543-C do CPC: sobrestamento de recursos especiais "com fundamento em idêntica questão do direito". **Revista de Processo**, São Paulo, v. 33, n. 159, p. 215-221, mai. 2008, p. 217.

42 "(...) devem ser selecionados os recursos que melhor retratarem a questão discutida, independentemente de as decisões recorridas serem num mesmo sentido. Evidentemente, havendo acórdãos em sentidos opostos, devem ser selecionados recursos representativos em cada um dos sentidos, pois a simples existência de decisões antagônicas no âmbito dos tribunais locais já traduz a diversidade de fundamentos a justificar a análise e julgamento pelo Tribunal Superior. Espera-se, portanto, que sejam encaminhados ao STJ os recursos que permitam, tanto quanto possível, o conhecimento completo da controvérsia estabelecida nas instâncias ordinárias." (WAMBIER, Luiz Rodrigues; VASCONCELOS, Rita de Cássia Corrêa de. Recursos especiais repetitivos: reflexo das novas regras - Lei 11.672/2008 e Resolução 8 do STJ - nos processos coletivos. **Revista de Processo**, v. 33. n. 163, p. 28-49, set. 2008, p. 33.)

43 TOFFOLI, Vitor. Recursos especiais repetitivos: critérios de seleção dos recursos paradigmas. **Revista de processo**, São Paulo, v. 36, n. 197, p. 271-295, jul. 2011, p. 284.

precedente judicial, advém do impositivo dever de consideração que se extrai do art. 489, §1º, IV do CPC/2015, que assegura como imprescindível para a caracterização de uma decisão como fundamentada, que tenham sido enfrentados, então, todos os argumentos deduzidos no processo capazes de, em tese, infirmar a conclusão adotada pelo julgador.

Em outras palavras, o art. 489, §1º, IV do CPC/2015, interpretado a *contrário senso* – visto que embora não estabeleça quais são os requisitos a serem atendidos para que a decisão judicial seja tida como fundamentada, ratifica quando ela não o é – determina o enfrentamento de todos os argumentos jurídicos relevantes, contra e a favor do entendimento consubstanciado no processo pelas partes ou na decisão recorrida, os quais, constantes dos casos concretos, dão azo não apenas ao requisito da completude das alegações, mas constroem, desde logo, um lastro para a futura formação da tese jurídica e a sua corporificação enquanto precedente.

3.3.2 Contraditório efetivo: aderência ao modelo comparticipativo

O critério do contraditório efetivo traz ao contexto da seleção dos casos que servirão de base para a avaliação da questão jurídica, a atenção ao aspecto da dialética que deve permear os atos processuais, isto é, a garantia de que os sujeitos do processo, e até mesmo o juiz, podem e devem manifestar a sua colaboração por meio das informações e posicionamentos, com vistas à coerente instrução do feito.

Em linha com a concepção de viabilização recíproca entre os critérios, destaca-se que a argumentação abrangente é importante "roldana" na engrenagem do critério em tela, posto que a partir da viabilização da fundamentação pelo órgão julgador, efetiva-se o aprimoramento do sistema e a leitura do contraditório dinâmico.[44]

44 Dierle Nunes sustenta que: "Apesar desta premissa do CPC/2015 inovar o atual panorama de aplicação, em face do equivocado entendimento de não caber ao juiz a análise de todos os argumentos suscitados pelas partes, sua função contrafática é aprimorar o sistema e a leitura do contraditório dinâmico impondo o dever de se levar em consideração os argumentos das partes (*Rechtauf Berücksichtigung von ÄuBerugen*), atribuindo-se ao magistrado não apenas o dever de tomar conhecimento das razões apresentadas (*Kenntnisnahmepflicht*), como também o dever de considera-las séria e detidamente (*Erwägungspflicht*)." (NUNES, Dierle. Do julgamento dos recursos extraordinário e especial repetitivos: comentários aos artigos 1.036 a 1.041. *In*: WAMBIER, Teresa Arruda Alvim; DIDIER JR., Fredie; TALAMINI, Eduardo; DANTAS, Bruno (coord.). **Breves comentários ao novo código de processo civil.** 3. ed. São Paulo: Revista dos Tribunais, 2016, p. 2.585.)

A redação do art. 1.036, §6º, do CPC/2015 parece ter se inclinado para a admissão do critério ora abordado, haja vista que além de dispor sobre a abrangência da argumentação, ainda firmou, de modo expressa, a abrangência da "discussão". Desta maneira, a imprescindibilidade de observância ao princípio do contraditório também restou consagrada, porquanto que o debate de teses e antíteses abre espaço notadamente inclusivo e confere extensão dialógica ao Tribunal para que, então, possa dar uma resposta à controvérsia sobre a questão jurídica.

Com efeito, a partir de uma avaliação sistêmica quanto às previsões constantes do CPC vigente, mostra-se perceptível um enfoque sobre o desenvolvimento do contraditório de modo efetivo, em atenção aos direitos dos cidadãos potencialmente atingidos pela futura decisão, sobretudo pela busca por um aperfeiçoamento do sistema caracterizado como comparticipativo ou cooperativo, por meio do qual as partes e demais interessados atuam com ampla supervisão e vigilância sobre o procedimento, com vistas à obtenção de um resultado final coerente com o debate processual realizado.[45]

Nesse sentido, espera-se que o Tribunal considere que o processo se desenvolve em um modelo comparticipativo ou sob uma visão cooperativa no qual se afiance a efetiva e isonômica participação de todos os sujeitos processuais interessados, os quais, agindo em colaboração com o juiz, o coloque em condições de, no exercício de seu mister, considerar todas as contribuições de fundo probatório e argumentativo necessários à decisão, traduzindo verdadeiro ambiente de democracia processual. Não se afasta a posição supra e inter partes classicamente exercida pelo magistrado, como decorrência do processo heterocompositivo de resolução de conflitos, mas se afirma o seu dever de construir a decisão com base em critérios intersubjetivamente pensados e trazidos ao processo, podendo contribuir com a sua visão de integridade do sistema jurídico e com o que o mundo empírico apresenta de relevante para o julgamento da demanda.[46]

---

45 THEODORO JÚNIOR, Humberto; NUNES, Dierle; BAHIA, Alexandre Melo Franco; PEDRON, Flávio Quinaud. **Novo CPC:** fundamentos e sistematização. 3. ed. Rio de Janeiro: Forense, 2016, p. 217.

46 Sobre o princípio da cooperação, Alexandre de Freitas Câmara assinala: "O modelo constitucional de processo impõe, assim, um processo comparticipativo, policêntrico, não mais centrado na pessoa do juiz, mas que é conduzido por diversos sujeitos (partes, juiz, Ministério Público), todos eles igualmente importantes na construção do resultado da atividade processual. Consequência disso é o assim chamado *princípio da cooperação*, consagrado no art. 6º: 'Todos os sujeitos do processo devem cooperar entre si para que se obtenha, em tempo razoável, decisão de mérito justa e efetiva.' (...)

Pelo contexto em questão, pode-se apontar, como primeira face do contraditório efetivo, aquela que se dirige a garantir a atenção ao critério da abrangência da argumentação, expressa através do papel exercido pelo juiz em sua função de enfrentar, de maneira pormenorizada, as questões levadas ao Judiciário.

Por conseguinte, suplantando a concepção advinda do CPC/1973 e que já se encontrava em acentuado declínio, o CPC/2015 passa a exigir que o juiz abandone a postura anterior de se debruçar apenas sobre os argumentos que entendia necessários à decisão deixando à margem da decisão, então, outras alegações dos litigantes, para uma postura de enfrentamento de todas as razões levantadas nos autos.

Assim, para a seleção de determinados processos sob o aspecto do dever de atenção do juiz, enquanto primeiro viés desse critério, somente devem ser selecionados aqueles feitos cuja questão foi, além de largamente debatida pelas partes, pontualmente analisada na decisão. Essa é a visão esperada de contraditório efetivo sob o ponto de vista do julgador, dado que, nessa condição, afasta qualquer alegação de postura arbitrária no sentido de ignorar a argumentação dos litigantes.[47] O dever de consideração refere-se a sopesar as razões argumentativas trazidas ao processo, ainda que não as utilize diretamente no racional da decisão.

Sob o viés dos sujeitos do processo, o foco é o equilíbrio das posições processuais, posto que se houve a apresentação pelo autor de uma demanda com pretensão consistente no aspecto argumentativo, cumprindo, portanto, com seu ônus processual de formular sua demanda de modo claro e determinado – já que, se obscura, será inepta e, portanto, indeferida nos termos do art. 330, I, e §1º, do CPC/2015 –, do outro lado, por um dever de simetria, há de se esperar que a carga defensiva seja paritária, sob pena de despro-

---

O princípio da cooperação deve ser compreendido no sentido de que os sujeitos do processo vão 'co-operar', operar juntos, trabalhar juntos na construção do resultado do processo. Em outros termos, os sujeitos do processo vão, todos, em conjunto, atuar ao longo do processo para que, com sua participação, legitimem o resultado que através dele será alcançado. Só decisões judiciais construídas de forma comparticipativa por todos os sujeitos do contraditório são constitucionalmente legítimas e, por conseguinte, compatíveis com o Estado Democrático de Direito." (CÂMARA, Alexandre de Freitas. **O novo processo civil brasileiro.** 5. ed. São Paulo: Atlas, 2019, p. 11-12)

47 CABRAL, Antônio do Passo. A escolha da causa-piloto nos incidentes de resolução de processos repetitivos. *In*: DIDIER JR., Fredie; CUNHA, Leonardo Carneiro da (coord.). **Julgamento de casos repetitivos.** Salvador: Juspodivm, 2017, p. 54.

porcionalidade nas posições processuais e deficiências ao contraditório e, por conseguinte, à decisão.

Os ônus processuais em destaque consagram um princípio maior, qual seja, o da boa-fé objetiva, cuja concepção é a de uma norma geral inerente ao ordenamento processual pátrio, consagrada no art. 5º do CPC/2015 e, sua decorrência, por conseguinte, traduzida na cooperação processual disposta no art. 6º do mesmo diploma, enquanto dever para que todos os sujeitos do processo cooperem entre si para o fim de se obter, em tempo razoável, decisão de mérito justa e efetiva.[48]

Em outras palavras, para esse segundo aspecto, o objetivo é resguardar a efetividade do ambiente discursivo, de modo que sob essa visão, deverão ser rejeitados os processos em que a hipótese de revelia, ou seja, ausência de impugnação, se verificou.

Ademais, outro ponto do mesmo modo relevante é a rejeição de processos com carga defensiva baixa, claramente perceptível nas situações em que a peça de contestação não observa atenção ao ônus processual (impróprio) do réu apresentar sua defesa de modo específico em relação as alegações do autor (art. 341 do CPC/2015), seja porque houve desídia de sua parte, ou ainda nas hipóteses em que excepciona o ônus processual citado, consubstanciado nos casos de contestações por negativa geral que podem ser apresentadas pelo defensor público, advogado dativo e curador especial, como está previsto no art. 341, parágrafo único do CPC/2015.[49]

Em resumo, em relação ao juiz, se a sentença não tiver enfrentado todos os argumentos levantados pelas partes, por certo, o processo a que esta se refere não deverá ser considerado para fins de seleção, já que a decisão não gozará de um debate efetivo em atenção ao princípio do contraditório. Por outro lado, quanto aos sujeitos, os déficits possíveis ao contraditório devem ser afastados com a desconsideração de processos em que tenha ocorrido a revelia, ou ainda, com baixa densidade defensiva.

48 LOURENÇO, Haroldo. **Manual de Direito Processual Civil**. Rio de Janeiro: Forense, 2013, p. 30-35.

49 Em complemento, lembra-se que o curador especial e o advogado dativo, conforme dispõe o art. 5º, §§ 3º e 4º da Lei 1.060/1950, uma vez que assumem a causa em condições peculiares se comparados com a advocacia privada ou pública, estão dispensados quanto ao ônus processual da defesa especificada dos fatos. Isso porque em muitas ocasiões, tais profissionais não tiveram qualquer contato pessoal com os respectivos réus, de modo que se a situação fosse diversa, poderiam obter informações necessárias para a elaboração de uma defesa específica.

3.3.3 Afetação subjetiva: participação e legitimidade dos sujeitos

O sujeito assume papel de destaque no momento da seleção dos casos paradigmas que servirão de base para a futura definição da tese jurídica, a qual, por sua vez, será referência para o julgamento dos demais processos repetitivos sobre a mesma questão jurídica.

Na perspectiva de harmonização entre os critérios e de sua complementação recíproca, há de se notar o importante aspecto de vinculação entre o critério ora abordado e a abrangência argumentativa, uma vez que a definição acerca das possibilidades de atuação dos sujeitos tem peso indubitável sobre a instrução processual com vistas à coerente conformação da decisão a ser proferida pelo órgão julgador. Para Sofia Temer "é relevante a escolha dos melhores sujeitos condutores, a participação dos sujeitos sobrestados e dos *amici curiae*, e a atuação do Ministério Público, porque a pluralidade argumentativa é que legitimará democraticamente a decisão".[50]

Contudo, é válido frisar que apesar do CPC/2015 prever pontos gerais sobre os sujeitos processuais no IRDR, tais como a previsão dos legitimados para requerer a instauração (art. 977), a intervenção obrigatória do Ministério Público (art. 976, §2º) e a oitiva das partes e de outros interessados, além da participação do *amicus curiae* (arts. 138, 983 e §1º, 984, II), é certo que não se debruçou sobre os critérios para seleção daqueles que conduzirão o debate de modo direto e em representação aos demais, ou seja, daqueles sujeitos que terão maiores condições de influenciar na formação da tese jurídica.

A conformação desse critério está pautada na legitimidade e pluralidade subjetiva, de modo que os sujeitos participantes dos processos selecionados terão maior poder de influenciar a futura decisão da questão jurídica em debate e, assim, conferir aos sujeitos não participantes diretamente no julgamento, com redução de possíveis objeções, incidência e plena validade da tese firmada.

Assim, a ampliação da possibilidade de intervenção subjetiva no julgamento de casos repetitivos estaria a garantir o pluralismo na decisão, mesmo porque no contexto processual pátrio, as oportunidades de manifestação durante esse julgamento são mais dilatadas para as partes que advém dos processos originários, do que para os demais intervenientes.

No caso do IRDR, por exemplo, nos termos do art. 984, II do CPC/2015, o tempo a ser conferido para sustentação oral para o autor e o réu do processo

50 TEMER, Sofia. **Incidente de resolução de demandas repetitivas.** 3 ed. Salvador: Juspodivm, 2018, p. 209.

originário, assim como para o Ministério Público, será de 30 (trinta) minutos, enquanto que os demais interessados terão o mesmo prazo divididos entre todos, que poderá – isto é, não necessariamente – ser ampliado, a depender do número de inscritos.

Trata-se de um requisito que está intimamente ligado ao contraditório e a representação processual: enquanto que em relação ao primeiro o fomento à participação de variados sujeitos no processo tem por objetivo a redução das possibilidade de um contraditório deficitário, no tocante ao segundo, quanto maior o número de sujeitos, tanto maior será a atratividade visando a atuação de legitimados extraordinários, em razão da amplitude decisória sobre conflitos que tenham flagrantemente o condão de conduzir a uma decisão final com repercussão de massa.

O critério relacionado ao sujeito poderia sofrer questionamentos face à tentativa – ora posta como hipótese – de se argumentar a sua aplicabilidade apenas ao julgamento dos recursos repetitivos, posto que neste há uma efetiva decisão dos casos afetados, ao passo que no IRDR os casos apenas serviriam de transporte para a discussão jurídica. Contudo, não se reputa válida a conclusão em tela, considerando que o mais relevante no julgamento dos recursos repetitivos não é o caso concreto, mas a resolução da questão jurídica ante a conformação do microssistema de julgamento de demandas repetitivas.

Nessa perspectiva, o papel do sujeito, portanto, incide de igual maneira nos diversos procedimentos atinentes à espécie, ou seja, enquanto um filtro de seleção válido e cujo escopo, neste aspecto, é a garantia da escolha das causas representativas que correspondam aos anseios dos demais sujeitos não participantes, partindo do pressuposto de que a pluralidade subjetiva permitirá um debate mais amplo da questão jurídica, em vista do diálogo de tese e antíteses, de argumentos distintos e dos pontos de toque e de afastamento entre eles, num verdadeiro diálogo plural.

3.3.3.1 A atuação em litisconsórcio e a figura do amicus curiae

Nessa senda, desponta a figura processual do litisconsórcio como importante vetor a ser considerado no critério sob análise, de modo que havendo pluralidade de sujeitos e um ou nos dois polos da relação jurídica processual em reunião para litigar em conjunto, referida causa deve ser optada em relação a um processo com singularidade de autor e réu.

Por outro lado, essa pluralidade de sujeitos deve abranger não apenas os autores ou réus, mas também os demais interessados e intervenientes, como o *amicus curiae* ("amigo da corte"), o qual na condição de terceiro e que tem um interesse maior do que o das partes inicialmente envolvidas no processo, nele ingressa com o intuito de fornecer subsídios e demais elementos de convicção ao órgão jurisdicional para o julgamento da causa.

A esse respeito, o STF, no julgamento da ADI 2.130, considerou o *amicus curiae* como fator de legitimação de suas decisões, por reconhecer a sua atuação em prol de uma pluralização do debate constitucional em virtude de fornecer todos os elementos informativos necessários à resolução da controvérsia.[51]

É nesse aspecto de pluralizar o debate da questão jurídica no âmbito processual e, assim, conferir legitimidade social às decisões do próprio Tribunal em sede de resolução de demandas repetitivas, é que se observa o critério sob análise, dado viabilizar, em atenção ao princípio democrático, a possibilidade de participação de instituições ou entidades que de modo efetivo representem os interesses de uma coletividade, isto é, de valores de classes, grupos ou de camadas sociais.[52] Daí a afirmação de que, dentre as

---

51 A ADI 2.130 foi promovida pelo Governador do Estado de Santa Catarina com o objetivo de ver declarada a inconstitucionalidade de decisão administrativa proferida pelo Órgão Especial do Tribunal de Justiça Local que determinou ao Desembargador-Presidente efetuar o pagamento de determinadas verbas aos Desembargadores, em referência ao princípio da equivalência remuneratória em relação aos Deputados Estaduais. Em relação à atuação do Estado de Santa Catarina na condição de *amicus curiae* e, portanto, reforçando a importância dessa participação, o então Relator Ministro Celso de Mello registrou: "A regra inscrita no art. 7º, § 2º da Lei nº 9.868/99 - que contém a base normativa legitimadora da intervenção processual do *amicus curiae* - tem por objetivo pluralizar o debate constitucional, permitindo que o Supremo Tribunal Federal venha a dispor de todos os elementos informativos possíveis e necessários à resolução da controvérsia. Vê-se que a aplicação da norma legal em causa - que não outorga poder recursal ao *amicus curiae* - não só garantirá maior efetividade e legitimidade às decisões deste Tribunal, mas, sobretudo, valorizará sob uma perspectiva eminentemente pluralística, o sentido essencialmente democrático dessa participação processual, enriquecida pelos elementos de informação e pelo acervo de experiências que esse mesmo *amicus curiae* poderá transmitir à Corte Constitucional, notadamente em um processo - como o de controle abstrato de constitucionalidade - cujas implicações políticas, sociais, econômicas, jurídicas e culturais são de irrecusável importância e de inquestionável significação". (STF. ADI 2130/SC, Relator: Ministro Celso de Mello. Data de Julgamento: 28/08/2001, Data de Publicação: 04/09/2001.)

52 Há de se registrar que o interesse que se exige desses órgãos ou entidades não necessariamente se configura como um interesse próprio na fixação da tese jurídica, ou seja, basta a existência de um interesse institucional visando a melhor solução da controvérsia. Sobre a temática, vale citar: BARROSO, Luís Roberto. *O controle de*

condições objetivas para admissão do *amicus curiae* está a importância da causa que deve ir além do interesse das partes, isto é, sob o viés da repercussão transindividual ou institucional.[53]

A pluralidade de sujeitos, portanto, garantirá condições para levar aos autos múltiplos argumentos, com o debate entre posições convergentes ou mesmo contrárias, em clara opção pela abundância de possibilidades dialéticas contributivas. Deste modo, a ampla participação conduz a uma espécie de distribuição de responsabilidades entre os atores processuais, isto é, há uma evidente desconcentração das faculdades processuais antes direcionada apenas às partes em favor da construção de uma decisão que legitimamente tenha incidência sob os processos semelhantes.

O critério da participação e legitimidade dos sujeitos encontra respaldo, inclusive, nas próprias disposições sobre a matéria constantes do CPC/2015. Em relação ao julgamento dos recursos extraordinário e especial repetitivos, o fomento à maior participação dos diversos sujeitos está inserido no bojo do art. 1.038, I, ao atribuir a competência ao relator para solicitar ou admitir manifestação de pessoas, órgãos ou entidades na controvérsia, com base na prévia conclusão pela relevância da matéria e seguindo as disposições do regimento interno. Por outro lado, em relação ao IRDR, pelos termos do art. 938, *caput*, e §1º, o relator ouvirá as partes e os demais interessados, inclusive pessoas, órgãos e entidades com interesse na controvérsia, assim como a manifestação do Ministério Público e, ainda, a possibilidade de designação de data para, em audiência pública, ouvir depoimentos de pessoas com experiência e conhecimento na matéria.

---

constitucionalidade no direito brasileiro. p. 177, que entende tratar-se de "legítimo interesse no resultado da ação"; CUNHA JUNIOR, Dirley da. A intervenção de terceiros no processo de controle abstrato de constitucionalidade – a intervenção do particular, do co-legitimado e do *amicus curiae* na ADIN, ADC e ADPF. p. 157, que fala em "interesse objetivo relativamente à questão jurídico-constitucional em discussão"; e, DEL PRÁ, Carlos Gustavo Rodrigues. Breves considerações sobre o amicus curiae na ADIn e sua legitimidade recursal. p. 64, que considera a existência de um "interesse público de controle".

53 Sobre o tema, vale transcrever a seguinte passagem: "São duas as balizas: por um lado a especialidade da matéria, o seu grau de complexidade; por outro, a importância da causa, que deve ir além do interesse das partes, i.e., sua transcendência, repercussão transindividual ou institucional." (TALAMINI, Eduardo. Do *amicus curiae*: comentário ao artigo 138. *In*: WAMBIER, Teresa Arruda Alvim; DIDIER JR., Fredie; TALAMINI, Eduardo; DANTAS, Bruno (coord.). **Breves comentários ao novo código de processo civil.** 3. ed. São Paulo: Revista dos Tribunais, 2016, p. 490.)

Naturalmente, não se pode assegurar que toda reunião de pessoas para litigar em conjunto ou mesmo a admissão para que interessados em número excessivo intervenham no feito será benéfica para o processo, sendo este, portanto, uma possível crítica a conferir um caráter de cautela constante a este critério, mormente quando se avaliam eventuais chances de tumulto processual e inefetividade da medida, diante de eventual contribuição diminuta ao contraditório.

Deste modo, o desafio que se faz tarefa constante pelo Judiciário é o de dosar o princípio da celeridade processual com a medida razoável de abertura à ampla participação pretendida por todos os interessados, de maneira que somente devem ser permitidas as participações que sejam efetivamente úteis, sob pena de se perpetuar indevidamente um procedimento que exige, e tem em seu âmago, a característica da brevidade.

A esse respeito, o STJ, no julgamento do REsp 1.418.593/MS[54], já se posicionou no sentido de que o terceiro que é parte em recurso sobrestado em razão da técnica de julgamento de recursos repetitivos não deve ser admitido como assistente simples nos recursos escolhidos como paradigmas. Para a Corte Superior, o fato de ser parte em feito no qual se discute tese que será firmada no recurso em julgamento, não implica, de per si, no reconhecimento de seu interesse jurídico no deslinde da causa, já que neste caso, o interesse do terceiro era meramente subjetivo, quando muito reflexo e estritamente de natureza econômica. No mesmo contexto, o julgado exibe outra razão: a de que a admissão dessa tese abriria a possibilidade de manifestação de todas as partes que tiveram os seus processos suspensos em razão da afetação do recurso sob julgamento, o que inviabilizaria o julgamento de recursos repetitivos.

Ao abordar o caso acima, Daniel Amorim Assumpção Neves aduziu, com propriedade que o julgamento é "sincero", ao entender que a inadmissão do caso "se justifica porque entendimento em sentido contrário abriria a oportunidade de todos os recorrentes e recorridos dos recursos sobrestados ingressarem como assistentes nos recursos paradigmas, o que resultaria na inviabilização prática do julgamento dos recursos repetitivos".[55]

Contudo, o contraponto a essa crítica está em considerar que a seleção de causas com a visão de razoabilidade sobre o quantitativo de participantes

---

54 STJ. REsp 1.418.593/MS, Relator: Ministro Luis Felipe Salomão. Segunda Seção, Data de Julgamento: 14/05/2014, Data de Publicação: DJe 27/05/2014.

55 NEVES, Daniel Amorim Assumpção. **Manual de direito processual civil.** 9. ed. Salvador: JusPodivm, 2017, p. 1758.

conduz à redução de chances de se alegar um déficit subjetivo no curso do julgamento dos casos repetitivos e, consequentemente, colocar-se em dúvida o pluralismo da decisão. Além disso, se não foram selecionados vários processos, ainda mais se justifica a necessidade de pluralidade subjetiva ou, quando menos, que se tenham causas em que se verificou a participação de interessados e do *amicus curiae*.

Com efeito, a ação de selecionar os processos que tenham prezado, desde o seu trâmite na origem, pela pluralidade subjetiva tem, certamente, maiores condições de garantir uma representatividade adequada e, por conseguinte, uma decisão final revestida de aceitação e vinculação.

Ademais, para que o procedimento destinado ao julgamento dos casos repetitivos possa atingir o fim colimado, isto é, a construção de uma tese jurídica que garanta a qualidade do precedente, a decisão paradigmática deve se legitimar não apenas considerando a autoridade do órgão prolator, ou a devida análise dos argumentos constantes dos autos e a garantia do efetivo contraditório, mas também pela participação democrática de todos os sujeitos interessados de modo direto ou indireto, a fim de que o resultado seja a garantia do melhor entendimento sobre a controvérsia levada ao Judiciário.

3.3.4 Representação processual ampla: prestígio ao efetivo acesso à justiça

A razão de ser do critério da representação processual é a garantia do efetivo acesso à justiça mediante a viabilização do amplo exercício do contraditório, no sentido de garantir a existência, em todas as fases do processo, do mais profundo, rico e aberto debate judicial, de modo que o preenchimento de tal condição deverá ser sopesada pelo lastro de acompanhamento processual da causa na figura dos procuradores (em sentido amplo), defensores públicos e representantes do Ministério Público que atuaram nos processos originários.

Os focos do critério ora proposto são o atendimento à amplitude da representação e a técnica processual. No primeiro ponto, entende-se pela pertinência de considerar, de maneira especial, as instituições envolvidas na representação e, nessa linha, a sua própria característica de atuação coletiva. No segundo ponto, portanto, se encontra o prestígio à atuação qualificada daqueles profissionais que agem como representantes processuais na defesa dos interesses das partes e, por via indireta, de uma massa expressiva de jurisdicionados que ali se encontra representada.

Assim sendo, relevante tratar desse critério sob a dupla abertura supramencionada, a fim de trazer os principais elementos que o caracterizam como elemento essencial a ser considerado na seleção dos casos repetitivos.

3.3.4.1 *Primazia na seleção da ação coletiva em relação à ação individual*

O CPC/2015 traz indiscutível comunicabilidade entre o instituto das ações coletivas e o procedimento destinado à resolução de casos repetitivos, uma vez que seja no art. 982, I, voltado ao IRDR, ou nos arts. 1.036, §1º e 1.037, II, em relação aos recursos repetitivos, determina que a admissão e afetação dos casos paradigmas gerará, como efeito subsequente, a suspensão do trâmite de todos os processos pendentes e que estejam relacionados à questão jurídica discutida, sejam eles, individuais ou coletivos.

Nessa perspectiva, é preciso lembrar que o CPC/1973, nos arts. 543-B e 543-C, trazia de forma genérica a previsão de suspensão ou sobrestamento dos demais recursos, portanto, sem definir com clareza quais modalidades de ação, ficando a cargo da doutrina[56] a tarefa de elucidar que ali se encontravam os direitos coletivos resguardados nas ações desta espécie, e também da jurisprudência em reforçar essa leitura e, aos poucos, definir, a preferência no ato de permanecer a tramitação das ações coletivas.

A esse respeito, sob a égide do código revogado, o STJ inovou no julgamento do REsp 1.110.549/RS ocorrido em 28/10/2009, relatado pelo Ministro Sidnei Beneti e que versou sobre um caso de correção de saldo de cadernetas de poupança – expurgos inflacionários em poupança relativos a planos econômicos brasileiros do passado (planos Bresser, Verão, Collor 1 e Collor 2) –, ao manter, em decisão colegiada não unânime, a suspensão da tramitação de uma ação individual determinada pelo Tribunal de origem, no aguardo do julgamento da ação coletiva. O referido recurso especial, submetido ao regime do então art. 543-C do CPC, firmou o entendimento de que "ajuizada a ação coletiva atinente à macro lide geradora de processos multitudinários, admite-se a sustação de ações individuais no aguardo do julgamento da ação coletiva".[57]

---

56 WAMBIER, Luiz Rodrigues; VASCONCELOS, Rita de Cássia Corrêa de. Recursos especiais repetitivos: reflexo das novas regras - Lei 11.672/2008 e Resolução 8 do STJ - nos processos coletivos. **Revista de Processo**, v. 33. n. 163, p. 28-49, set. 2008, p. 37.

57 Ementa: RECURSO REPETITIVO. PROCESSUAL CIVIL. RECURSO ESPECIAL. AÇÃO COLETIVA. MACRO-LIDE. CORREÇÃO DE SALDOS DE CADERNETAS DE POUPANÇA. SUSTAÇÃO DE ANDAMENTO DE AÇÕES INDIVIDUAIS. POS-

Com essa decisão, o STJ se mostrou atento aos novos paradigmas que viriam a nortear o processo civil, de modo que a orientação firmada pela suspensão das ações individuais ante a existência de ação coletiva em sede de julgamento de casos repetitivos, serviu como parâmetro para o julgamento de casos similares na própria Corte, como se pode notar no Agravo em REsp 210.738/RS, relatado pelo Ministro Herman Benjamin, julgado em 05/11/2012, bem como do REsp 1.353.801/RS, de relatoria do Ministro Mauro Campbell Marques e julgado em 23/08/2013, casos que versaram sobre o tema do piso salarial nacional para profissionais do magistério público da educação básica.

Há de se notar, como outro ponto relevante que, em se tratando de ações coletivas, resta indubitável o direito à auto exclusão da tutela coletiva constante do art. 104 do CDC, uma vez que o ajuizamento de ação coletiva não impede a ação individual e, nesse cenário de múltiplas técnicas versando sobre o mesmo tema, o próprio CPC/2015 tratou de, por meio do instituto da suspensão direcionado a todas as demandas, individuais e coletivas, admitir que ambas possam versar sobre questões repetitivas comuns, ou seja, não apenas aqueles decorrentes de direitos individuais, mas também as que se fundam em direitos coletivos em sentido amplo.[58]

SIBILIDADE. 1.- Ajuizada ação coletiva atinente a macro-lide geradora de processos multitudinários, suspendem-se as ações individuais, no aguardo do julgamento da ação coletiva. 2.- Entendimento que não nega vigência aos aos arts. 51, IV e § 1º, 103 e 104 do Código de Defesa do Consumidor; 122 e 166 do Código Civil; e 2º e 6º do Código de Processo Civil, com os quais se harmoniza, atualizando-lhes a interpretação extraída da potencialidade desses dispositivos legais ante a diretriz legal resultante do disposto no art. 543-C do Código de Processo Civil, com a redação dada pela Lei dos Recursos Repetitivos (Lei n. 11.672, de 8.5.2008). 3.- Recurso Especial improvido. (STJ. REsp 1110549/RS, Relator: Ministro Sidnei Beneti. Segunda Seção, Data de Julgamento: 28/10/2009, Data de Publicação: 14/12/2009.)

58 Sobre essa questão, Juliana Provedel Cardoso sustenta: "Segundo, afirmar que o objeto dos casos repetitivos são direitos individuais homogêneos, além de um equívoco técnico, implica em severa limitação da abrangência dos institutos dos casos repetitivos. As demandas repetitivas abrangem situações jurídicas isomórficas, em que as relações substanciais, a causa de pedir e o pedido sejam semelhantes (s.g. situação em que milhares de contribuintes ingressaram com ações judiciais, porque se sentiram lesados com a cobrança indevida de determinado imposto) e ainda situações jurídicas de estrutura heterogênea, que contenham como único ponto em comum a questão jurídica em discussão (v.g. jurisdicionados que discutem uma questão de direito processual, mas que possuem pretensões materiais diversas). A dogmática processual para os casos repetitivos não limitou a natureza dos direitos passíveis de incidente de resolução de demandas repetitivas ou recursos repetitivos. Do contrário, prevê de forma ampla a

Assim, como exemplo, pode ocorrer situações em que uma mesma questão jurídica de fundo ambiental esteja sendo discutida no bojo de uma ação individual destinada a questionar a legalidade de um regulamento editado para autuar cidadãos infratores ao meio ambiente e, essa mesma questão esteja sendo debatida no bojo de uma ação de improbidade administrativa ou de uma ação civil pública, sem que, portanto, se verifique óbice quanto à tramitação paralela destas modalidades e que tais sejam igualmente suspensas diante do tratamento a ser dado em sede de resolução de casos repetitivos.[59]

Portanto, é possível a convivência entre a técnica de julgamento de casos repetitivos e as ações individuais e coletivas, em especial, reconhecendo a existência de peculiaridades em cada uma das técnicas, no tocante aos seus objetos e procedimentos.

No tocante à seleção dos casos paradigmas, entende-se haver preferência na escolha das ações coletivas em relação às ações individuais, sobretudo em razão do fato de que, dentre as características consideradas do processo coletivo, as duas que mais se inclinam no sentido de justificar a adequada relevância a tais ações são a existência do interesse público primário e a legitimidade extraordinária por substituição processual.

Em relação ao interesse público, a sua inclinação quanto ao tema do julgamento de casos repetitivos se observa evidentemente em decorrência da repercussão de massa das decisões a serem proferidas em tais demandas. A propósito, durante a tramitação do projeto de lei que deu ensejo ao CPC/2015, especificamente na redação após a aprovação do Senado Federal, chegou a constar da proposta de texto relativa ao art. 932, a obrigatoriedade para que o relator, quando da análise da admissibilidade do incidente, avaliasse a presença de "interesse público".

Embora a regra não tenha sido firmada na versão final do Código, visto que, a princípio, a compreensão do critério poderia ser interpretada como

---

suspensão dos processos pendentes e a aplicação da tese jurídica a processos individuais ou coletivos (arts. 982, I, 985, I, 1.036, §1º e 1.037, II, CPC/15). As questões de direito idênticas, objeto dos casos repetitivos poderão, portanto, ser veiculadas em ações individuais com conteúdo repetido, ou não, e em ações coletivas para tutela de direitos difusos, coletivos em sentido estrito ou individuais homogêneos." (CARDOSO, Juliana Provedel. **O modelo brasileiro de processo coletivo**: ações coletivas e julgamento de casos repetitivos. Salvador: Juspodivm, 2018, p. 125-126.)

59 CABRAL, Antônio do Passo. Do incidente de resolução de demandas repetitivas (arts. 976 a 987). *In*: CABRAL, Antônio do Passo; CRAMER, Ronaldo. **Comentários ao novo código de processo civil**. 2. ed. Rio de Janeiro: Forense, 2016, p. 1420.

uma decorrência lógica do volume de processos repetitivos e, portanto, dispensável a previsão no bojo da norma, é certo que a própria natureza dos julgamentos de múltiplos processos repetitivos contempla a existência de interesse público, haja vista o transbordamento aos limites puramente individuais e, portanto, os impactos sobre os demais processos. É nesse ponto, pois, que se entende que nas ações coletivas essa visão de presença do interesse público é, antes, um pré-requisito implícito e que garante a sua seleção sem maiores razões.[60]

Com efeito, há comunicabilidade do interesse público vislumbrado no julgamento dos casos repetitivos com aquele atinente às ações coletivas, tendo em vista que a tese jurídica ao final firmada será aplicada aos diversos casos similares em curso, ultrapassando um caráter de atenção puramente individual de direitos e nesse ponto, portanto, comunga da preocupação que se observa no tratamento em sede de tutela coletiva que, uma vez selecionada nesse contexto, de acordo com Antônio do Passo Cabral, "parece conduzir a uma maior participação, ainda que indireta, no procedimento das causas repetitivas".[61]

Por conseguinte, variadas são as formas descritas em lei para representação processual, sobretudo com base no art. 82 do CDC e no art. 5º da Lei da Ação Civil Pública, pela atribuição da legitimidade extraordinária a entes públicos e privados para que, atuando nessa condição, representem a defesa dos interesses de um conjunto de sujeitos por substituição processual.

---

60 Sobre o interesse público, vale destacar, apenas a título de informação complementar, que o mesmo pode estar presente, inclusive, em situações que não ocorrem mediante a repetição de casos. Quando se nota, por exemplo, a disciplina dada ao instituto da assunção de competência previsto no art. 947 do CPC/2015, segundo o qual o colegiado competente para a uniformização de jurisprudência pode avocar, para julgamento, recurso, remessa necessária ou processo de competência originária de outro órgão jurisdicional de menor composição, um dos requisitos é a existência de relevante questão de direito com grande repercussão social, sem repetição em múltiplos processos. Nota-se, portanto, que para este procedimento, o CPC/2015 registrou de modo expresso o requisito da "repercussão social", de maneira que tal requisito está intimamente ligado à característica de atenção ao interesse público, preceito tão veemente no novo Código. Isso fica claro, por exemplo, quando o §2º adverte que deve haver julgamento – do caso concreto e não, apenas, de enunciação ou fixação da tese concernente à "relevante questão de direito" – quando houver o reconhecimento de "interesse público na assunção de competência".

61 CABRAL, Antônio do Passo. A escolha da causa-piloto nos incidentes de resolução de processos repetitivos. *In*: DIDIER JR., Fredie; CUNHA, Leonardo Carneiro da (coord.). **Julgamento de casos repetitivos.** Salvador: Juspodivm, 2017, p. 60.

E é a partir dessa concepção que a atuação autorizada por lei dos substitutos processuais, enquanto legitimados extraordinários para falar em nome da coletividade, terá como reflexo nas demandas repetitivas, maior possibilidade de exercício do contraditório e, assim, a decisão final que já produziria alcance coletivo, projetará efeitos por meio da tese aplicável que será formada para além do grupo, garantindo aos demais casos maiores chances de aderência e legitimidade no âmbito social e político.

Sobre a aludida aderência, Antônio do Passo Cabral, para quem a representatividade em conjunto com a pluralidade de sujeitos é um vetor para a seleção da causa, entende que a atuação dos legitimados extraordinários nos procedimentos voltados ao tratamento de causas repetitivas tem o condão de "atribuir ao contraditório uma maior legitimação política e social reduzindo os descontentamentos com o resultado e contribuindo para uma mais ampla aceitação e o reconhecimento da vinculação decorrente da decisão final".[62]

Nessa senda, os processos coletivos têm prioridade sob as demandas individuais quando da seleção dos casos para julgamento sob o rito aplicável aos processos repetitivos, conclusão esta inclusive já ratificada durante o Fórum Permanente de Processualistas Civis[63] sobretudo por suportarem a tutela do interesse público primário, dado terem por objeto os direitos coletivos *lato sensu* que são assim entendidos "quer em razão da dimensão do ilícito ou dano, quer em razão dos valores atrelados aos bens jurídicos tutelados ou do número de pessoas atingidas, extensão do grupo atingido".[64]

Ademais, sopesando a conciliação desse critério com o da pluralidade de sujeitos, se torna ainda mais evidente a presença do interesse público, sobretudo quando tais demandas são conduzidas em sede de legitimação extraordinária por substituição processual, ou seja, por atuação do Ministério Público, das Defensorias Públicas ou ainda pelas associações privadas com atuação em todo o país, as quais apesar de não serem órgãos completamente

---

62 CABRAL, Antônio do Passo. A escolha da causa-piloto nos incidentes de resolução de processos repetitivos. *In*: DIDIER JR., Fredie; CUNHA, Leonardo Carneiro da (coord.). **Julgamento de casos repetitivos.** Salvador: Juspodivm, 2017, p. 60.

63 Nesse sentido é o enunciado 615 do Fórum Permanente de Processualistas Civis (FPPC): "(arts. 1036; 1037) Na escolha dos casos paradigmas, devem ser preferidas, como representativas da controvérsia, demandas coletivas às individuais, observados os requisitos do art. 1.036, especialmente do respectivo §6º. (Grupo: IRDR, Recursos Repetitivos e Assunção de competência)."

64 DIDIER JR., Fredie; ZANETI JR., Hermes. **Curso de direito processual civil:** processo coletivo. v. 4. 11 ed. Salvador: Juspodivm, 2017, p. 40.

independentes como as primeiras, nesta leitura, igualmente partilham da finalidade de proteção dos interesses de sujeitos vulneráveis.

Ademais, além da atenção ao contraditório e à pluralidade de sujeitos, ainda em análise que se faz em transversalidade em relação aos demais critérios, lembra-se da relação possível com o critério da argumentação abrangente sob o viés qualitativo. Isso porque, tendo por base o IRDR, por exemplo, embora não precise ser necessariamente instaurado a partir de processos coletivos, tem-se a concepção factível de que tais demandas tenham maior potencial de fornecer petições amplas e qualitativamente apropriadas, viabilizando a variante qualitativa do critério da argumentação abrangente, isto é, na evidenciação das causas de forma clara, com uma linha argumentativa bem articulada e com um desencadeamento lógico de ideias e teses.

A respeito disso, Aluisio Gonçalves de Castro Mendes rememora que no IRDR, o órgão judicial perfaz a escolha das peças a partir dos casos e documentos que sejam representativos da controvérsia, considerando também a qualidade das petições, a exemplo do que ocorre no *Musterverfaren* (procedimento-padrão) alemão na Justiça Administrativa, e nessa perspectiva, pois, "presume-se que sejam aquelas extraídas dos processos coletivos, considerando a própria representatividade adequada legalmente fixada no Brasil, como indicador de que as respectivas petições sejam amplas e qualitativamente apropriadas". Entende, o autor, que essa presunção não é absoluta e sequer prevista em lei, de modo que – e prossegue – "a escolha dos arrazoados não precisa recair necessariamente nos que estejam inseridos em processos coletivos, se estes não foram os mais apropriados, sob o prisma da amplitude e da qualidade, para servir de modelo e de referência para a apreciação da questão de direito comum e controvertida".[65]

Assim, em linha com o exposto acima e como já destacado anteriormente, os critérios devem ser lidos e interpretados de forma a trazer a máxima compatibilização e o exercício da complementariedade, de modo que na hipótese de concorrência entre diversos processos para figurarem na condição de casos paradigmas, ainda que exista apenas uma ação coletiva entre elas, essa não deve ser a selecionada se, por exemplo, no seu contexto mostrar-se totalmente desprovido da atenção ao critério da argumentação abrangente, ou apresentar déficits quanto ao contraditório. E, nesse ponto,

65 MENDES, Aluisio Gonçalves de Castro. **Incidente de resolução de demandas repetitivas:** sistematização, análise e interpretação do novo instituto processual. Rio de Janeiro: Forense, 2017, p. 236.

cabe a justificativa do termo "primazia" das ações coletivas, dado que há um dever de harmonização entre os critérios de seleção, posto que a presença de todos eles, em alguma medida, é vetor que se impõe nos casos estabelecidos como paradigmas.

3.3.4.2 A representação e a atenção à técnica processual

De maneira indireta, Teresa Arruda Alvim e Bruno Dantas trazem a relevância desse critério sob o viés da técnica processual ao lembrarem da atenção conferida pela doutrina e jurisprudência alemãs no momento de seleção da ação-piloto na técnica do *Musterverfahren*. Isso porque, lembrando do já citado caso seminal *Deutsche Telekom*, um dos requisitos que a Corte considerou para a escolha da demanda foi o fato de que nesta o valor da causa era o maior dentre todas as demandas individuais de modo que presumidamente ali teriam sido contratados os melhores advogados para atuação no caso, de modo que reuniriam, portanto, as melhores condições de influenciar de modo efetivo no convencimento da Corte.[66]

Sobre o requisito da representação processual, um exemplo claro quanto à necessidade de observância durante a seleção de causas quanto a existência de causídicos com conhecimento vasto sobre o processo e participação efetiva no curso processual é o que se observa no REsp 911.802/RS, que versou sobre a cobrança de tarifa mensal básica para o serviço de telefonia fixa.

O Ministro Herman Benjamin em seu voto pela ilegalidade da cobrança, além de fazer duras críticas ao sistema de remuneração das Concessionárias de serviços de telecomunicações e apresentar propostas para alteração da forma de prestação e do sistema regulatório para o setor, dedicou um tópico preliminar ao seu voto-vencido intitulando-o de "Uma perplexidade político-processual inicial: a solução de conflitos coletivos pela via de ação civil individual e a mutilação reflexa do direito de acesso à justiça de milhões de consumidores"[67], para abordar o problema da ausência de adequada representação processual e suas implicações para o exercício do efetivo contraditório.

---

66 ALVIM, Teresa Arruda; DANTAS, Bruno. **Recurso especial, recurso extraordinário e a nova função dos tribunais superiores no direito brasileiro.** 4. ed. São Paulo: Revista dos Tribunais, 2017, p. 525.

67 Considerando a grande contribuição do Voto em questão para a compreensão da temática, vale transcrever o trecho referido: "A colenda Primeira Turma decidiu, em 24.4.2007 (fl. 186), afetar esta demanda à Primeira Seção. Até aí, nada de incomum, pois frequentemente questões complexas ou repetitivas são levadas ao colegiado de dez Membros, para que possam os seus integrantes decidi-las de maneira uniforme, evitando assim

entendimentos divergentes entre as duas Turmas. Aqui, contudo, afloram peculiaridades que desaconselhariam tal 'afetação', na forma e no momento em que foi feita, quase que automaticamente, sem qualquer discussão prévia e amadurecimento, no âmbito interno de ambas as Turmas, das múltiplas questões novas e controvertidas que acompanham esta demanda. Os pontos complexos que este processo envolve - e são tantos, como veremos no decorrer deste Voto - não se submeteram ao crivo de debates anteriores entre os Membros das Turmas, debates esses necessários para identificar e esclarecer as principais divergências e controvérsias de conflito desse porte, que, embora veiculado por ação individual (e formalmente refira-se com exclusividade a uma única consumidora), afeta, de maneira direta, mais de 30 milhões de assinantes (*rectius*, consumidores). Difícil negar que, no âmbito do STJ, a demanda não estava madura para, de cara, prolatar-se decisão unificadora e uniformizadora a orientar a Seção, suas duas Turmas e todos os Tribunais e juízos do Brasil. Em litígios dessa envergadura, que envolvem milhões de jurisdicionados, é indispensável a preservação do espaço técnico-retórico para exposição ampla, investigação criteriosa e dissecação minuciosa dos temas ora levantados ou que venham a ser levantados. Do contrário, restringir-se-á o salutar debate e tolher-se-á o contraditório, tão necessários ao embasamento de uma boa e segura decisão do Colegiado dos Dez. É bem verdade que o Regimento Interno prevê a 'afetação' de processos à Seção 'em razão da relevância da questão jurídica, ou da necessidade de prevenir divergências entre as Turmas' (art. 127). Contudo, escolheu-se exatamente uma *ação individual*, de uma contratante do Rio Grande do Sul, *triplamente vulnerável* na acepção do modelo constitucional *welfarista* de 1988 - consumidora, pobre e negra -, para se fixar o precedente uniformizador, mesmo sabendo-se da existência de várias *ações civis públicas*, sobre a mesma matéria, que tramitam pelo País afora. Ou seja, inverteu-se a lógica do processo civil coletivo: em vez da ação civil pública fazer coisa julgada *erga omnes*, é a ação individual que, por um expediente interno do Tribunal, de natureza pragmática, de fato transforma-se, em consequência da eficácia uniformizadora da decisão colegiada, em instrumento de solução de conflitos coletivos e massificados. Não se resiste aqui à tentação de apontar o paradoxo. Enquanto o ordenamento jurídico nacional nega ao consumidor-indivíduo, sujeito vulnerável, legitimação para a propositura de ação civil pública (Lei 7347/1985 e CDC), o STJ, pela porta dos fundos, aceita que uma demanda individual - ambiente jurídico-processual mais favorável à prevalência dos interesses do sujeito hiperpoderoso (*in casu* o fornecedor de serviço de telefonia) - venha a cumprir o papel de ação civil pública às avessas, pois o provimento em favor da empresa servirá para matar na origem milhares de demandas assemelhadas - individuais e coletivas. Aliás, em seus Memoriais, foi precisamente esse um dos argumentos (a avalanche de ações individuais) utilizado pela concessionária para justificar uma imediata intervenção da Seção. Finalmente, elegeu-se exatamente a demanda de uma consumidora pobre e negra (como dissemos acima, *triplamente vulnerável*), destituída de recursos financeiros para se fazer presente *fisicamente* no STJ, por meio de apresentação de memoriais, audiências com os Ministros e sustentação oral. Como juiz, mas também como cidadão, não posso deixar de lamentar que, na argumentação(?) oral perante a Seção e também em visitas aos Gabinetes, verdadeiro monólogo dos maiores e melhores escritórios de advocacia do País, a voz dos consumidores não se tenha feito ouvir. Não lastimo somente o silêncio de D. Camila Mendes Soares, mas sobretudo a ausência, em sustentação oral, de representantes dos interesses dos *litigantes-sombra*, todos aqueles

O julgado sob análise trouxe importante contribuição em matéria de seleção dos casos paradigmas para julgamento sob o rito das demandas repetitivas: dada a envergadura de litígios que envolvem debates jurídicos de que são destinatários milhões de jurisdicionados, é cogente "a preservação do espaço técnico-retórico" – nas palavras do Ministro Herman Benjamin –, isto é, a atuação e participação proativa do advogado visando a defesa dos interesses em debate, o qual terá condições de exposição ampla e desempenho cauteloso e cirúrgico acerca dos temas aventados ou que venham a ser levantados.

O que se pretende evitar, pois, é a ausência de um dilatado debate de argumentos, o que em alguma medida poderia, senão limitar o contraditório, de modo que o prestígio a tal critério estaria a garantir a existência de contribuições fáticas e jurídicas para uma decisão segura pelo Tribunal. Dada a discussão gerada pela matéria, o precedente em questão foi um dos

---

que serão diretamente afetados pela decisão desta demanda, uma gigantesca multidão de brasileiros (mais de 30 milhões de assinantes) que, por bem ou por mal, pagam a conta bilionária da assinatura-básica (lembro que só a recorrente, Brasil Telecom, arrecada, anualmente, cerca de *três bilhões e meio de reais* com a cobrança dessa tarifa - cfr. www.agenciabrasil.gov.br, notícia publicada em 8.6.2007). Curvo-me à decisão técnica dos meus ilustres Pares, posição essa que também é político-pragmática. O bom juiz tem sempre um tanto de *pragmaticus legum*, posição totalmente compreensível em um cenário de enxurrada de Recursos Especiais relativos à assinatura básica (fala-se em dezenas de milhares de ações em todo o País), o que por certo estimulou os e. Ministros a não esperarem por precedentes nas duas Turmas. Não obstante esse reconhecimento que faço das razões nobres que levaram meus Pares a encurtar um debate judicial que deveria ser o mais rico, amplo e profundo possível, não tenho como esconder que me sinto inescapavelmente prisioneiro do feixe de objetivos e princípios sociais dos dois microssistemas normativos (consumidor e telecomunicações) em questão (*philosophus legum!*), o que me força a homenageá-los, mesmo que sob o risco de ser arrastado a um poço inesgotável de Recursos Especiais. Como minoria que sou neste julgamento, mantenho a esperança de que, no futuro, a hoje Maioria - ou, quem sabe, uma outra Maioria - aperfeiçoe sua forma de pensar. E se assim não for, que o legislador, observador atento das perplexidades da prática judicial, possa fazer as alterações legislativas pertinentes a uma adequada, eficaz e justa proteção dos sujeitos vulneráveis: *in casu*, os consumidores de telefonia fixa. Em síntese, a vitória das empresas de telefonia, que hoje se prenuncia, não é exclusivamente de mérito; é, antes de tudo, o sucesso de uma estratégia judicial, legal na forma, mas que, na substância, arranha o precioso princípio do acesso à justiça, uma vez que, intencionalmente ou não, inviabiliza o debate judicial e o efetivo contraditório, rasgando a *ratio essendi* do sistema de processo civil coletivo em vigor (Lei 7347/85 e CDC)". (STJ. REsp 911.802/RS, Relator: Ministro José Delgado. Primeira Seção. Data de Julgamento: 24/10/2007, Data de Publicação: DJe 01/09/2008.).

fundamentos utilizados para a edição da Súmula 356, a qual dispõe que "É legítima a cobrança da tarifa básica pelo uso dos serviços de telefonia fixa".

Há de se reconhecer que tal critério não representa uma garantia inequívoca de que a representação o será incólume durante todo o curso processual, uma vez que no dia seguinte à decisão de afetação do recurso ou de admissibilidade do incidente, tomando-se por exemplo o caso de partes representadas por advogados particulares, poderão as mesmas nos respectivos processos originários, revogar os instrumentos de outorga ou, ainda, os próprios causídicos poderão renunciar ou substabelecer seus poderes sem reservas.

Além disso, longe de conduzir a qualquer ilação equivocada quanto à afronta ao acesso à justiça ou uma distinção ofensiva ao princípio da igualdade, já que na seleção, por exemplo, de um processo com advogados com maior tempo de atuação junto ao processo, o intuito é assegurar um equilíbrio de forças na sustentação do caso posto à análise.

É, portanto, um requisito de força que visa acautelar, na largada, a possível condição de vulnerabilidade dos diversos sujeitos representados a partir da seleção de causas a partir da análise do perfil dos representantes habilitados no processo e a sua possibilidade de uma maior proteção técnica sobre os direitos cuja decisão tenha repercussão social.

Capítulo 4

TESE JURÍDICA E PRECEDENTES JUDICIAIS

O ponto de partida para análise dos efeitos decorrentes das decisões proferidas em sede de julgamentos de casos repetitivos e sua possível aderência a um contexto de microssistema de formação de precedentes judiciais a partir do CPC/2015 está intimamente ligado ao cenário da crise de efetividade do Poder Judiciário, sentida há algum tempo e externada, à guisa de exemplo, por ativismos, subjetivismos ou manifestações nitidamente discricionárias no cerne das decisões proferidas no exercício da atividade judicante.

Em princípio, os efeitos decorrentes das decisões proferidas em julgamento de casos repetitivos e, assim, questões ínsitas a esse contexto como o próprio modo de decidir, os limites firmados a partir da seleção dos casos paradigmas com base em critérios válidos e a relevância do desenho processual trazido pelo CPC/2015 são os recortes pretendidos no presente capítulo, questões que sucedem, pois, a uma tentativa de equalização do problema de crise de efetividade do Judiciário, o qual está em um contexto macro de aumento na judicialização das demandas, sobretudo em decorrência do Brasil ser um país de modernidade tardia.[1]

Além do fator subjetivo destacado quanto a postura de alguns juízes, deve-se considerar que até mesmo a escassez de recursos disponibilizados

---

1 Ao invés de falar em pós-modernidade, alguns autores associam ao Estado brasileiro a ideia de modernidade tardia, diferenciada ou periférica, entendendo pela dificuldade em inseri-lo na pós-modernidade, considerando que nem mesmo a modernidade, nos moldes (universalizantes) europeus, teria sido alcançada. Para Lenio Luiz Streck, "no Brasil, a modernidade é tardia e arcaica. O que houve (há) é um simulacro de modernidade (...) Ou seja, em nosso país as promessas da modernidade ainda não se realizaram. E, já que tais promessas não se realizaram, a solução que o establishment apresenta, por paradoxal que possa parecer, é o retorno ao Estado (neo)liberal. Daí que a pós-modernidade é vista como a visão neoliberal." (STRECK, Lenio Luiz. **Hermenêutica jurídica e(m) crise**: uma exploração hermenêutica da construção do Direito. 6. ed. Porto Alegre: Livraria do Advogado, 2005, p. 25-27.). Sobre as sociedades periféricas e semiperiféricas: SANTOS, Boaventura de Sousa; MARQUES, Maria Manuel Leitão; PEDROSO, João. Os tribunais nas sociedades contemporâneas. *In:* **Revista Brasileira de Ciências Sociais da Associação Nacional de Pós-Graduação e Pesquisa em Ciências Sociais.** N° 30. Ano 11. fevereiro de 1996.

para o sistema e, por conseguinte, para o processo, se reverte de aspecto comprometedor da esperada qualidade da tutela jurisdicional, que muitas vezes se traduz em decisões que não conduzem de forma isonômica à satisfação dos interesses das partes.

Sobre essa questão, Aluísio Gonçalves de Castro Mendes aduz que a tarefa do Judiciário não é das mais fáceis, considerando não apenas a complexidade das causas, mas também, no contexto da sociedade atual, a quantidade de processos e a limitação de quadro de pessoal e de recursos materiais para o desenvolvimento da atividade judicante, fatores que conduzem a um cenário de piora na prestação jurisdicional, tanto sob o aspecto do tempo como da qualidade. O quadro em questão pulsou discussões em vários países em projetos de reforma do Judiciário e de modificações no campo do direito processual, sob a perspectiva de incremento do acesso à justiça e da existência de processos menos formalistas, mas sobretudo eficazes e céleres.[2]

Em comunicação com esse cenário, mas sob o aspecto da crise de legitimidade do Poder Judiciário, os tribunais pátrios precisam atentar para que os instrumentos processuais de que se valem, a despeito de uma almejada celeridade, não venham a contribuir para o agravamento dessa crise, haja vista que havendo carência no diálogo e, portanto, fragilidades na observância ao modelo comparticipativo, fatalmente se dilatará o abismo entre as expectativas, seja por parte dos cidadãos, naquilo que esperam receber dos tribunais, e pelos próprios tribunais, em dupla perspectiva, isto é, aquilo que pensam estar provendo e o que de fato oferecem aos cidadãos em termos de resposta jurisdicional.

Sobre esse cenário, Rafael Mario Iorio Filho e Fernanda Duarte asseveram, a partir de estudos sobre a lógica dos precedentes judiciais das súmulas vinculantes do STF, que a cultura jurídica brasileira é reprodutora de desigualdades jurídicas quando se tem por base as decisões do STF, pois não existe uma lógica de formação de consensos nos votos dos Mi-

---

2 MENDES, Aluisio Gonçalves de Castro. **Ações coletivas e meios de resolução coletiva de conflitos no direito comparado e nacional.** 4. ed. São Paulo: Revista dos Tribunais, 2014, p. 25-26. Insta destacar que o autor, nessa seção, destacou que observando essas premissas, países como a Argentina e o Brasil tiveram projetos de reforma do Poder Judiciário, e a Alemanha, sobre os debates de propostas para o direito processual. No caso do Brasil, o destaque dado foi para a Emenda Constitucional 45/2004, cuja principal medida apresentada na primeira etapa de reforma do Poder Judiciário foi a criação da súmula vinculante do STF, cuja compreensão repousou mais no que toca à uniformização dos julgados.

nistros, fato que conduz a uma constante instabilidade institucional e na insegurança jurídica. Assim, concluem que o próprio STF frequentemente não apresenta consistência racional na construção daquelas decisões que deveriam entendidas como precedentes, em razão dos procedimentos decisórios não serem explícitos, o que implica no baixo grau de racionalidade do sistema.[3]

Guardadas as devidas proporções e especificidades, a preocupação quanto ao conteúdo e a forma decisória, visível pelo exemplo dado em relação à corte constitucional, deve permear todo o sistema jurídico, em função do dever de uniformização atribuído a todos os tribunais pátrios e da busca pelos anseios de racionalidade do sistema e vinculação dessas decisões.

É nesse contexto, portanto, que se justifica a preocupação com a teoria da decisão, uma vez que após os avanços históricos empreendidos pelas teorias da linguagem e da hermenêutica filosófica sobre a questão da interpretação, os tribunais precisam se debruçar sobre o grande dilema contemporâneo, qual seja, o de como aplicar o direito ou, em outras palavras, como resolver o problema da aplicação do direito a partir de uma teoria da decisão.

Em matéria de decisões referentes a casos repetitivos, em aplicação de teses definidas em sede de recursos repetitivos e no IRDR, sobressai um aspecto de elevada importância e que está a merecer o aprofundamento justamente por acentuar a crise do Judiciário, especificamente no aspecto da legitimidade: a integridade e a coerência, enquanto limites à discricionariedade judicial.

Alguns caminhos já foram delineados anteriormente no campo da teoria da decisão, em especial, visando justificar a existência de critérios de seleção dos casos paradigmas, sendo que, nesse momento, uma vez que já foi feita a proposta de teorização deles, impõe-se a tarefa de compreender, como um dos próximos passos, de que forma se poderia garantir uma história institucional à decisão proferida em tais casos, capaz de criar um ambiente de projeção para os casos futuros.

Com efeito, ainda que o CPC/2015 tenha pretendido dinamizar as demandas judiciais por meio de institutos que conduzam a integridade e a coerência das decisões em relação aos casos similares, é fato que a judi-

---

3 IORIO FILHO, Rafael Mario; DUARTE, Fernanda. **A lógica dos precedentes judiciais das súmulas vinculantes do Supremo Tribunal Federal.** In: IX ENCONTRO ABCP, 2014, Brasília. Anais do IX Encontro ABCP, 2014.

cialização das questões e situações sociais, ainda mais no Brasil enquanto país de modernidade tardia, deve ser tratada com as cautelas necessárias, mormente para, a despeito de invocar o respeito à decisões judiciais e de conferir efetividade a direitos fundamentais, acabar recaindo em posturas subjetivistas, com decisões arbitrárias e, portanto, um quadro de agravamento da crise de efetividade e legitimidade do Poder Judiciário.

Assim, em favor da racionalidade e da criação do adequado lastro para a vinculação, cuida-se, então, de buscar como uma das cautelas perquiridas, a qualidade das decisões judiciais por meio da atenção à garantia constitucional da fundamentação mediante o uso coerente de argumentos e da hermenêutica no exercício da atividade judicante, inclusive, em relação aos critérios de seleção dos casos paradigmas.

Ademais, como passo seguinte, caberá cogitar em que medida o ordenamento processual trazido pelo CPC/2015 corrobora para a eficácia vinculativa da tese jurídica proferida a partir dos julgamentos de casos repetitivos e, de que forma a cultura jurídica brasileira favorece a um ambiente de formação de precedentes vinculantes ou, uma questão até mesmo prévia, isto é, se assim podem ser compreendidos.

Por fim, superando positivamente as ponderações anteriores, se é possível admitir que a seleção com base em critérios adequados repercutiria como forma de garantir a concepção de precedentes judiciais coerentes, dada a percepção de construção, enquanto antecedente lógico necessário, da *ratio decidendi* que será extraída dos casos paradigmas, os quais representam o quadro fático que embasará a tese jurídica.

4.1 TEORIAS DA DECISÃO II: RACIONALIDADE E VINCULAÇÃO

Um dos grandes avanços trazidos pelo CPC/2015 foi a afirmação da efetiva necessidade de se compor cada vez mais um ambiente de racionalidade na aplicação do direito, de modo que o adequado uso do direito jurisprudencial seja visto como fator de lapidação do sistema jurídico, seja por meio de uma mudança na forma como se desenvolvem as deliberações no tribunal, seja a partir de uma visão de organização das decisões, ambos, a fim de evitar a discricionariedade e a arbitrariedade judicial.

Com efeito, a ausência de racionalidade na condução do tema de precedentes no cenário jurídico pátrio se deve tanto ao seu reduzido tratamento normativo, no tocante ao ambiente até então propiciado pelo CPC/1973, quanto pelo baixo grau de atenção conferido pelas próprias instituições jurídicas, sendo que o CPC/2015 vem no sentido de compor uma teoria normativa favorecendo um ambiente de formação e aplicação, de modo a fortalecer a internalização junto à comunidade jurídica, sobretudo transparecendo os benefícios do seu uso adequado e coerente.

Assim sendo, tendo por base as questões apontadas, se verifica a importância de o direito processual assumir verdadeiramente a sua função democrática a partir de um modelo de matriz constitucional que garanta, no processo, a efetivação de direitos fundamentais, especialmente a limitação da atuação dos sujeitos que dele participam de forma equivocada. Estaria a se falar, portanto, no desenvolvimento de uma hermenêutica processual condicionada à Constituição e ao Estado Democrático de Direito, em zelo à teoria comparticipativa e a necessária percepção do policentrismo processual, esta enquanto exigência de que cada ator envolvido no processo desempenhe suas funções de modo técnico, racional e responsável.[4]

A partir das lições de Ronald Dworkin, é possível compreender que a decisão judicial proferida no caso concreto se apresenta como mola precursora dos vetores de integridade e coerência à medida em que os julgadores devem se ater ao compromisso de extrair da história institucional do Direito o conjunto de decisões que se amparem nos princípios jurídicos.[5]

Essa concepção veio denotada por meio de um desenho de modelo constitucional do processo no CPC/2015, tendo em vista que havia uma resistência na leitura do CPC/1973 à luz da Constituição, posto não possuir esse aspecto principiológico. Com base nessa premissa, o tópico seguinte cuidará de contextualizar as principais ideias acerca da racionalidade nesse novo ambiente processual.

---

4 "Vislumbra-se que o processo estruturado na perspectiva comparticipativa e policêntrica, ancorado nos princípios processuais constitucionais impõe um espaço público no qual se apresentam as condições comunicativas para que todos os envolvidos, assumindo a responsabilidade de seu papel, participem na formação de provimentos legítimos que permitirá a classificação discursiva das questões fáticas e jurídicas. No pendulo por-juiz de um lado, e pro-parte e advogado do outro, a comparticipação e o policentrismo buscam o dimensionamento e o equilíbrio de concepções liberais e sociais em face as nuanças de aplicação normativa, de modo que a assunção de responsabilidade de todos os agente processuais e a mudança de sua mentalidade no exercício das respectivas funções venham a representar um verdadeiro horizonte para a almejada democratização processual." (NUNES, Dierle José Coelho. **Processo jurisdicional democrático.** 1. ed. Curitiba: Juruá, 2012, p. 240).

5 DWORKIN, Ronald. **Uma questão de princípio.** Tradução: Luis Carlos Borges. São Paulo: Martins Fontes, 2001.

4.1.1 O sentido da racionalidade sistêmica cunhada pelo CPC/2015

Seguindo a baliza de respeito ao passado e de responsabilidade em relação à condução do processo, Humberto Theodoro Júnior, Dierle Nunes, Alexandre Melo Faria Franco Bahia e Flávio Quinaud Pedron defendem que um dos objetivos principais do CPC/2015 consiste em "ofertar racionalidade normativa para a construção de um modelo de precedentes embasado em nossa pluralidade de litigiosidades e em conformidade com o processo democrático".[6]

E essa racionalidade exige a superação do velho olhar traduzido pela forma unipessoal e, portanto, solipsista do juiz de decidir aplicando teses sem o exercício acurado dos raciocínios de adequação e aplicabilidade ao caso concreto, ou seja, impõe-se o afastamento de qualquer aspecto de discricionariedade.

De outro modo, a racionalidade normativa pode até conduzir a percepção de um modelo processual em que se prestigie a vinculação, mas para tanto é necessário que velhas práticas processuais sejam abandonadas, isto é, que magistrados passem a compor um efetivo diálogo entre as partes, e que estas tragam a abordagem de ementas e súmulas de forma contextualizada, sem deixar de frisar a importância da doutrina afastar-se da mera repetição de tais enunciados e assumir o seu papel crítico-construtivo do direito em consonância com as influências do novo código.

Ao prever em seu art. 926 o dever dirigido aos tribunais não só de uniformização de sua jurisprudência, mas de mantê-la estável, íntegra e coerente, o CPC/2015 estabelece deveres cooperativos normativos que deverão ser observados pelo Judiciário a fim de se adotar um novo modelo dogmático e constitucional para o direito jurisprudencial no ambiente brasileiro, com a finalidade de um uso adequado dos precedentes judiciais.

Essa leitura, contudo, não significa a defesa de uma cultura de precedentes baseada em um modelo jurisprudencialista como se o direito fosse visto tão-somente a partir da perspectiva judicial, até mesmo porque nem nos países de *common law* e nos quais o ensino é baseado em casos concretos, o ensino não ocorria por meio de ementas, ou seja, nunca foi descolado das características do caso concreto ou nem mesmo apenas em seus fundamentos, mas de todas essas circunstâncias de forma crítico-reflexiva.

---

6 THEODORO JUNIOR, Humberto; NUNES, Dierle; BAHIA, Alexandre Melo Franco; PEDRON, Flávio Quinaud. **Novo CPC:** fundamentos e sistematização. 3. ed. Rio de Janeiro: GEN Forense, 2016, p. 260.

Assim sendo, a fim de evitar a redução de um sistema de precedentes a uma construção estritamente jurisprudencial como se este fosse a única chave de leitura possível, ter por base o exercício de um diálogo entre as influências e concepções críticas que nortearam a lapidação do CPC/2015 é essencial para que se possa compreender os fundamentos dos precedentes no contexto da cultura jurídica pátria, em especial, o entendimento sobre quais decisões assumem qualitativamente essa condição.

Como um dos primeiros pontos para a temática abordada tem-se a defesa da linha teórica de que os precedentes judiciais no contexto brasileiro não estão restritos objetivamente à sua concepção pelos Tribunais Superiores, tendo em vista que a ilação nesse sentido criaria riscos ao sistema jurídico em razão da ausência de previsibilidade e a concentração de poder sob vários aspectos, isto é, seja sobre a possibilidade de legitimação de criação de teses como se legislativo fosse sem a existência de controles processuais e, inclusive, sob o aspecto de eventuais prejuízos à efetiva e coerente seleção dos casos repetitivos a serem tidos como paradigmas.

De maneira distinta, Luiz Guilherme Marinoni e Daniel Mitidiero[7] defendem a tese de concentração no Supremo Tribunal Federal e no Superior Tribunal de Justiça, enquanto Cortes Supremas, da função e do poder de formação de precedentes. Em grandes linhas, o primeiro autor aduz que os precedentes obrigatórios devem ser fixados pelas Cortes Supremas, às quais incumbe "atribuir sentido ao Direito e contribuir para a sua evolução mediante decisões que não podem deixar de ter força obrigatória, na medida em que são autônomas em relação aos textos legal e constitucional, agregando algo de novo à ordem jurídica".[8]

Dierle Nunes, Flávio Quinaud Pedron e André Frederico de Sena Horta têm visão oposta e, portanto, mais aderente ao que ora se defende, visto que entenderem que a crença nas Cortes Supremas como as únicas prolatoras de decisões com caráter vinculante cunharia um modelo ultraestatalista que se autolegitima e, assim, também promove o esvaziamento da cidadania, se mostrando, pois, inaceitável num Estado Democrático de Direito. Segundo tais autores, esse modelo tendente a um papel legislativo das Cortes Supremas de mostrar a interpretação sobre determinado caso vai de encontro com o

---

7 MITIDIERO, Daniel. **Cortes superiores e cortes supremas:** do controle à interpretação, da jurisprudência ao precedente. São Paulo: Editora Revista dos Tribunais, 2013, p. 79.

8 MARINONI, Luiz Guilherme. **A ética dos precedentes**. São Paulo: Editora Revista dos Tribunais, 2014, p. 12.

que se espera a partir do CPC/2015, quanto a encampar a prática de um uso discursivo e adequado dos precedentes.[9]

Com efeito, considerando que estabilidade não deve ser sinônimo de imutabilidade de entendimentos judiciais, o modelo de Cortes Supremas como a esfera onde será dada a última palavra acerca de determinada interpretação não se coaduna com o atual estágio processual, em razão da possibilidade garantida aos diversos tribunais de firmarem uma decisão que do ponto de vista qualitativo se caracterize como precedente e que tenha sido originada, por exemplo, a partir do julgamento de um IRDR perante um tribunal estadual.

Assim, como não se vislumbra a possibilidade de que algum tribunal venha a fechar a interpretação do direito em uma decisão, mas a persecução de sua necessária estabilidade até que surjam novos fundamentos hábeis à mudança decisória, o que fará o tribunal proceder com a devida distinção e/ou superação do precedente, há de se respeitar as decisões estabilizadas, prestigiando "uma linearidade argumentativa para que realmente possam ser percebidos como verdadeiros precedentes capazes de gerar este dever cooperativo normativo".[10]

---

9 NUNES, Dierle; PEDRON, Flávio Quinaud; HORTA, André Frederico de Sena. Art. 926 do CPC e suas propostas de fundamentação: um diálogo com concepções contrastantes. In: NUNES, Dierle; MENDES, Aluisio Gonçalves de Castro; JAYME, Fernando Gonzaga (Coord.). **A nova aplicação da jurisprudência e precedentes no CPC/2015:** estudos em homenagem à professora Teresa Arruda Alvim. São Paulo: Editora Revista dos Tribunais, 2017, p. 350-351.

10 Pela importância do entendimento e a abordagem da questão de maneira ímpar, vale a transcrição integral: "O dever de estabilidade se acomoda àquilo que foi perseguido desde o período embrionário de adoção do *stare decisis* (no sistema inglês do *common law*) e da doutrina de precedentes vinculantes, como no emblemático caso *Rex v. Inhabitants of Underbarrow and BradleyField,* em 1766, no qual segundo Lord Mansfield, não seria oportuno o afastamento de casos precedentemente definidos e sobretudo a modificação de pronunciamentos consolidados em face dos riscos de graves consequências. A indicação de tal *case* não é acidental em face da percepção de que nos encontramos exatamente em período embrionário de consecução de uma nova racionalidade no uso do direito jurisprudencial de modo a romper com as facilidades de mudança interpretativa que os tribunais brasileiros impõem em seus julgados. Apontando-se que tal estabilidade não significa petrificação ou fechamento argumentativo, ou que o Tribunal tenha a última palavra acerca da interpretação, como se algum tribunal pudesse fechar a interpretação do direito em uma decisão, mas sim a persecução da necessária estabilidade enquanto não se apresentarem novos fundamentos hábeis à mudança decisória. Precisamos perceber que há de se respeitar os entendimentos estabilizados e que os acórdãos devem possuir uma

Há, portanto, uma aposta da nova legislação quanto ao uso e a força dos precedentes, de maneira que a necessária atenção deve ser conferida aos deveres fundamentais de coerência e integridade, inclusive não olvidando-se, quando mandatório, do uso das técnicas de distinção (*distinguishing*) e da superação (*overruling*), como modo de garantir que a estabilidade jamais conduzirá a um engessamento do direito.

Em matéria de precedentes, o processo amparado na Constituição deve ser visto como uma garantia em face de arbitrariedades que, sob o aspecto da coerência, se exibe como uma forma de impor uma racionalidade crítica em relação ao passado e, sob o viés da integridade, um compromisso com o presente e o futuro, assegurando, pois, estabilidade até que o cenário em que se fundou, se modifique.

Desse modo, uma vez assimiladas as influências do novo ordenamento processual rumo à racionalidade normativa, a qual prestigia o ideal de respeito ao passado, buscando a base em pressupostos dworkinianos, é possível conceber a ideia de que os juízes têm o dever de verificar a história institucional do Direito, na busca das decisões que melhor representem os princípios jurídicos para responder aos casos concretos em litígio. Assim agindo, possibilitam, a partir de decisões devidamente fundamentadas em atenção ao art. 93, IX da CF/1988 e ao art. 489, do CPC/2015, a construção de um caminho processual de respeito à integridade e coerência do direito.

Nessa linha, Dierle Nunes, Flávio Quinaud Pedron e André Frederico de Sena Horta sustentam, a partir das lições de Michelle Taruffo[11], que "não se ignora que a oportunidade de se estabelecer um precedente pode justificar a seleção de casos a serem analisados no mérito (arts. 1.036 e 1.037, CPC/2015), assim como o fato de que a decisão proferida em um caso selecionado em razão de sua importância provavelmente estabelecerá um precedente".[12]

---

linearidade argumentativa para que realmente possam ser percebidos como verdadeiros precedentes capazes de gerar este dever cooperativo normativo." (THEODORO JUNIOR, Humberto; NUNES, Dierle; BAHIA, Alexandre Melo Franco; PEDRON, Flávio Quinaud. **Novo CPC:** fundamentos e sistematização. 3. ed. Rio de Janeiro: GEN Forense, 2016, p. 260.)

11 TARUFFO, Michele. Institucional factors influencing precedentes. In: MacCORMICK, D Neil; SUMMERS, Robert S. (Ed.). **Interpreting precedents:** a comparative study. Aldershot: Ashgate, 1997, p. 446.

12 NUNES, Dierle; PEDRON, Flávio Quinaud; HORTA, André Frederico de Sena. Art. 926 do CPC e suas propostas de fundamentação: um diálogo com concepções contrastantes. In: NUNES, Dierle; MENDES, Aluisio Gonçalves de Castro; JAYME, Fernando Gonzaga (Coord.). **A nova aplicação da jurisprudência e precedentes no CPC/2015:**

Há, sob essa perspectiva, uma relação de retroalimentação entre a seleção dos casos que figurarão como paradigmas e a própria formação do precedente, posto que a partir do contexto fático-jurídico que se verifica em tais processos, inicia-se um caminho construtivo da decisão, corporificando os elementos da *ratio decidendi* e da *obter dictum*, e, na leitura inversa, o próprio precedente estaria a ratificar essa relevância. Daí, portanto, repisar a observância dos critérios, visto que a seleção com desatenção à mínima metodologia estabelecida, inclusive a ser aplicada de forma uníssona para a todos os casos repetitivos, conduzirá a um afastamento da coerência e integridade do direito discutido, abrindo-se uma arriscada margem, inclusive, para ocorrência de condutas judiciais discricionárias.

Com efeito, ainda quanto à correlação entre julgamento de casos repetitivos e formação de precedentes, pode-se concluir, pela condução a duas abordagens: a primeira, cuja abordagem será feita ainda nessa seção, está relacionada ao dever de fundamentação da decisão de seleção dos casos paradigmas, e a segunda, portanto, no tópico seguinte, a de que a seleção com base em critérios adequados se apresenta como antecedente lógico necessário à formação da *ratio decidendi*. Fala-se, pois, em coerência e integridade, respectivamente, para a formação e aplicação do precedente.

Nessa perspectiva, a fundamentação traduz-se em uma das garantias do cidadão face o Estado, especialmente a de que a decisão emitida no seu caso está orientada segundo um cenário constitucional e, portanto, espera-se estar constitucionalmente adequada. Por isso que, quando se trata do julgamento de casos repetitivos, a etapa de seleção dos casos paradigmas com base nos critérios propostos deve ser fundamentada, justamente para que se tenha não só um controle da função decisória e, portanto, uma limitação ao julgador, mas para que se de fato se trate de uma decisão coerente com o que se espera da Constituição e não mera escolha.[13]

---

estudos em homenagem à professora Teresa Arruda Alvim. São Paulo: Editora Revista dos Tribunais, 2017, p. 353.

13 Rememora-se, aqui, com base nas lições de Lenio Luiz Streck e conforme anotado no capítulo anterior, que a decisão judicial "não pode ser entendida como um ato em que o juiz, diante de várias possibilidades possíveis para a solução de um caso concreto, escolhe aquela que lhe parece mais adequada" – "decidir não é sinônimo de escolher". Isso porque a escolha é sempre parcial, ou seja, trata-se de um ato de opção de algo sem que haja um compromisso acurado em relação ao simples ato de escolher. (STRECK, Lenio Luiz. **O que é isto – decido conforme minha consciência?** Coleção o que é isto? V. 1. 2 ed. Porto Alegre: Livraria do Advogado, 2010, p. 105-106).

De outro giro, a seleção com base em critérios adequados repercute como antecedente lógico necessário à formação da *ratio decidendi* que comporá o futuro precedente, dado o lastro de coerência e integridade que se espera, inclusive, na seleção dos casos paradigmas, os quais passarão a representar o quadro fático que embasará a tese jurídica e, por conseguinte, o eficaz precedente que se espera conformar.

Nas linhas seguintes essas duas ilações serão abordadas detidamente, de forma a melhor expor a importância de cada perspectiva para o tratamento do tema.

4.1.2 O dever de fundamentação da decisão de seleção dos casos paradigmas: coerência e integridade como pressupostos para a vinculação

Com efeito, coerência e integridade estão no cerne dos precedentes, não devendo estes serem vistos, a partir do CPC/2015, como enunciados com meras pretensões universalizantes, pois se assim se imaginar, estar-se-ia retroagindo às ideias positivistas do século XIX. A toda evidência e em razão dos fartos incentivos promovidos pela nova lei processual, os precedentes devem ser concebidos sob uma nova perspectiva da hermenêutica filosófica, onde de fato os intérpretes se curvam à tarefa de discussão dos casos jurídicos e a busca, através do diálogo interpretativo, pela extração das efetivas razões de decidir e, com isso, afastar a mera discussão de teses em abstrato, por meio de enunciados feitos sem qualquer critério metodológico como se normas fossem.

Em matéria de precedentes, o CPC/2015 não é suficiente para alavancar, sem os influxos e atenção da comunidade jurídica, a força obrigatória de sua aplicação. Assim, a integridade e coerência do direito precisa ter como alicerces básicos, inclusive em contraposição a possíveis posturas discricionárias, preceitos de atenção ao dever constitucional de fundamentação das decisões judiciais – o qual é, antes, um dever básico respaldado na teoria do direito – de zelo ao contraditório dinâmico e, ainda, a realização de um procedimento alicerçado na boa-fé e no devido processo leal.[14]

---

14 De acordo com Fredie Didier Júnior citando o pensamento de Joan Pico I Junoy, "o princípio da boa-fé processual compõe a cláusula do *devido processo legal*, limitando o exercício do direito de defesa, como forma de proteção do direito à tutela efetiva, do próprio direito de defesa da parte contrária e do direito a um processo com todas as garantias (processo devido). Cria, para tanto, eloqüente expressão: o devido processo leal". (DIDIER JÚNIOR, Fredie. **Editorial 45**: notas sobre o princípio da

Leonardo Faria Schenk e José Roberto Sotero de Mello Porto[15] ao discorrerem sobre as funções da motivação com base nas reflexões de Michele Taruffo[16] – frisando-se que para a presente abordagem se optou pela expressão "fundamentação"[17], por entende-la com o termo que mais se aproxima do seu real sentido interpretativo e distanciando-se da sua con-

---

boa-fé processual objetiva. Ampliação do capítulo sobre princípios do processo do v. 1 do Curso de Direito Processual Civil. 2008. Disponível em: http://www.frediedidier.com.br/ editorial/editorial-45/. Acesso em: 02 set 2020.) No mesmo texto, mas em nota de rodapé, está transcrita a seguinte contribuição do jurista estrangeiro: "*...la efectividad de la tutela judicial impone el rechazo a la actuación maliciosa o temeraria de las partes, o dicho em otros términos, la mala fé procesal puede ponder em peligro el otorgamiento de uma efectiva tutela judicial...*" (JUNOY, Joan Pico i. El debido proceso leal. **Revista Peruana de Derecho Procesal.** Lima: Palestra, 2006, v. 9, p. 346.).

15 "A terceira função da motivação está relacionada ao sistema de precedentes, uma vez que é ínsito ao sistema do *stare decisis* o conhecimento da *ratio decidendi* dos casos preteritamente julgados e que, com o decorrer do tempo, passam a gozar do status de precedente. Para conhecer qual precedente se aplicará nos casos posteriores e o que efetivamente constitui precedente, dentro de cada decisão, é que não se negocia a importância da motivação das decisões." (SCHENK, Leonardo Faria; MELLO PORTO, José Roberto Sotero de. Motivação das decisões: notas sobre seu conteúdo, histórico e algumas contradições do CPC/15. **Revista Eletrônica de Direito Processual – REDP.** Rio de Janeiro, v. 19, n. 1, p. 193-213, jan./abr. 2018, p. 193-213.)

16 Michele Taruffo estruturou as funções da motivação em três espécies básicas de controle: o endoprocessual, o extraprocessual e controle do sistema de precedentes. Considerando que o controle relacionado aos precedentes foi abordado no parágrafo, compete trazer linhas gerais dos outros dois. Logo, o controle endoprocessual estaria relacionado às partes, no sentido da delimitação quanto ao interesse recursal, por exemplo, bem como aos julgadores do recurso, e possui como objetos os controle de fato e de direito: o primeiro dirigido à valoração e seleção das provas, e o segundo, à escolha e interpretação das normas aplicadas. Por outro lado, o controle extraprocessual se inclina para o sentido próprio de Administração da Justiça, uma vez que se destina a assegurar a todas as pessoas – e não somente às partes do processo –, a oportunidade de ter ciência e provar o fundamento das decisões judiciais, buscando-se, portanto, afastar arbitrariedades no exercício do poder, em deferência aos direitos fundamentais. (TARUFFO, Michele. Apuntes sobre las funciones de la motivación. **Revista iberoamericana de derecho procesal**, Buenos Aires, v. 2, n. 4, p. 237-249, jul./dez. 2016.)

17 Em deferência a essa expressão: THEODORO JUNIOR, Humberto; NUNES, Dierle; BAHIA, Alexandre Melo Franco; PEDRON, Flávio Quinaud. **Novo CPC:** fundamentos e sistematização. 3. ed. Rio de Janeiro: GEN Forense, 2016, p. 332-346. OMMATI, José Emílio Medauar. A fundamentação das decisões jurisdicionais no projeto do novo código de processo civil. In: FREIRE, Alexandre; DANTAS, Bruno; NUNES, Dierle; DIDIER JR., Fredie. **Novas tendências do processo civil**: estudos sobre o projeto do novo código de processo civil. v. III. Salvador, Juspodivm, 2014, p. 109.

fluência com a moral –, asseveram que uma dessas funções está relacionada ao controle no sistema de precedentes, considerando que no alicerce do *stare decisis* está a necessidade de delimitação da adequada *ratio decidendi* dos casos julgados, os quais, com o decorrer do tempo, passam a gozar do *status* de precedente. Em outras palavras, a fundamentação das decisões é preceito basilar para que se possa identificar qual precedente incidirá em casos seguintes e até mesmo preliminarmente, qual decisão se constituirá de modo efetivo como um precedente.

A coerência na formação da tese jurídica a partir do julgamento sob o rito aplicável aos casos repetitivos está intimamente ligada ao exercício adequado, na fase de admissibilidade, da tarefa de seleção dos casos paradigmas. E para a efetividade desse panorama, é necessário, pois, que o ato de seleção seja entendido não como uma mera escolha, mas, como dito anteriormente, como uma escolha qualificada pelo fato de ser precedida da análise do caso, no que se refere à subsunção dos critérios de seleção dos casos paradigmas, com o objetivo de adequadamente se chegar àqueles que denotem representatividade adequada da controvérsia e, assim, da questão de direito em debate.

De acordo com o art. 1.030, IV do CPC/2015, uma vez que a petição do recurso tenha sido recebida pela secretaria do tribunal e o recorrido intimado para apresentar contrarrazões, findo o prazo de 15 (quinze) dias, os autos serão conclusos ao presidente ou ao vice-presidente do tribunal recorrido, que deverá selecionar o recurso como representativo de controvérsia constitucional ou infraconstitucional, consoante dispõe o § 6º do art. 1.036. É nesse momento, pois, que o tribunal terá o dever de fundamentar a seleção dos casos paradigmas e, uma vez exercendo o juízo positivo de admissibilidade, providenciará a remessa ao STJ ou STF, nos termos do art. 1.030, IV, b, do CPC/2015.

Assim, ao levar em consideração os critérios anteriormente expostos para a seleção dos casos paradigmas, o tribunal deverá necessariamente fundamentar a decisão de afetação, por ser esta ação um pressuposto de validade e eficácia da tese jurídica, haja vista que estará conferindo coerência ao julgamento e à força da decisão em linha com o que se espera de uma cultura de precedentes judiciais, isto é, de respeito ao passado.

Dessa forma, a importância da seleção dos casos paradigmas tanto no IRDR, quanto no julgamento de recursos repetitivos, está ligada à ideia de coerência da decisão, sobretudo no que toca ao aspecto de efetividade da tese jurídica e a capacidade de projeção para outros casos com idêntica questão de direito em litígio, e, nesse passo, faz sentido exigir, sobretudo pelo aspecto da vinculação pretendida pelo julgamento, que a "amarração" venha deste a decisão de afetação, isto é, com a obrigação de fundamentação, com base nos critérios delimitados, da escolha dos casos representativos.

Em outras palavras, estando o órgão julgador diante de uma quantidade considerável de feitos idênticos, sob o aspecto da discussão jurídica, deverá o mesmo apresentar fundamentos para a presença de cada um dos critérios apontados, em maior ou menor medida, que permitam não só o entendimento, por parte dos jurisdicionados, enquanto destinatários da decisão judicial, das razões que levaram à escolha de uns e não de outros processos,[18] assim como o controle da própria atividade Estatal, haja vista a garantia de observância de tais critérios que constituem-se, pois, em verdadeiros limites à discricionariedade judicial.

O ponto ora exposto se comunica com a primeira parte introduzida no capítulo anterior no tocante à seção sobre a teoria da decisão e, nesse passo, dá continuidade à argumentação acerca dos vetores hermenêuticos de integridade e coerência. Dito isto, a decisão deve ser vista como o "terreno" propício para o fomento à garantia da integridade, coerência e estabilidade do Direito, que se constrói a partir do exercício do dever básicos dos juízes e tribunais consignado no art. 93, IX da CF/1988 e no art. 489, do CPC/2015, qual seja, o de fundamentação dessas decisões, assegurando-se a cada cidadão a possibilidade de avaliar se a resposta proferida em relação ao seu caso está constitucionalmente adequada.

A fundamentação da decisão de afetação e, nessa linha, a constatação arrazoada de cada um dos critérios nos casos paradigmas, garante à decisão, de um lado, a integridade em face de possíveis arbitrariedades do órgão julgador, por exigir-lhe o trabalho de construção de base argumentativa de fundo constitucional e de forma integrada ao conjunto do direito e, de outro, a coerência, no tocante ao dever de respeito às decisões anteriores, de modo a considerar, em situações vindouras idênticas, os mesmos princípios e preceitos anteriormente aplicados.[19]

E essa cautela na defesa pela acurada fundamentação da seleção dos casos paradigmas tem razões específicas. Por um lado, a seleção de casos que não tenham aderência aos critérios de seleção e, portanto, se afigurem

---

18 CABRAL, Antônio do Passo. A escolha da causa-piloto nos incidentes de resolução de processos repetitivos. *In*: DIDIER JR., Fredie; CUNHA, Leonardo Carneiro da (coord.). **Julgamento de casos repetitivos.** Salvador: Juspodivm, 2017, p. 45.

19 STRECK, Lenio Luiz. **Lições de crítica hermenêutica do direito.** 2 ed. Porto Alegre: Livraria do Advogado Editora, 2016, p. 61-62.

inadequados para a composição da tese jurídica, certamente conduzirá a um cenário de reverberação de decisões injustas para uma infinidade de processos e, portanto, com elevado grau de insurgência.

De outro giro, a fundamentação com base nos critérios permite a justa seleção dos casos também sob o aspecto da correção de escolhas inadequadas, sobretudo quando se leva em conta a ação de litigantes habituais que no IRDR, por exemplo, apresentam o incidente com base em processo que melhor reflita o ponto de vista pretendido dentre os tantos outros em curso, quando em realidade, há outras demandas que se amoldam de maneira mais aderente às balizas de cada um dos critérios. É dizer, portanto, que a fundamentação da decisão de afetação, inclusive na substituição do caso inicialmente submetido em virtude do aludido, garante a representatividade adequada e evita o direcionamento da cognição do órgão julgador.

Assim, uma vez superada a etapa de especificação dos critérios de seleção dos casos que servirão ao julgamento pelo Tribunal e cuja decisão será aplicável a todos os demais casos que se encontrarem na mesma situação, dado que o pronunciamento em sede de julgamento de casos repetitivos apresenta efeito vinculativo, o qual é próprio do precedente que tem força normativa e, nesse sentido, reclama o dever de aplicação pelos Tribunais.

4.2 TESE JURÍDICA E FORMAÇÃO DE PRECEDENTES VINCULANTES

A decisão judicial exarada no julgamento de casos repetitivos abre espaço para incursão e análise, quanto à projeção de seus efeitos, sob dois aspectos: o da formação propriamente da tese jurídica, e as implicações a partir da sua leitura no contexto fomentado pelo código vigente quanto a um microssistema de formação de precedentes com caráter vinculante.

Contudo, quanto à essa concepção, é prontamente perceptível a existência de posições doutrinárias divergentes na literatura jurídica, mormente no tocante aos limites e efeitos da tese jurídica no julgamento de casos repetitivos em relação aos demais casos idênticos, ou seja, se de fato são capazes de assumir qualitativamente a condição de precedentes autênticos.

Luiz Guilherme Marinoni apresenta distinção entre os institutos, entendendo que o fato de alguns casos serem julgados sob o rito dos repetitivos, por si só, não culmina em decisão qualificada como precedente vinculante, frisando ser "impossível confundir decisão que resolve demandas repetitivas com precedente que atribui sentido ao direito e, nessa condição, deve ser respeitado".[20]

Com efeito, em relação ao IRDR, Luiz Guilherme Marinoni defende que a resolução única da questão incidente nos casos repetitivos não passa de uma decisão que produz coisa julgada a qual, portanto, impede a rediscussão da questão já decidida, mas que em função de ter sido ditada nos processos de alguns para os casos de muitos, os seus efeitos serão extensíveis à terceiros, por se tratarem de litigantes com os mesmos interesses em processos similares. No tocante aos recursos repetitivos, entende que os precedentes emanam de suas decisões não pelo rito a que são submetidos, enquanto resolução de casos derivados de recursos em massa, mas em função da elaboração da *ratio decidendi* pelo STF ou STJ, enquanto Cortes Supremas.[21]

Para Georges Abboud, as decisões prolatadas em julgamentos de recursos repetitivos não representam precedentes em sentido estrito, "porquanto sua construção não é histórica, foi imposta mediante alteração legislativa motivada na redução da velocidade dos processos", além de destacar que a invocação de um precedente sob dado caso concreto exige interpretação e a garantia do contraditório entre as partes, ao passo em que a decisão advinda do julgamento de casos repetitivos – "decisão dotada de efeito vinculante" – não teria essa exigência, dado que em se tratando de regra decisória de uma multiplicidade de casos concretos, se afigura similar a uma norma pronta

---

20 MARINONI, Luiz Guilherme. **Precedentes obrigatórios**. 5. ed. São Paulo: Editora Revista dos Tribunais, 2016, p. 322.

21 Em relação ao IRDR, Luiz Guilherme Marinoni aduz: "No caso de resolução de demandas repetitivas, a questão é pinçada dos casos pendentes e submetida a expressa decisão do órgão julgador incumbido do incidente. É óbvio que a resolução única da questão incidente nos casos repetitivos nada mais é do que uma decisão que produz coisa julgada sobre a questão que interessa a todos os litigantes dos processos pendentes. Significa que se está diante de coisa julgada que se estende a terceiros". Posteriormente, em relação aos recursos repetitivos, sustenta que: "É por isso que também os recursos extraordinários e especiais repetitivos devem ser pensados como meios para a fixação de precedentes que atribuem sentido ao direito e, apenas por essa razão, devem regular os demais casos. Retenha-se o ponto: *os precedentes formados em recursos extraordinário e especial repetitivos devem ser respeitados por constituírem rationes decidendi elaboradas pelas Cortes Supremas e não por constituírem resoluções de casos de que derivam recursos em massa*". (MARINONI, Luiz Guilherme. **Precedentes obrigatórios**. 5. ed. São Paulo: Editora Revista dos Tribunais, 2016, p. 323;332).

e acabada, dispensando, pois, as alegações das partes, a fundamentação e a problematização decisional.[22]

Para Humberto Dalla Bernardina de Pinho e Roberto de Aragão Ribeiro Rodrigues, o CPC/2015 avançou muito no sentido da implementação de uma jurisprudência mais uniforme, estável, coerente e, em razão da ampliação e aperfeiçoamento dos mecanismos processuais de julgamento por amostragem existentes, com atribuição de efeitos vinculantes para tais casos. Entendem, portanto, que as decisões proferidas sob a sistemática de tais instrumentos ostentam a natureza de decisões definidoras de teses jurídicas, sendo imprecisão terminológica do novel código a alusão a precedentes judiciais vinculantes, mas que não obstante a esse ponto, cogente é a concepção de que houve o estabelecimento de um verdadeiro microssistema destinado à pacificação de controvérsias jurídicas que se repetem em inúmeras ações ou recursos.[23]

Por outro lado, Aluisio Gonçalves de Castro Mendes observa que a tese jurídica não é um precedente como concebido no sistema de *stare decisis*, mas é possível conceber os novos mecanismos processuais dentro de uma nova concepção de precedente devidamente amoldada ao contexto jurídico nacional, "formado não a partir da extração das razões predominantes da decisão proferida em um caso concreto, mas mediante uma técnica concentrada e direta de resolução de questão comum de direito extraída de processos paralelos que se encontram em tramitação".[24]

---

22 ABBOUD, Georges. Precedente judicial *versus* jurisprudência dotada de efeito vinculante: a ineficácia e os equívocos das reformas legislativas na busca de uma cultura de precedentes. *In*: WAMBIER, Teresa Arruda Alvim (coord.). **Direito jurisprudencial**. São Paulo: Revista dos Tribunais, 2012, p. 520-522.

23 PINHO, Humberto Dalla Bernardina de; RODRIGUES, Roberto de Aragão Ribeiro. O microssistema de formação de precedentes judiciais vinculantes previstos no novo CPC. **Revista de Processo**, São Paulo, v. 41, n. 259, p. 405-435, set. 2016, p. 432.

24 "Os novos mecanismos processuais podem também ser considerados dentro de uma nova, e ajustada ao ordenamento nacional, concepção de precedente, formado não a partir da extração das razões predominantes da decisão proferida em um caso concreto, mas mediante uma técnica concentrada e direta de resolução de questão comum de direito extraída de processos paralelos que se encontram em tramitação. Naturalmente, os aspectos fáticos subjacentes a estes casos concretos fornecerão o substrato necessário para a análise e formulação da tese jurídica pertinente, diferenciando-se assim esta técnica da própria atividade legislativa, na medida em que a tese não é dotada de generalidade absoluta, mas limitada à resolução dos casos concretos existentes. O fato de ser aplicável a casos não a desnatura como precedente judicial, tendo em vista que foi produzida a partir de uma modulagem fática existente e que poderá se repetir em

Portanto, parece ser uníssona a constatação de que as decisões proferidas em atenção à técnica de julgamentos de casos repetitivos são de observância obrigatória pelos tribunais e juízos inferiores, os quais fixam o entendimento acerca de determinada matéria jurídica, o que importa na redução significativa da quantidade de recursos que chegam às instâncias superiores. Dessa maneira, a resolução da questão de direito pelos tribunais superiores ou pelos próprios tribunais locais se consolida em tese jurídica deverá ser replicada para os casos similares de modo a garantir que essas causas tenham a mesma solução, prestigiando-se, assim, celeridade, isonomia e segurança jurídica no tratamento de questões com grande repercussão social.

Contudo, observando as divergências doutrinárias sobre a natureza dessas decisões, uma relevante questão cinge-se à adoção de uma ideia de microssistema de geração de precedentes vinculantes a partir, dentre outros instrumentos, dos julgamentos que decorrerem da técnica destinada aos casos repetitivos, razão pela qual se mostra oportuno o seu aprofundamento nos tópicos seguintes.

4.2.1 Precedentes judiciais: notas propedêuticas

Acerca dos precedentes judiciais, o ponto de partida para a sua contextualização está ligado à crescente aproximação entre os sistemas do *civil law* e do *common law*,[25] de modo que no caso brasileiro, país de evidente tradição legislativa, é perceptível as influências do *common law*, seja no modo de decidir dos juízes e tribunais ao invocarem decisões tomadas em contextos similares, seja por meio da característica da finalidade de vinculação das decisões, mas a partir de um movimento particular e distinto dos países que de forma originária adotaram o mencionado sistema, por ter como antecedente a atuação do legislador na condução de reformas, como a que gerou o CPC/2015, tendentes à garantia da vinculação dos precedentes judiciais por meio da letra da lei.

---

casos futuros. Há, portanto, coincidência entre a metodologia e técnicas pertinentes à tese firmada no Incidente de Resolução de Demandas Repetitivas e o precedente, pois nos casos futuros poderá ocorrer identidade, similitude, distinção ou necessidade de superação." (MENDES, Aluisio Gonçalves de Castro. **Incidente de resolução de demandas repetitivas:** sistematização, análise e interpretação do novo instituto processual. Rio de Janeiro: Forense, 2017, p. 260.)

25 MENDES, Bruno Cavalcanti Angelin. A jurisdição e a aproximação entre os sistemas jurídicos do common law e do civil law, **Revista Ensinagem**, Belém, v. 2, n. 1, p. 151-187, jan./jun. 2013.

A partir deste recorte temático, e como já se afirmou em obra anterior[26], esse estreitamento "decorre de circunstâncias políticas e culturais que, de modo diverso, suscitaram tradições jurídicas particulares e que têm se flexibilizado diante das novas compreensões de direito e de jurisdição surgidas, principalmente, pelos impactos do constitucionalismo"[27].

Em suas ilações, José Carlos Barbosa Moreira, afirma ser "indubitável que o peso do universo anglo-saxônico tem aumentado no direito brasileiro, talvez mais noutros campos, agora diretamente alcançados pelas vagas da globalização econômica, mas também no terreno do processo civil"[28].

Desse modo, a convergência entre os sistemas jurídicos, de modo particular no Judicial *Review*, trazendo para o cenário brasileiro as influências da doutrina do *stare decisis*[29] e, por conseguinte, de anseios pela força obri-

---

26 "Por estes fatores históricos e pelas tendências contemporâneas se ratifica o cenário de convergência entre os sistemas jurídicos *civil law* e *common law*. No que tange ao crescimento da atividade legislativa em países de tradição anglo-saxônica, se atribui esta realidade à ampliação das ideias democráticas, ao dirigismo estatal e à necessidade de implementação de mudanças sociais em razão da cobrança por compromissos assumidos no cenário internacional. Por outro lado, a força do Direito jurisprudencial em países de *civil law* está ligada, dentre outros fatores, às diretrizes do constitucionalismo contemporâneo, à expansão do Direito Público e o resguardo aos direitos individuais, bem como pela aceitação das novas tendências hermenêuticas, as quais conferem ao juiz um papel diferenciado na criação do direito em vias de Jurisdição Constitucional. Em virtude dessas questões, se confere relevância aos valores de segurança jurídica (em seus aspectos de previsibilidade e estabilidade), de igualdade entre os jurisdicionados, de busca pela resolução rápida e efetiva dos litígios e na uniformização pela coerência da ordem jurídica.". (MENDES, Bruno Cavalcanti Angelin. **Precedentes judiciais vinculantes:** a eficácia dos motivos determinantes da decisão na cultura jurídica. 2. ed. Curitiba: Juruá, 2015, p. 54.)

27 MENDES, Bruno Cavalcanti Angelin. **Precedentes judiciais vinculantes:** a eficácia dos motivos determinantes da decisão na cultura jurídica. 2. ed. Curitiba: Juruá, 2015, p. 52.

28 BARBOSA MOREIRA, José Carlos. O processo civil entre dois mundos. *In:* BARBOSA MOREIRA, José Carlos. **Temas de direito processual** – oitava série. São Paulo: Saraiva, 2004, p. 47.

29 Vale citar, sobre destacar o seguinte trecho: "O *stare decisis* (expressão corrente no direito estadunidense), no *common law*, designa o respeito obrigatório ou eficácia vinculante dos precedentes e, assim, se cogitou, inicialmente, que a criação do direito lhe seria um antecedente lógico. Conforme ensina Mersky e Dunn (2002), o Direito Inglês e o Direito norte-americano consagraram a figura do *stare decisis* como a decisão proferida pela Corte na condição de princípio aplicável a um conjunto de fatos e que, por sua natureza, deve ser aplicado a casos futuros que guardem características substanciais. Ademais, o *stare decisis*, na visão estadunidense, representa duas espécies vinculativas:

gatória dos precedentes judiciais, foi sentida de modo mais pontual com a Emenda Constitucional 45/2004, haja vista que com a previsão das súmulas vinculantes no bojo do art. 103-A da Constituição Federal, abriu-se passagem para uma série de mudanças no CPC/1973, estimulando discussões em torno da aplicabilidade, na cultura jurídica pátria, de institutos atinentes à teoria dos precedentes judiciais.

Nessa senda, o precedente caracteriza-se quando, no bojo da decisão versando sobre matéria de direito, estejam articuladas as principais argumentações jurídicas, as quais tenham sido debatidas e firmadas a partir de casos concretos. Em outros termos, a construção da decisão judicial e, assim, de uma fórmula de solução que atenda ao real sentido de aplicação do direito em várias situações em comum perpassa, necessariamente, pelo amadurecimento das teses e antíteses sobre a questão debatida na perspectiva desses casos. Logo, é certo que integridade e coerência ao direito estão dentre as características que respaldam o precedente, o qual valerá como uma herança da comunidade política para solução de outros casos concretos, observando-se o dever constitucional de fundamentação das decisões judiciais, consoante art. 93, inc. IX da Constituição Federal.

O Brasil, enquanto país de tradição jurídica fundada no *civil law*, pelo respeito às leis e ao texto constitucional exaustivo, caminha a passos curtos para a inclinação à utilização dos precedentes vinculantes, tanto a partir de um aspecto cultural (típico do *common law*), quanto no aspecto legal, embora tenha sido resultado, em grande escala, deste último. É que no cenário brasileiro, o tema dos precedentes precisou de uma legislação, no caso, o CPC/2015, para dar visibilidade e continuidade a um trabalho de aprofundamento das discussões e aplicação do instituto que vinha sendo comedidamente realizado por debates doutrinários e em pequenas reformas legislativas, como a que incluiu o art. 285-A e os arts. 543-B e 543-C no CPC/1973, ao passo que no *common law*, a própria cultura jurídica se encarregou, judicialmente, de dar contornos ao instituto.

---

a vertical, que se caracterizaria pelo respeito das decisões pretéritas da Corte superior pelas inferiores e que, nas lições de Cappelletti (1984:80) se inseriria na ideia de que "uma decisão proferida pela corte de maior hierarquia de jurisdição será vinculante para todas as cortes de hierarquia inferior pertencentes à mesma jurisdição"; o sentido horizontal, isto é, a Corte teria o dever de preservar e observar as decisões anteriormente proferidas, mesmo na hipótese de alteração da constituição dos juízes integrantes." (MENDES, Bruno Cavalcanti Angelin. **Precedentes judiciais vinculantes:** a eficácia dos motivos determinantes da decisão na cultura jurídica. 2. ed. Curitiba: Juruá, 2015, p. 42.)

A questão que desponta como preocupação, a partir dessa análise, é a necessidade de se demandar esforços da comunidade jurídica, em vias de aplicação do CPC/2015, no sentido de aproveitar o momento para empreender uma modificação cultural que já deve ocorrer desde os bancos das faculdades e universidades.

Destarte, a consolidação de uma cultura jurídica de respeito aos precedentes, perpassa desde o ensino nas instituições de ensino superior até o debate acerca da teoria da decisão e do modo de construção adequada das respostas judiciais aos casos concretos a ser desenvolvida pelos atores processuais no bojo do procedimento.

Assim, para que seja atendida a garantia da fundamentação das decisões judiciais que, dependendo de sua qualidade, poderão configurar-se em precedentes, é imprescindível que se demandem esforços no sentido de entender de forma precisa as circunstâncias do caso concreto, isto é, com base na correta distinção entre a questão de fato e a questão de direito, o que recorrentemente tem sido um problema na prática jurídica quando os representantes das partes e o próprio juiz utilizam-se de teses jurídicas sem dar a devida e pontual atenção ao caso, isto é, se entre tais há uma relação de acoplamento. Caracteriza-se, então, a negligência com os aspectos da facticidade e da introdução do mundo fático do direito, cuja consequência direta é a impossibilidade de se falar em norma jurídica (seja geral ou individual)[30].

Com efeito, da introdução do mundo prático no direito se compreende que cada caso é um caso, mas que nesse contexto a integridade e a coerência do direito conduzem à ideia de tratamento isonômico entre os casos similares para que se possa alcançar não só a garantia da igualdade, mas também da segurança jurídica, enquanto corolários do Estado Democrático de Direito.

Por isso que, agindo o magistrado em inobservância ao passado, isto é, aos precedentes judiciais, está a ferir a isonomia e, portanto, por sua discricionariedade estará agindo fora das premissas do Estado Democrático de Direito. Como dito anteriormente, a democracia não se mostra compatível com decisões baseadas em consciências pessoais. É dizer, pois, que o juiz que não respeita os precedentes afronta diretamente contra os direitos e garantias fundamentais, particularmente a democracia, colocando em perigo a integridade e a coerência do direito.

---

30 Nesse sentido: GADAMER, Hans-Georg. **Verdade e método I:** traços fundamentais de uma hermenêutica filosófica. 14. ed. Petrópolis: Vozes, 2014. STRECK, Lenio Luiz. **Hermenêutica jurídica e(m) crise:** uma exploração hermenêutica da construção do direito. 10. ed. Porto Alegre: Livraria do Advogado, 2011.

Além desses valores, o adequado uso dos precedentes judiciais tem o condão de confiar segurança jurídica ao sistema, sob os aspectos da previsibilidade e estabilidade, de possibilitar o tratamento isonômico entre os jurisdicionados, bem como a busca pela efetividade processual e o desestímulo à litigância judicial.[31]

E para que tais preceitos sejam resguardados é necessário, antes, compreender os precedentes judiciais em sua condição, distinguindo-os de institutos como a súmula vinculante, que se abordou no início, e mesmo do próprio conceito de decisão judicial, que por si só não pode ser considerada como precedente, pois pode não conter as características necessárias à configuração deste, seja por não tratar de questão de direito ou por apontar meramente aquilo que está escrito na lei, ou ainda, por apenas reafirmar o precedente.

Com efeito, para a utilização adequada do precedente judicial faz-se necessária a reconstrução de sua história, inicialmente por meio de uma análise comparativa dos casos, isto é, do atual e do caso paradigma, inclusive com a devida atenção aos elementos da *ratio decidendi* (razões de decidir que se configura como princípio a ser aplicado ao caso similar) e do *obter dictum* (elementos circundantes da decisão), circunstâncias estas que possibilitarão o emprego correto, se for o caso, de técnicas como a da distinção (*distinguishing*) ou da superação (*overruling*).

O que se vê, no Judiciário brasileiro, é que em muitas ocasiões, ementas de acórdãos são utilizados como se precedentes judiciais fossem, o que em nada colabora para a adequada compreensão e aprofundamento do instituto na cultura jurídica[32]. Isto porque ao dar ensejo a essa distorção, se está a

31 A esse respeito, já se defendeu anteriormente: "O que se preza, pela tradição de respeito aos precedentes, é uma mudança de comportamento e de postura, não só do Judiciário, mas também de todos que a ele recorrem. Em outras palavras, longe de manifestar extrema repulsa aos dispositivos normativos que busquem essa finalidade, registra-se que tais podem ser válidos e colaborar com a ampliação de uma cultura de precedentes, na medida em que determinados valores sejam legitimados por uma construção multilateral, ou seja, tanto por aqueles que "operam" o Direito, quanto pela sociedade para o qual ele se dirige e é aplicado." (MENDES, Bruno Cavalcanti Angelin. **Precedentes judiciais vinculantes:** a eficácia dos motivos determinantes da decisão na cultura jurídica. 2. ed. Curitiba: Juruá, 2015, p. 78.)

32 De acordo com Denarcy Souza e Silva Júnior: "As Cortes Supremas do Brasil, notadamente o Supremo Tribunal Federal e o Superior Tribunal de Justiça, que são responsáveis por dar a última palavra acerca da interpretação da Constituição Federal e da lei infraconstitucional federal, tem muito a colaborar com a aplicação da doutrina do stare decisis, isso diante da competência constitucional que lhes é atribuída. Não se

serviço do enfraquecimento do argumento necessário ao uso do precedente, isto é, das razões de decidir e, portanto, da própria reconstrução de sua história, já que dificulta a identificação das semelhanças e diferenças entre os casos (atual e paradigma).

Nesse cenário, por vezes resta obscura a identificação da *ratio decidendi*, diante do que se extrai para a própria ementa que, em muitas situações, não são as exatas razões de decidir que alí constam e, mesmo no bojo da decisão que poderia potencialmente se configurar como precedente, se conseguiria identificar. Há, portanto, mais que um problema de interpretação: há uma dificuldade hermenêutica, de adequada fundamentação.

Ronald Dworkin[33] serve de referencial para a proposta de afastar o mito do direito como norma geral e abstrata, para a sua aplicação à complexidade dos casos. Isso porque, a partir da metáfora do romance em cadeia impõe a ideia do direito como integridade, imprimindo não só a coerência e a consistência do sistema jurídico, como também a responsabilidade do intérprete em buscar a resposta correta com base na comunidade de princípios em que se insere e situando a decisão como se fosse um romance em cadeia, isto é, o juiz deve, com a sua decisão, assumir o passado e projetar o futuro.

Dessa forma, ao decidir o juiz está atrelado ao dever de continuidade a um romance em cadeia, considerando que os capítulos anteriores do livro foram necessariamente escritos pelas pretéritas decisões, a serem recorrentemente observadas para garantia da integridade e coerência do romance, ainda que com a finalidade de mudar a narrativa da história em virtude das particularidades do presente. A metáfora do romance em cadeia, a propósito, mantém a ideia de dinamicidade do direito e, ainda, impõe a adoção de uma

---

deve mais entender as Cortes Supremas como cortes de controle, mas sim como cortes de precedentes, vocacionadas a outorgar sentido à Constituição e à legislação federal infraconstitucional, daí a necessidade de se valorizar as suas decisões, emprestando-lhes força vinculante não apenas aos órgãos jurisdicionais hierarquicamente inferiores, mas sim, sobretudo, que as próprias Cortes Supremas estejam vinculadas aos seus próprios precedentes, o que, infelizmente, ainda hoje não se percebe de forma plena." (SILVA JÚNIOR, Denarcy Sousa e. **A bondade dos bons e os precedentes judiciais: integridade e coerência como limitadoras da discricionariedade judicial.** Disponível em: https://emporiododireito.com.br/leitura/a-bondade-dos-bons-e-os-precedentes-judiciais-integridade-e-coerencia-como-limitadoras-da-discricionariedade-judicial-por-denarcy-souza-e-silva-junior. Acesso em: 03 nov. 2020.)

33 DWORKIN, Ronald. **Uma Questão de Princípio.** 2. ed. São Paulo: Martins Fontes, 2005.

teoria dos precedentes no *civil law*, a partir da compreensão do próprio direito como integridade, conferindo estabilidade e coerência às decisões judiciais, fatores que se somam na busca por opções e ferramentas de enfrentamento da crise de efetividade do Poder Judiciário.

Os precedentes judiciais vinculantes, portanto, revelam a preocupação com a busca pelo correto e adequado sentido do texto na tradição da comunidade jurídica, como forma de garantir a integridade e coerência do direito. O reforço à teoria dos precedentes vinculantes também advém da distinção a distinção entre o texto normativo e a norma jurídica que, de acordo com Eros Grau reintroduziu a faticidade na *applicatio*, já que a partir de seu estudo se chega à tradição da comunidade política, as pré-compreensões e preconceitos e, assim, evita-se, diante da equivocidade da linguagem, decisionismos e discricionariedade. Esta, por sinal, é uma questão que vem sendo enfrentada pelas teorias da decisão judicial na conjuntura do pós-positivismo.

Sobre um cenário de conformação normativa dos precedentes judiciais em um contexto jurídico-cultural de aplicação em países típicos de *civil law*, Michele Taruffo, referindo-se à busca por uniformidade jurisprudencial – e até em tom crítico, o qual se admite em razão da aceitação da possibilidade de que um dado sistema jurídico possa adaptar à sua realidade os diversos institutos e instrumentos processuais aspirando a melhor administração da justiça – lembra que os diversos ordenamentos jurídicos adotam técnicas variadas visando a realização dessa função uniformizadora, de modo que a referência ao precedente se tornou uma espécie de mantra, repetido à exaustão e, em razão disso, passa a influenciar as reformas processuais.[34]

---

34 Segundo Michele Taruffo, em tradução livre: "É, todavia, interessante observar que os diversos ordenamentos empregam várias técnicas para disciplinar a maneira pela qual deve ser implementada a função de "uniformização" das respectivas cortes supremas. A mais comum destas técnicas é, certamente, constituída pelo *stare decisis*, ou seja, da atribuição a uma decisão anterior e, essencialmente, à *ratio decidendi* que justifica juridicamente o seu êxito, da capacidade de influenciar na decisão de um caso sucessivo idêntico ou análogo. Nascida principalmente nas cortes inglesas e norte-americanas, a prática do precedente foi difundida em muitos ordenamentos também de *civil law*. Em alguns casos, de fato, a referência ao precedente tornou-se uma espécie de mantra que é recitado repetidamente, até que se constituiu uma espécie de obsessão que também influencia o legislador processual". No original: "E' tuttavia interessante osservare che i diversi ordinamenti impiegano varie tecniche per disciplinare le modalità con cui dovrebbe attuarsi la funzione "uniformatrice" delle rispettive corti supreme. La più diffusa di queste tecniche è senz'altro costituita dallo stare decisis, ossia dall'attribuzione ad una decisione anteriore, ed essenzialmente alla ratio decidendi che ne giustifica giuridicamente l'esito, della capacità di influenzare la decisione di un caso successivo

4.2.2 Qualidade e efeito vinculante das teses jurídicas firmadas pelos diversos tribunais em julgamentos de casos repetitivos

Uma vez fixados os apontamentos básicos sobre os precedentes, impende tecer algumas considerações sobre o grau de vinculação das teses jurídicas proferidas a partir de julgamentos repetitivos, tendo como referência que a possibilidade de que sejam emitidas tanto por tribunais inferiores, quanto pelas cortes superiores.

É cediço que a tese jurídica, em sua leitura geral aplicável ao julgamento em IRDR e em recursos repetitivos, não se caracteriza estritamente como um precedente no mesmo molde como é concebido pelo sistema do *stare decisis*, posto que, ao menos no IRDR, não houve um julgamento direto dos casos concretos paradigmas, nem tampouco foi estabelecida a partir de julgados reiterados. Ao contrário, nesse caso, a decisão surge de um julgamento concentrado em torno de uma questão de direito, guardando, a tese jurídica, em um primeiro momento e sob o aspecto formal, muito mais semelhança com os enunciados de súmula.

Com efeito, a tese jurídica deveria ser entendida como uma terceira espécie, por não se enquadrar nos moldes conhecidos dos conceitos de precedentes e jurisprudência, ou o modelo processual brasileiro poderia ser lido em interpretação que aproximasse os conceitos, dando-se ênfase à ideia de que os objetivos de uniformização e respeito às decisões, inclusive protegidos pelo CPC/2015, tivesse por base resguardar o entendimento, pacífico ou predominante, acerca de determinada questão de direito, pelos diversos tribunais? Nessa linha de ponderação entre conceitos e possibilidades, seria inconcebível, ainda que no contexto da cultura jurídica pátria, em especial, do disposto no art. 927 do CPC/2015, a percepção de formação de precedentes a partir do julgamento de casos repetitivos?[35]

---

identico o analogo. Nata principalmente nelle corti inglesi e nordamericane, la prassi del precedente si è diffusa in moltissimi ordinamenti anche di civil law. In alcuni casi, anzi, il richiamo al precedente è diventato una specie di mantra che viene recitato a ripetizione, fino a costituire una sorta di ossessione che influenza anche il legislatore processuale.". (TARUFFO, Michele. Le funzioni dele corti supreme tra uniformità e Giustizia. **Revista Eletrônica de Direito Processual – REDP**, Rio de Janeiro, v. 14, n. 1, p. 438-449, dez. 2014, p. 440.)

35 MENDES, Aluisio Gonçalves de Castro. **Incidente de resolução de demandas repetitivas:** sistematização, análise e interpretação do novo instituto processual. Rio de Janeiro: Forense, 2017, p. 207.

Não obstante as diversas reflexões que possam aproximar ou distanciar os conceitos de jurisprudência, precedentes e efeitos vinculativos dos pronunciamentos judiciais, se observa na literatura jurídica, autores como Luiz Guilherme Marinoni e Daniel Mitidiero entendendo pela concepção teórica de que a função e o poder de formação de precedentes estão concentrados no Supremo Tribunal Federal e no Superior Tribunal de Justiça, enquanto Cortes Supremas.[36]

Para fundamentar essa compreensão, Daniel Mitidiero nota que o processo civil passou a ser visto sob um duplo viés responsivo: de resolução de casos concretos mediante uma decisão justa e, assim, em um discurso dirigido às partes; e de promoção da unidade do Direito por meio da formação de precedentes, em discurso orientado à sociedade.[37]

À guisa de esclarecimento, há de se registrar que a concepção de Corte Suprema tem por base as ideias de Michele Taruffo,[38] que a ideou com função criativa e projetada ao futuro, em contraponto às Cortes de Terceira instância, com o dever de fazer a escolha da interpretação justa, isto é, as escolhas valorativas da melhor interpretação das normas.

Como implicações práticas e considerando a economia e eficiência, afirma o autor que a melhor solução é a que partilha a tutela dos direitos se dê em dois níveis judiciários distintos e, então, atinentes a essas duas dimensões, de maneira que "o ideal é que apenas determinadas cortes sejam vocacionadas à prolação de uma decisão justa e que outras cuidem tão somente da formação de precedentes", em proposta de divisão entre Cortes de Justiça, onde a interpretação normativa é meio para obtenção da decisão justa, e Cortes de Precedentes, onde o caso concreto é o pretexto para a composição da adequada interpretação e promoção da unidade do Direito.[39]

Ademais, com relação às Cortes de Precedentes, Daniel Mitidiero também as distingue entre Cortes Superiores e Cortes Supremas. Enquanto as Cortes Superiores estariam ligadas a uma concepção cognitivista do

---

36 MITIDIERO, Daniel. **Cortes superiores e cortes supremas:** do controle à interpretação da jurisprudência ao precedente. São Paulo: Revista dos Tribunais, 2013. MARINONI, Luiz Guilherme. **A ética dos precedentes.** São Paulo: Revista dos Tribunais, 2014.

37 MITIDIERO, Daniel. **Cortes superiores e cortes supremas:** do controle à interpretação da jurisprudência ao precedente. São Paulo: Revista dos Tribunais, 2013, p. 15-16.

38 TARUFFO, Michele. **Il vértice ambiguo:** saggi sulla cassazione civile. Bologna: Il Mulino, 1991, p. 161.

39 MITIDIERO, Daniel. **Cortes superiores e cortes supremas:** do controle à interpretação da jurisprudência ao precedente. São Paulo: Revista dos Tribunais, 2013, p. 30-31.

direito na qual o processo civil buscaria a mera declaração de uma norma já existente mediante uma jurisprudência uniforme (função de controle), as Cortes Supremas ou de Precedentes vinculam-se a uma compreensão lógico-argumentativa do direito (uma espécie de outorga de sentido a elementos textuais e não textuais), na qual o escopo é dar unidade ao direito mediante a formação de precedentes.

Nesse sentido, a proposta de Daniel Mitidiero é a de que o STF e o STJ abandonem a tendência de atuarem como Cortes Superiores, marcadas por um controle reativo de legalidade (declaração do exato sentido da lei) e cuja decisão se limita apenas ao caso concreto que, embora integre a jurisprudência no dever de mantê-la estável, não constitui fonte primária do Direito, e passem ao *status* de Cortes Supremas,[40] nas quais, por seu perfil prospectivo, a interpretação que acarreta sempre uma escolha é racionalmente controlada pela lógica e pela argumentação jurídica, revelando, pois, preocupação com a obtenção de um fundamento último, como uma decisão que encerre o debate.

Na mesma linha, Luiz Guilherme Marinoni sustenta que os precedentes obrigatórios devem ser fixados pelas Cortes Supremas, uma vez que a evolução e reformulação na teoria da interpretação "coloca nas mãos das Supremas Cortes a função de atribuir sentido ao direito (ou definir a interpretação adequada ao texto legal), evidenciando-se a necessidade de a decisão da Corte ser legitimada por uma argumentação racional".[41]

Não obstante a tais argumentos, resta claro que a cultura jurídica brasileira, sobretudo no contexto das inovações trazidas pelo CPC/2015, busca levar a sério a necessidade de que os tribunais, especialmente (mas não limitando) os superiores, em sua função básica de construir decisões que sirvam de precedentes qualitativamente fundamentados, garantindo-se integridade e coerência ao sistema jurídico.

Percebe-se, pois, os riscos da assunção da concepção de um papel exclusivo às Cortes Supremas no tocante à atribuição de sentido ao Direito e, assim, agregar valor à ordem jurídica, o que poderia conduzir a um perfil altamente ativista da Jurisdição, permeado de uma postura avessa à condição dialógica e comparticipativa do direito. Assim, Dierle Nunes, Flávio Quinaud Pedron e André Frederico de Sena Horta entendem que a crença

40 MITIDIERO, Daniel. **Cortes superiores e cortes supremas:** do controle à interpretação da jurisprudência ao precedente. São Paulo: Revista dos Tribunais, 2013, p. 79.

41 MARINONI, Luiz Guilherme. **A ética dos precedentes.** São Paulo: Revista dos Tribunais, 2014, p. 64.

das chamadas Cortes Supremas como as únicas responsáveis por prover a resposta vinculante a ser seguida e de seu inerente acerto "cria um modelo ultraestatalista que se autolegitima e esvazia o papel da cidadania, o que não se pode aceitar num Estado Democrático de Direito."[42]

Ademais, o argumento da ausência de naturalização institucional de um sistema racional e normativo no trato dos precedentes no Brasil, que seria fruto das raízes patrimonialistas[43] de matrizes lusitanas para fundamentar a concentração de funções no STF e no STJ não pode ser tido como ponto intransponível, posto que deve-se considerar a possibilidade de evolução até mesmo por adequação de um país de tradição *civil law* que, devido à baixa institucionalização do trato dos precedentes e de ausência, até em momento recente, de uma teoria estruturada de formação e aplicação dos mesmos, começa a sentir o fortalecimento dessa cultura a partir das disposições trazidas pelo CPC/2015, em especial, o seu art. 926.

Desse modo, considerando que o direito brasileiro se encontra em um estágio inicial de entendimento e remodelação visando a consecução de uma nova racionalidade no uso do direito jurisprudencial, sobretudo com o objetivo de romper com cenários de mudanças interpretativas bruscas pelos tribunais quanto aos seus julgados, caberá cotidianamente com a

---

42 NUNES, Dierle; PEDRON, Flávio Quinaud; HORTA, André Frederico de Sena. Art. 926 do CPC e suas propostas de fundamentação: um diálogo com concepções contrastantes. In: NUNES, Dierle; MENDES, Aluisio Gonçalves de Castro; JAYME, Fernando Gonzaga (Coord.). **A nova aplicação da jurisprudência e precedentes no CPC/2015:** estudos em homenagem à professora Teresa Arruda Alvim. São Paulo: Editora Revista dos Tribunais, 2017, p. 350.

43 Dierle Nunes, Flávio Quinaud Pedron e André Frederico de Sena Horta criticam a posição manifestada por Luiz Guilherme Marinoni de que apesar de toda a mudança institucional do Estado brasileiro, o Poder Judiciário se vincularia ao "patrimonialismo" por manter um "caráter pessoal das decisões, estimulado num sistema em que não há respeito a precedentes das Cortes Supremas". Para os autores: "Essa tese do 'patrimonialismo', sedutora e recorrente no senso comum teórico brasileiro, já macula sua proposta, pois, se o Judiciário Brasileiro fosse patrimonialista, o seria em sua inteireza, em todos os seus graus e juízes, acometendo inclusive os ministros dos Tribunais Superiores, de modo a inviabilizar o defendido papel altamente diferenciado desses tribunais que os habilitaria, sem personificação, a decidirem com racionalidade normativa". (NUNES, Dierle; PEDRON, Flávio Quinaud; HORTA, André Frederico de Sena. Art. 926 do CPC e suas propostas de fundamentação: um diálogo com concepções contrastantes. In: NUNES, Dierle; MENDES, Aluisio Gonçalves de Castro; JAYME, Fernando Gonzaga (Coord.). **A nova aplicação da jurisprudência e precedentes no CPC/2015:** estudos em homenagem à professora Teresa Arruda Alvim. São Paulo: Editora Revista dos Tribunais, 2017, p. 344.)

participação de todos os atores processuais, a tarefa de internalização e institucionalização dessa normatividade para que num futuro próximo todos possam gozar mais fortemente dos frutos e benesses do uso discursivo e adequado dos precedentes.[44]

Outro ponto que deve ser ponderado refere-se à busca, através do modelo de deferência à concepção de precedentes unicamente pelas Cortes Supremas, de ter a plena visão prospectiva do direito, como se fosse crível, através da interpretação, antever todas as hipóteses posteriores de aplicação e os tribunais pudessem fechar o discurso jurídico. Nesse particular, portanto, não se pode incorrer no risco de acoplar o conceito de estabilidade ao de petrificação ou fechamento argumentativo, supondo tais cortes tivessem inexoravelmente condições de dar a última palavra e, assim, fechar a interpretação, dado que a estabilidade pressupõe constância e não se opõe a uma abertura à eventuais mudanças decisórias diante de novos fundamentos, inclusive a partir das técnicas de distinção e superação de precedentes.

A estabilidade do direito deve ser respeitada em atenção à história institucional em torno das decisões proferidas por um dado tribunal, de modo que os seus acórdãos tenham uma linha argumentativa coerente e, assim, possam ser percebidos qualitativamente enquanto precedentes que, no âmbito do processo com base na Constituição, tenham condições de garantir o respeito ao dever cooperativo normativo de observância do passado em eficácia nos sentidos vertical e horizontal, com o devido comprometimento com o presente e o futuro.

Ademais, a tese das Cortes Supremas encontra barreiras em duas linhas de destinatários: em relação à sociedade, não se pode ignorar que o Direito, por estar presente no cotidiano das pessoas ao construírem as suas relações jurídicas e, assim, efetivarem seus planos de vida a partir dessa relação recíproca, também possam conferir sentido às leis e normas constitucionais,

---

44 "Tal desiderato certamente não será atingido sobre um novo mito de virtudes quase inatas de cortes supremas, com papel (para)legislativo de mostrar a interpretação justa escolhida que iria 'iluminar a vida social e servir de bússola para os demais juízes e tribunais', ou seja, a ser reproduzida por nossos juízes afetos a um suposto modelo associativo percebido por nossos Tribunais Superiores". (NUNES, Dierle; PEDRON, Flávio Quinaud; HORTA, André Frederico de Sena. Art. 926 do CPC e suas propostas de fundamentação: um diálogo com concepções contrastantes. In: NUNES, Dierle; MENDES, Aluisio Gonçalves de Castro; JAYME, Fernando Gonzaga (Coord.). **A nova aplicação da jurisprudência e precedentes no CPC/2015:** estudos em homenagem à professora Teresa Arruda Alvim. São Paulo: Editora Revista dos Tribunais, 2017, p. 351.)

enquanto comunidade política; por outro lado, os demais tribunais pátrios, se assim fosse, não só suportariam a um problema de redução da atuação institucional, tendente à própria perda do autonomia do direito, como os tornaria dependentes de decisões por eles proferidas, inclusive, por limitação à uniformização do direito aos casos que seriam julgados por tais tribunais.[45]

Em razão desse último ponto, entende-se que para a viabilização de um sistema racional de precedentes que preze efetivamente pela uniformização do Direito, imperioso se faz partir da premissa de que o sistema jurídico pátrio favorece a que todos tribunais ajam como participes ativos da interpretação e desenvolvimento de direito, materializando um compromisso coeso de promoção da integridade e da coerência, que não é exclusivo do STJ e do STF – embora seja inegável que as decisões proferidas por tais cortes trazem uma amplitude diferenciada –, mas compartilhado entre todos os órgãos do Poder Judiciário, incluindo, pois, os juízos de primeira e segunda instâncias.

Portanto, a construção de uma cultura de precedentes no Brasil vai além de uma tarefa apenas comparativa em relação a sistemas externos como o anglo-americano, exigindo, pois, a assimilação do que deles pode ser absorvido no âmbito dogmático, e rejeitando-se, por certo, as suas inconsistências e equivocidades.[46] Essa tarefa de considerar as peculiaridades do sistema processual pátrio inclui levar a sério as contingências e exigências de legitimação no processo constitucionalizado como garantia, seja no viés

---

45 NUNES, Dierle; PEDRON, Flávio Quinaud; HORTA, André Frederico de Sena. Art. 926 do CPC e suas propostas de fundamentação: um diálogo com concepções contrastantes. In: NUNES, Dierle; MENDES, Aluisio Gonçalves de Castro; JAYME, Fernando Gonzaga (Coord.). **A nova aplicação da jurisprudência e precedentes no CPC/2015:** estudos em homenagem à professora Teresa Arruda Alvim. São Paulo: Editora Revista dos Tribunais, 2017, p. 353.

46 "A simplificação do método para fins de determinação da *ratio decidendi* a partir do critério hierárquico das Cortes Supremas indica que o caminho para algo ainda mais perigoso já foi aberto, isto é, ensaia-se a proteção da escolha voluntarista no processo decisório. Isso significaria que a Corte Suprema poderia eleger, a partir de um ato de vontade, aquilo que compreende como sendo a *ratio decidendi* dos casos anteriores, valendo-se, nesse particular, de um paralelismo à metodologia defendida pelo positivismo jurídico de viés kelseniano ou hartiano, pois, nas referidas teorias, assegura-se ao juiz a possibilidade de fazer escolhas dentro das diversas possibilidades contidas numa moldura ou textura aberta. Considerando-se a indeterminação linguística, o precedente passaria a ser considerado tão somente aquilo que a Corte Suprema diz ser." (VIANA, Antônio Aurélio de Souza. Precedentes vinculantes e cortes supremas: uma análise crítica. **Teoria jurídica contemporânea.** Rio de Janeiro, v.1, n. 2, p. 122-146, jul./dez. 2016, p. 143.)

da participação de todos aqueles que puderem ser atingidos e, no caso dos julgamentos repetitivos, a adequada representação processual a partir da seleção dos casos paradigmas.

Com efeito, em relação à natureza da tese jurídica e do seu efeito vinculativo em relação aos julgamentos repetitivos, nada mais sensato do que o pensamento de Aluisio Gonçalves de Castro Mendes para quem "o assunto deve ser tratado sem estereótipos ou maniqueísmos, bem como a partir de uma análise histórica, sistemática e comparada, considerando as experiências internacionais e a realidade nacional".[47]

E é a partir dessa realidade nacional que o tema precisa ser ponderado, pois não se pode conceber como instransponível a concepção de que a tese jurídica firmada nos julgamentos de casos repetitivos não poderiam ser compreendidos como precedentes apenas ao argumento de ausência de norma constitucional estabelecendo o efeito vinculativo, uma vez que se há uma tendência de argumentar o distanciamento do instituto quanto às características que nele são tidas nos países de *common law*, em tais, também não se vislumbra uma norma constitucional expressamente prevendo o efeito vinculativo. O argumento em aspecto comparativo – esse recorrentemente proposto – não se sustenta.

Ademais, não parece ser coerente com os influxos do novo ordenamento processual que a decisão seja qualitativamente identificada como precedente apenas se reunir condições de ser espelhada estritamente aos moldes observados nos países de direito costumeiro, ignorando, por exemplo, a possibilidade de uma remodelação do instituto em consonância com a historicidade processual do país de adaptação que, no caso do Brasil, os anseios de vinculação têm se revelado a partir de construções de todas as ordens e fontes, isto é, doutrinárias, legislativas e a partir de posicionamentos jurisdicionais.

Após referenciar o Brasil como um país de *civil law* e destacar como típico do sistema pátrio que os precedentes dos tribunais superiores, mesmo que seja um só, tenham autoridade diferenciada, Teresa Arruda Alvim e Bruno Dantas destacam que o CPC/2015 inovou ao fazer com que certas situações, proferidas em certos contextos, já nasçam com força de precedentes, que devem ser necessariamente respeitados, sob pena de sujeição ao instituto da reclamação. Os, portanto, autores fazem referência à expressão "observarão"

---

47 MENDES, Aluisio Gonçalves de Castro. **Incidente de resolução de demandas repetitivas:** sistematização, análise e interpretação do novo instituto processual. Rio de Janeiro: Forense, 2017, p. 206.

do art. 927 do CPC/2015 para sustentar que o legislador a usou para reunir neste artigo, situações diferentes, em relação aos incidentes de julgamento de casos repetitivos, que "*precedentes* vinculantes em sentido forte estão no art. 927, III. Fortes, *porque ensejam reclamação*".[48]

Por outro lado, o próprio CPC/2015, ainda que timidamente, perfilhou que do resultado dos julgamentos de casos repetitivos surgirão teses jurídicas com capacidade de qualificação como precedentes e efetiva vinculação ao estabelecer, nos termos do art. 979, §2º (ao IRDR) e §3º (estendendo aos recursos repetitivos), que o registro eletrônico das teses jurídicas constantes do cadastro no CNJ conterá, no mínimo, os fundamentos determinantes da decisão e os dispositivos normativos a ela relacionados, ou seja, claramente está disposta a preocupação em explicitação dos fundamentos determinantes, enquanto *ratio decidendi*, para possibilitar a identificação dos processos abrangidos pela decisão do incidente e, portanto, as hipóteses de vinculação ao precedente formado.

De outro giro, a exigência de identificação dos fundamentos determinantes da decisão é também tida como forma de controle e limitação à atividade do órgão julgador, uma vez que nos termos do art. 489, §1º, V do CPC/2015, não se considera fundamentada qualquer decisão judicial, seja ela interlocutória, sentença ou acórdão, que se limitar a invocar precedente ou enunciado de súmula, sem identificar seus fundamentos determinantes nem demonstrar que o caso sob julgamento se ajusta àqueles fundamentos. Além da referida limitação, entende-se que o legislador concedeu força vinculativa e caráter de precedente à tese jurídica formada também a partir dos julgamentos de casos repetitivos, em clara composição da *ratio decidendi*.

Não obstante, o ideal da equidade, oriundo da Constituição, e buscado pelo CPC/2015, está justamente em distribuir jurisdição idêntica para casos que comungarem de controvérsias de direito semelhantes, a partir de uma sistemática própria de precedentes que apesar de ganhar um reforço pela legislação, diante da tradição *civil law* do direito brasileiro, não pode, ser dela dependente, como se a sua força decorresse de um ato de promulgação.

Nesse sentido, Ronald Dworkin considera que "a força gravitacional de um precedente pode ser explicada por um apelo, não à sabedoria da

---

48 ALVIM, Teresa Arruda; DANTAS, Bruno. **Recurso especial, recurso extraordinário e a nova função dos tribunais superiores no direito brasileiro.** 4. ed. São Paulo: Revista dos Tribunais, 2017, p. 520-521.

implementação de leis promulgadas, mas à equidade que está em tratar os casos semelhantes do mesmo modo".[49]

Cumpre esclarecer que a leitura dos precedentes ajustada ao contexto nacional, ou seja, de deferência ao caráter vinculativo surgido com a decisão formada a partir do julgamento de casos repetitivos, tem como substrato os aspectos subjacentes aos casos concretos paradigmas que, por sua vez, fornecerão as balizas para análise e formulação da tese jurídica. Nesse ponto, percebe-se um distanciamento da própria atividade legislativa, a qual ocorre em um contexto de generalidade absoluta, porquanto que as técnicas de julgamento de casos repetitivos estão limitadas à resolução dos casos concretos pendentes e aqueles futuros, uma vez judicializados.

Pela importância da conclusão formulada por Aluisio Gonçalves de Castro Mendes no tocante ao produto dos julgamentos repetitivos, há de se concordar com a afirmação de que "o fato de ser aplicável a casos não a desnatura como precedente judicial, tendo em vista que foi produzida a partir de uma modulagem fática existente e que poderá se repetir em casos futuros". Assim, nota-se uma coincidência entre a metodologia e técnicas pertinentes à tese firmada nos julgamentos repetitivos (mais precisamente no IRDR) e o precedente, pois nos casos futuros é possível que se vislumbre identidade, ou necessidade de distinção ou superação.[50]

Existe, portanto, uma moldura fática que não pode ser esquecida e que se encontra nos autos dos processos paradigmas, ainda que as partes deles venham a requerer desistência. Isso porque a construção da base decisória teve, em seu nascedouro, a seleção com base em critérios que circunscreveram questões fáticas basilares como a argumentação em torno dos pontos fático-jurídicos, que levou em cona a qualidade dos sujeitos do participantes e interessados no deslinde da causa e, assim, da questão jurídica, de modo que é a partir dessa visão, ainda que se trate de um julgamento em sua essência objetivo, dele poderão ser extraídas as razões de decidir que conformarão essa noção de precedente devidamente adaptada à cultura jurídica pátria.

Em outras palavras, os critérios de seleção propostos "olham" os casos concretos de fora e antes da causa ter como foco principal a decisão de mérito sobre a questão jurídica, de modo que não se pode ignorar, portanto, que a

---

49 DWORKIN, Ronald. **Levando os direitos a sério.** 3. ed. Tradução: Nelson Boeira. São Paulo: Martins Fontes, 2010, p. 176.

50 MENDES, Aluisio Gonçalves de Castro. **Incidente de resolução de demandas repetitivas:** sistematização, análise e interpretação do novo instituto processual. Rio de Janeiro: Forense, 2017, p. 260.

oportunidade de se estabelecer um precedente justifica a postura de cautela no exercício dessa função pelos tribunais e a necessidade de fundamentação da decisão de afetação dos casos paradigmas, assim como o fato de que a decisão proferida nos casos selecionados, em razão de sua importância e do interesse público de que se reveste, por conta dos destinatários que a aguardam, provavelmente estabelecerá um precedente.[51]

4.2.3 O julgamento de casos repetitivos no contexto do microssistema de formação de precedentes vinculantes

As semelhanças exigidas para que se empilhem vários casos como repetitivos na mesa do órgão julgador, ou em linguagem atual, para que sejam separados eletronicamente múltiplos processos a constituir um grupo isomórfico de demandas destinadas a um julgamento uníssono, são basicamente a coincidência entre os fatos e a questão jurídica, ambos extraídos a partir dos casos concretos levados ao Judiciário.[52]

Logicamente, os fatos não serão exatamente os mesmos, mas deverão ser considerados aqueles pontos fáticos que apresentem similaridade no tocante às consequências jurídicas que deles decorrerão e, portanto, que se afunilam para uma decisão no mesmo sentido. Desse modo, os casos repetitivos são aqueles que, na individualidade dos direitos que expõem, congregam de uma base fático-jurídica comum, tais como a discussão sobre as circunstâncias e cláusulas que embasaram a pactuação de um contrato, ou a incidência de um adicional remuneratório para determinada categoria, etc., isto é, cuja causa de pedir remota tenha fatos semelhantes e que veicule questões jurídicas também idênticas.

Essas causas notadamente repetitivas são apresentadas ao crivo do Judiciário por meio dos recursos repetitivos ou do IRDR, instrumentos estes que,

---

51 NUNES, Dierle; PEDRON, Flávio Quinaud; HORTA, André Frederico de Sena. Art. 926 do CPC e suas propostas de fundamentação: um diálogo com concepções contrastantes. In: NUNES, Dierle; MENDES, Aluisio Gonçalves de Castro; JAYME, Fernando Gonzaga (Coord.). **A nova aplicação da jurisprudência e precedentes no CPC/2015:** estudos em homenagem à professora Teresa Arruda Alvim. São Paulo: Revista dos Tribunais, 2017, p. 353.

52 "As questões realmente difíceis consistem em saber ***o que*** *é de cada um e* ***o que*** *torna os casos iguais*, de molde a levar a que devam ser tratados (=solucionados) da mesma forma." (ALVIM, Teresa Arruda. O juiz criativo e o precedente vinculante – realidades compatíveis. **Revista da EMERJ**, Rio de Janeiro, v. 20, n. 1, p. 196-208, jan./abr. 2018, p. 202.)

como mencionado anteriormente, se inserem dentro de um microssistema de julgamentos de casos repetitivos moldado pelo novo ordenamento processual estabelecido com o CPC/2015. Paralelamente, o novo código criou e afinou instrumentos processuais de formação de precedentes vinculantes ou de obrigatoriedade forte,[53] para além dos precedentes persuasivos que já vinham delineados pela legislação.

Desse modo, o já existente microssistema de julgamento de casos repetitivos passa a fazer parte de um círculo maior, isto é, o microssistema de formação e aplicação de precedentes vinculantes,[54] o qual tem como princípios unificadores a isonomia e a segurança jurídica e é composto de três instrumentos previstos no CPC/2015, quais sejam: (i) incidente de assunção de competência (art. 947); (ii) incidente de resolução de demandas repetitivas (arts. 976 a 987); e, (iii) regime de julgamento de recursos especiais e extraordinários repetitivos (arts. 1.036 a 1.041).

Apena para registrar, o incidente de assunção de competência (IAC) não se confunde com o julgamento de casos repetitivos, posto que tais instrumentos têm técnicas procedimentais significativamente distintas, e seu cabimento, portanto, depende da inexistência de repetição da relevante questão de direito, com grande repercussão social, em múltiplos processos. E, dentro da perspectiva de criação de precedentes vinculantes, embora não haja diferenças em termos de eficácia vinculante até mesmo estando inseridos no mesmo dispositivo normativo (art. 927, III do CPC/2015) é natural que o precedente concebido a partir do julgamento de casos repetitivos venha a ser aplicado com maior frequência do que aquele gerado em sede de julgamento de IAC, justamente em razão da quantidade de ações que versam sobre a mesma questão jurídica.

---

53 WAMBIER, Teresa Arruda Alvim; CONCEIÇÃO, Maria Lúcia Lins; RIBEIRO, Leonardo Ferres da Silva; MELLO, Rogério Licastro Torres de. **Primeiros comentários ao novo código de processo civil, artigo por artigo.** São Paulo: Revista dos Tribunais, 2015, p. 1.315.

54 WOLKART, Eric Navarro. O fetiche dos microssistemas no novo código de processo civil – integrações normativas entre procedimentos para formação de precedentes e para julgamentos de processos repetitivos. *In:* NUNES, Dierle; MENDES, Aluisio Gonçalves de Castro; JAYME, Fernando Gonzaga (coord.). **A nova aplicação da jurisprudência e precedentes no CPC/2015:** estudos em homenagem à professora Teresa Arruda Alvim. São Paulo: Revista dos Tribunais, 2017, p. 363-399. DIDIER JR, Fredie; CUNHA, Leonardo Carneiro da. Do incidente de assunção de competência (art. 947). *In*: CABRAL, Antônio do Passo; CRAMER, Ronaldo. **Comentários ao novo código de processo civil**. 2. ed. Rio de Janeiro: Forense, 2016, p. 1.362-1.372.

A esses instrumentos juntam-se outras previsões ao longo do CPC/2015 e que também serão abordadas adiante especificamente no contexto dos casos repetitivos, com o objetivo de garantir a autoridade e aplicação dos precedentes vinculantes tidos a partir de tais julgamentos, podendo-se citar, a título de exemplo mais geral, os dispositivos que tratam da reclamação para a proteção direta do precedente violado (arts. 988 a 993) e todas as normas atinentes às súmulas vinculantes e à jurisdição constitucional (dentre tantos, o art. 521, IV).

Com efeito, relativamente aos casos repetitivos por serem objeto desta análise, em razão de serem resultantes de fatos idênticos e a partir dos quais emanam uma mesma questão de direito, o julgamento dessa questão, seja a partir de IRDR ou sob o rito dos recursos repetitivos, resultará numa decisão que tem por objetivo conduzir a uniformidade da jurisprudência, isto é, com força de observância obrigatória para que possa ser refletida e, assim, conduzir a solução de casos presentes e futuros. Trata-se, portanto, da etapa de fixação da tese jurídica, que tem a fundamentação como requisito inegociável tanto para legitimidade, quanto para autoridade da decisão,[55] e que será sucedida pela fase aplicação do entendimento aos casos concretos.

Portanto, a aplicação da tese jurídica aos casos concretos é uma decorrência lógica do efeito vinculativo e vem seguida de várias implicações e de previsões específicas no CPC/2015. Por conseguinte, uma vez concebida a tese, de acordo com José Roberto Sotero de Mello Porto, o entendimento nela veiculado passará a gerar efeitos de ao menos quatro espécies: (i) a eficácia atual, contemporânea ou panprocessual (eficácia do caso); (ii) a eficácia prospectiva, futura ou (a)temporal (eficácia do precedente); (iii) a eficácia espacial ou territorial; e (iv) a eficácia normativa ou exojudiciária.[56]

---

55 "A atenção redobrada com a fundamentação da decisão no IRDR se deve justamente ao fato de que o acórdão-paradigma projetará seus efeitos para casos cujas partes processuais muitas vezes sequer terão tido a oportunidade fática de apresentar suas razões ao tribunal. Desse modo, o reforço argumentativo exigido na fundamentação está longe de ser mero preciosismo do legislador; ao contrário, é requisito que acresce legitimidade e autoridade ao julgamento." (DANTAS, Bruno. Do incidente de resolução de demandas repetitivas: comentários aos artigos 976 a 987. *In*: WAMBIER, Teresa Arruda Alvim; DIDIER JR., Fredie; TALAMINI, Eduardo; DANTAS, Bruno (coord.). **Breves comentários ao novo código de processo civil.** 3. ed. São Paulo: Revista dos Tribunais, 2016, p. 2.439-2.440.)

56 MELLO PORTO, José Roberto Sotero de. **Teoria geral dos casos repetitivos.** 1. ed. Rio de Janeiro: GZ, 2018, p. 190-206.

Detidamente, a eficácia atual refere-se à aplicação da tese a todos os processos que versem sobre a questão de direito resolvida nos limites do tribunal julgador, sejam demandas individuais ou coletivas. A eficácia prospectiva (do precedente) projeta a tese fixada para frente, obrigando os julgadores de casos futuros, no que se concebe como um dos pilares do próprio microssistema de julgamento de casos repetitivos, bem como do de precedentes vinculantes.[57] A eficácia espacial contempla a extensão de efeitos aos limites dos órgãos jurisdicionais que estão subordinados territorialmente ao tribunal que fixa a tese em IRDR, em irradiação vertical e horizontal, e inclusive aos juizados especiais. Por fim, a eficácia normativa conduz a uma obrigação externa, isto é, de fiscalização da aplicação da tese jurídica por parte dos órgãos e entes públicos e das agências reguladoras.

Acerca dessa última espécie, uma das críticas inicialmente apontadas diz respeito à possível violação ao princípio da separação dos poderes, já que além da alegação de que o Poder Judiciário estaria editando norma em tese em usurpação à função típica do Poder Legislativo, ainda estaria impondo a vinculação dos juízes de hierarquia inferior e da Administração Pública ao órgão prolator da decisão sem previsão na Constituição, correndo teses no sentido da defesa da inconstitucionalidade do IRDR.[58]

Em face dessa arguição, impende frisar que o IRDR e os recursos repetitivos compõem, a exemplo do que se observou na Alemanha, uma técnica de gestão do Poder Judiciário, o qual possui o dever de interpretar e julgar os casos que lhe são submetidos independentemente da existência de regra expressa, de modo que para que os julgamentos se realizem, as questões de direito controvertidas devem ser analisadas e, ao final, o órgão julgador deverá formular teses jurídicas que deverão ser aplicadas aos casos concretos, cujo caráter vinculante dessas decisões se encontra dirigido especialmente aos órgãos do Poder Judiciário.

Assim, dada a amplitude da discussão sobre os efeitos, a qual comporta certamente um fórum específico, é de se sustentar que a vinculação incide, além dos sujeitos apontados no art. 985, §2º e 1.040, IV, do CPC/2015, tam-

57 Entendendo pela concepção de um microssistema de formação concentrada de precedentes vinculantes: DIDIER JR., Fredie; CUNHA, Leonardo Carneiro da. **Curso de direito processual civil**: meios de impugnação às decisões judiciais e processos nos tribunais. v. 3. 12. ed. Salvador: Juspodivm, 2015, p. 1.366.

58 ABBOUD, George; CAVALCANTI, Marcos de Araújo. Inconstitucionalidades do Incidente de Resolução de Demandas Repetitivas (IRDR) e os riscos ao sistema decisório. **Revista de Processo**, São Paulo, v. 40, n. 240, p. 221-242, fev. 2015.

bém sobre os demais cidadãos e agentes estatais[59] em razão, inclusive, da função outorgada ao Judiciário de dar a última palavra quanto aos conflitos surgidos na sociedade, nos termos do art. 5º, XXXV da CF/1988, embora haja vozes em sentido contrário ou que, em postura mais branda, entendem que as decisões estão aptas à produção de efeitos em relação a terceiros, como as agências reguladoras, dada a irradiação de efeitos em caráter preventivo.[60]

Ultrapassada a questão da eficácia, passa-se mais detidamente ao aspecto da garantia da vinculação. O CPC/2015 dedica integralmente o Capítulo I do Livro III às disposições que visam garantir a execução do dever conferido aos tribunais quanto à uniformização de sua jurisprudência e, assim, de mantê-la estável, íntegra e coerente. Logo, os arts. 926 e 928 trazem regras destinadas aos juízes e tribunais a fim de limitar o exercício de suas funções no tocante a criação de um contexto no qual as decisões assumam não apenas caráter vinculante, mas a função de retroalimentação e fortificação desses pronunciamentos e dos que deles derivarem, ou seja, a garantia de um lastro para a estabilidade.

4.2.4 Efeitos e consequências processuais decorrentes do julgamento de casos repetitivos: as bases de um sistema?

Nessa toada, o art. 927 do CPC/2015 inovou no ordenamento pátrio ao promover uma ampliação do rol de decisões dotadas de eficácia vinculante, haja vista que além de reproduzir aquelas previstas constitucionalmente previstas nos arts. 102, §2º e 103-A, respectivamente, as decisões do STF em controle concentrado de constitucionalidade e os enunciados de súmula vinculante, estabeleceu também que produzirão tais efeitos os acórdãos proferidos em incidente de assunção de competência ou de resolução de

59 "E, em se tratando de prestação de serviço público por concessão, permissão ou autorização, o resultado do julgamento será comunicado ao órgão, ente ou agência reguladora competente para fiscalização da efetiva aplicação da tese adotada. Com isso, o Código expressamente contempla a produção de efeitos vinculantes do julgamento por amostragem dos recursos excepcionais também em relação ao Poder Executivo, não só ao próprio Poder Judiciário." (PINHO, Humberto Dalla Bernardina de. **Direito processual civil contemporâneo.** v. 2. São Paulo: Saraiva, 2017, p. 970.). Ainda nesse sentido: MELLO PORTO, José Roberto Sotero de. **Teoria geral dos casos repetitivos.** 1. ed. Rio de Janeiro: GZ, 2018, p. 206.

60 MENDES, Aluisio Gonçalves de Castro. **Incidente de resolução de demandas repetitivas:** sistematização, análise e interpretação do novo instituto processual. Rio de Janeiro: Forense, 2017, p. 237.

demandas repetitivas e em julgamento de recursos extraordinário e especial repetitivos, os enunciados das súmulas do STF em matéria constitucional e do STJ em matéria infraconstitucional e, ainda, a orientação do plenário ou do órgão especial aos quais estiverem vinculados.

Especialmente no caso do IRDR, dada a pulverização nos variados tribunais quanto às possibilidades decisórias, a tese fixada possui reforçado comando geral dirigido à observância e vinculação, em sentido vertical e horizontal, por parte de todos os órgãos jurisdicionais que se encontram situados no âmbito territorial do respectivo tribunal, em processos individuais ou coletivos em trâmite (art. 985, I) e que versem sobre idêntica questão de direito, ou aos casos futuros nessa condição (art. 985, II).

Naturalmente, a tese fixada poderá ter efeito persuasivo em relação aos juízos situados fora da área de jurisdição do tribunal que tenha julgado o IRDR. Além disso, se interposto o recurso especial e/ou extraordinário e apreciado o seu mérito, a tese jurídica adotada pelo STF ou STJ será aplicada, em decorrência de seu efeito vinculativo, no território nacional a todos os processos individuais ou coletivos que versem sobre idêntica questão de direito.

A observância de tais decisões, súmulas e orientações é de caráter cogente pelos juízes e tribunais, os quais deverão não só garantir a fundamentação de todas essas manifestações nos termos do art. 93, XI da CF/1988 e do arts. 11 e 489, §1º do CPC/2015, mas também a estrita atenção ao princípio do contraditório, a partir do disposto no art. 5º, LV da CF/1988, espelhado nos arts. 9º e 10 do CPC/2015. Do mesmo modo, as decisões no sentido de reconhecimento das hipóteses de distinção e superação devem ser fundamentadas,[61] sendo que, se forem omissas, caberá a interposição de embargos de declaração, conforme o art. 1.022, II c/c parágrafo único, I, do CPC/2015.

---

61 Sobre esse ponto, importante advertência é feita por Aluisio Gonçalves de Castro Mendes: "Sendo hipótese de distinção ou de superação, haverá naturalmente, a necessidade de ser exposta a devida fundamentação no sentido da inaplicabilidade da tese ao caso concreto em julgamento ou da formulação de novos fundamentos que denotem que a tese não deve ser mais aplicada, em razão de modificações ocorridas, como, por exemplo, a decorrente de alteração legislativa. No campo doutrinário, sempre foi polêmica a possibilidade de órgão inferior superar entendimento formulado por tribunal que se situe em condições de revisar o entendimento do primeiro. Entretanto, no CPC-2015, a previsão contida no inciso VI, do §1º, do art. 489, parece autorizar a prática, diante de qualquer restrição ou limitação neste e em qualquer outro dispositivo do novo estatuto. Esta possibilidade de superação, precisa ser aplicada comedidamente, pois, do contrário, se realizada pelo tribunal que firmou o precedente, acabará tornando

Logicamente, além da disposição constante do art. 927 do CPC/2015 no que tange aos mecanismos processuais voltados à concepção de precedentes vinculantes, há outras previsões ao longo do código que conduzem a tal finalidade, formando um verdadeiro microssistema de formação de precedentes vinculantes. Seguindo esta linha, cada contexto específico do processo chama a incidência de um determinado complexo de normas, sendo que os arts. 926 a 928 estão ligados às normas gerais, e as demais disposições esparsas, as normas específicas que serão aplicadas em maior ou menor grau, a depender das circunstâncias dos casos concretos.

Dentre as normas específicas, veja-se o caso do art. 311, II do CPC/2015 que autoriza a concessão de tutela de evidência, independentemente da demonstração de perigo de dano ou de risco ao resultado útil do processo, quando as alegações de fato do requerente puderem ser provadas apenas documentalmente e houver tese firmada em julgamento de casos repetitivos ou em súmula vinculante que lhe seja favorável.

Na sequência, o art. 332 do CPC/2015 traz importante previsão acerca da possibilidade de julgamento liminar de improcedência nas causas que dispensem a fase instrutória e, portanto, veiculem pretensões exclusivamente sobre questão de direito, quanto ao pedido que contrariar enunciados de súmula do STF ou do STJ; acórdão proferido por tais cortes em julgamento de recursos repetitivos; entendimento firmado em sede de IRDR ou de incidente de assunção de competência; e, ainda, enunciados de súmula de tribunal de justiça sobre direito local.

Outras normas que se inserem nesse contexto são aquelas que preveem as hipóteses de dispensabilidade de medidas processuais por expressa previsão normativa visando o respeito aos precedentes firmados em julgamentos de casos repetitivos. Com base no art. 496, §4º, II e III do CPC/2015, está dispensada a remessa necessária (duplo grau de jurisdição) quando a sentença estiver fundada em acórdão proferido em julgamento de recursos repetitivos e em entendimento firmado em IRDR. Além disso, quanto ao cumprimento provisório da sentença impugnada por recurso desprovido de efeito suspensivo não será exigida a caução indicada no

---

letra morta a norma, ainda que programática, estabelecida no art. 926 do CPC. Se realizada em demasia pelo juiz de primeiro grau ou pelos tribunais superiores, o sistema de precedentes vinculativos estará correndo sérios riscos." (MENDES, Aluisio Gonçalves de Castro. **Incidente de resolução de demandas repetitivas:** sistematização, análise e interpretação do novo instituto processual. Rio de Janeiro: Forense, 2017, p. 244-245).

art. 520, IV,[62] se a referida sentença estiver em conformidade com a tese firmada em julgamento de casos repetitivos, consoante o disposto no art. 521, IV do CPC/2015.

Além das normas mencionadas, o art. 932, IV, *b*, e V, *c*, do CPC/2015 autoriza o relator a realizar o julgamento monocrático para negar provimento ao recurso contrário ou, para dar provimento ao recurso se a decisão recorrida for contrária, em ambas as situações, quanto: à (i) súmula do STF, do STJ ou do próprio tribunal; (ii) acórdão proferido pelo STF ou pelo STJ em julgamento de recursos repetitivos; ou, ainda, (iii) entendimento firmado em IRDR ou de IAC. Assim, com base nas duas últimas situações, nota-se que o objetivo do legislador foi a garantia de respeito à matéria já pacificada em julgamento de casos repetitivos, em atenção os princípios da isonomia e segurança jurídica, não olvidando-se de assegurar o respeito ao contraditório, no caso de provimento, ao consignar a obrigação, ao relator, de oportunizar a prévia apresentação de contrarrazões.

Do mesmo modo, por força do art. 955, parágrafo único, II do CPC/2015, o relator está autorizado, em sede de conflito de competência, a julgá-lo de plano, ou seja, monocraticamente, quando a sua decisão se fundar em tese firmada em julgamento de casos repetitivos ou em IAC.

Ademais, deve-se destacar que a inobservância da tese fixada em IRDR ou em sede de julgamento de recursos repetitivos enseja o ajuizamento de reclamação, nos termos do disposto no art. 988, VI e §5º, II do CPC/2015.

O art. 988, IV e §5º, II do CPC/2015, visando garantir a observância obrigatória da tese jurídica, enquanto decorrência do efeito vinculativo, traz o estabelecimento de medida para assegurar esse mister, qual seja, o cabimento de reclamação a ser proposta pela parte interessada ou pelo Ministério Público para garantir a autoridade das decisões do tribunal (de maneira especial em decisões em sede de recursos repetitivos) e a observância de acórdão proferido em julgamento de IRDR, a qual poderá ser proposta perante qualquer tribunal, e seu julgamento compete ao órgão jurisdicional cuja competência se busca preservar ou cuja autoridade se pretenda garantir.

Contudo, é relevante destacar que antes mesmo da entrada em vigor do CPC/2015, a Lei 13.256/2016 alterou dois dispositivos cruciais em matéria de respeito aos precedentes: (i) a redação do inc. IV do art. 988, retirando a

---

62 Refere-se à hipótese de levantamento de depósito em dinheiro e a prática de atos que importem transferência de posse ou alienação de propriedade ou de outro direito real, ou dos quais possa resultar grave dano ao executado, dependem de caução suficiente e idônea, arbitrada de plano pelo juiz e prestada nos próprios autos.

menção ao cabimento da reclamação para garantir a observância do "precedente proferido em julgamento de casos repetitivos", mantendo apenas quanto ao "acórdão proferido" em IRDR ou IAC; (ii) do §5º do art. 988, para incluir o inc. II, condicionando a admissão da reclamação proposta para garantir a observância de acórdão proferido em sede de recursos repetitivos, ao esgotamento de todas as instâncias ordinárias.

Nesse passo, outra não há de ser a percepção senão a de que tais modificações vieram na contramão do desenho sistêmico quanto à eficácia vinculativa e a força aos precedentes em julgamentos de casos repetitivos trazido originariamente pelo CPC/2015, pois além de expurgar a menção ao "precedente proferido em julgamento de casos repetitivos", como se tal expressão fosse determinante para a vinculação, já afiançada pelo art. 927, III do código, tanto pior foi em relação à segmentação quanto à admissibilidade da reclamação entre as técnicas do IRDR e dos recursos repetitivos, impondo no último caso, o esgotamento das instâncias ordinárias.

Deste modo, somente após esgotados os primeiro e segundo graus de jurisdição, com todos os meios e recursos existentes, nos quais não se observou o precedente gerado a partir do julgamento do recursos especial e extraordinário repetitivos, ou com a plena demonstração da impossibilidade de meios ordinários para a observância da tese, sem deixar que sobrevenha o trânsito em julgado (caso também de inadmissão), para que possam as partes pretender utilizar a reclamação, o que praticamente traz um esvaziamento do instituto em relação à finalidade de conferir força vinculativa aos precedentes nesses casos.[63]

Com efeito, depreende-se que o CPC/2015 deu contornos sólidos e próprios ao sistema processual civil pátrio para o respeito aos precedentes gerados a partir do julgamento de casos repetitivos com incidência de eficácia vinculante a partir deles, por meio do estabelecimento de um complexo de técnicas voltadas à uniformização da jurisprudência.

O cenário em tela, deve ser instigado a gerar um ambiente propício aos diversos tribunais para desenvolvimento de sua atividade judicante, da qual a fase decisória é uma delas e repercute diretamente nesse contexto,

---

63 CIMARDI, Cláudia Aparecida. A força dos precedentes gerados no julgamento de causas repetitivas pelo novo CPC. *In*: NUNES, Dierle; MENDES, Aluisio Gonçalves de Castro; JAYME, Fernando Gonzaga (coord.). **A nova aplicação da jurisprudência e precedentes no CPC/2015:** estudos em homenagem à professora Teresa Arruda Alvim. São Paulo: Revista dos Tribunais, 2017, p. 224.

dada a finalidade almejada por tais institutos no tocante ao atendimento aos princípios constitucionais da isonomia e segurança jurídica.

4.3 CRITÉRIOS DE SELEÇÃO, FUNDAMENTAÇÃO E PRECEDENTES

4.3.1 A seleção com base em critérios adequados como antecedente lógico e necessário à formação da *ratio decidendi:* coerência e integridade para a aplicação do precedente

A seleção dos casos que suportarão o debate da controvérsia sobre questão de direito na esfera judicial é, portanto, de grande relevância para a construção da tese jurídica que, ao final, terá condições de assumir a posição de precedente concebido pelo Tribunal, a ser aplicado aos demais casos isomórficos repetitivos que foram ou vierem a ser atraídos pela incidência da sua *ratio decidendi*.

Com efeito, o processo de formação de precedentes coerentes com o debate de variados casos fundados em uma idêntica questão jurídica perpassa, necessariamente, pela seleção dos casos representativos, revelando-se, então, como um passo fundamental para a delimitação da *ratio decidendi*, a qual deve abranger todos os fundamentos relevantes e essenciais para dirimir a controvérsia, sobretudo denotando que tais casos contém os aspectos essenciais advindos do uso de critérios adequados, a fim de obter a solução jurídica que se revele mais coerente e com condições de ser reverberada para os demais litígios de massa correlatos.

Há que se destacar que todos os critérios concorrem em importância para a construção da história fático-jurídica que embasará o julgamento dos casos paradigmas, sobretudo, tendo em vista contribuírem para a conformação das razões de decidir.

Desta maneira, a oportunidade de se estabelecer um precedente justifica a seleção de casos e, portanto, a existência de critérios eficazes para exercício dessa função pelos tribunais, como, por exemplo, o critério da argumentação abrangente que confere condições para que a *ratio decidendi* esteja norteada de diversidade de fundamentos e argumentos. Assim, por mais que se sustente que os incidentes de julgamentos de casos repetitivos têm por objeto a questão jurídica – e nesta obra a defesa é nesse sentido –, é notório que o critério argumentativo também foi construído considerando as questões fáticas atinentes aos casos concretos paradigmas.

Ao julgar os casos repetitivos visando o coerente processo de formação do precedente, o órgão julgador deverá, ao exarar a sua decisão, além de considerar todos os argumentos e fundamentos formulados pelas partes e terceiros – e não apenas aqueles "relevantes" nos termos da redação do art. 1.038, §3º, do CPC/2015, em hipótese que também se estende ao IRDR – também se debruçar sobre a seleção adequada dos casos paradigmas, de modo a reduzir as possibilidades de que possíveis novos argumentos possam gerar um ambiente de incerteza do direito firmado no precedente.

Nessa linha, Dierle Nunes sustenta que para o funcionamento adequado da sistemática dos recursos representativos – frise-se, extensível ao IRDR – é primordial que a formação do precedente tenha por base, também, "(...) uma escolha adequada dos recursos representativos que permitirão, na sequência, uma aplicação mais correta dos precedentes que reduza a situação de que novos argumentos induzam uma flutuação de entendimentos com a nefasta instabilidade decisória."[64]

José Roberto Sotero de Mello Porto certeiramente adverte que "deve se ter em mente, no entanto, que os argumentos que não foram acolhidos por maioria e que não constituíram a razão de decidir, mas apenas *obter dicta*, não constituem fundamentação da tese fixada".[65]

Pelo trecho exposto, alusivo ao contexto dos casos repetitivos, se observam as condições viabilizadas pelo próprio ordenamento jurídico no sentido de que, a partir dos julgamentos a ser conduzido nesses casos, seja possível extrair os dois elementos que compõem o conceito de precedentes: a *ratio decidendi* e a *obter dicta*. Assim, a obter dicta, enquanto os fundamentos prescindíveis para o alcance do resultado fixado no dispositivo da decisão, ainda que nela se façam presentes, não possuem efeito de precedente vinculante,[66] do mesmo modo que as razões não adotadas ou referendados pela maioria dos membros do órgão julgador.[67]

Deste modo, os casos originariamente selecionados terão função primordial no processo de construção dialética da decisão, haja vista que a partir da devida afetação por fundamentada decisão, saem do escopo que tinham em suas égides, isto é, a extensão *inter* partes, para assumir a condição de casos paradigmáticos que, por tal razão, aperfeiçoam-se enquanto

---

64 NUNES, Dierle. Do julgamento dos recursos extraordinário e especial repetitivos: comentários aos artigos 1.036 a 1.041. *In*: WAMBIER, Teresa Arruda Alvim; DIDIER JR., Fredie; TALAMINI, Eduardo; DANTAS, Bruno (coord.). **Breves comentários ao novo código de processo civil.** 3. ed. São Paulo: Revista dos Tribunais, 2016, p. 2.585.

65 MELLO PORTO, José Roberto Sotero de. **Teoria geral dos casos repetitivos.** 1. ed. Rio de Janeiro: GZ, 2018, p. 187.

66 Nesse sentido é o enunciado 318 do FPPC.

67 Conforme enunciado 319 do FPPC.

verdadeiros instrumentos públicos voltados à elaboração e conformação da tese jurídica.

Nessa linha, as razões voltadas ao atendimento ao interesse público justificam, pois, a instauração dos procedimentos destinados ao julgamento de casos repetitivos, haja vista que há a transcendência dos limites dos direitos subjetivos discutidos ou tidos em consideração pelas partes nos respectivos processos que veiculam a representação da controvérsia.

Portanto, tem-se as demandas individuais como pontos de partida para a coletivização de questões jurídicas que se apresentam recorrentes, dado o interesse público envolvido e que, por essa característica, justifica a extensão para outros casos similares diante da transcendência dos limites dos direitos subjetivos das partes nos respectivos processos originários.

Seguindo tendência que vem sendo adotada por alguns países de *civil law* na América Latina e Europa Continental[68], o ordenamento jurídico pátrio se valeu de instrumentos típicos do processo civil clássico para a resolução de demandas coletivas, caracterizados, de acordo com Humberto Dalla Bernardina de Pinto, pela "consagração de filtros com o objetivo de conter a litigiosidade de massa, dentre eles, a eleição de um caso piloto, cujo julgamento repercutirá sobre o dos demais processos que versem questão de direito (tese) símile ao paradigma."[69]

O filtro da seleção dos casos paradigmas, portanto, confere substância e integridade aos mecanismos de julgamento de casos repetitivos, cuja decisão final terá efeitos prospectivos, na forma do que dispõe o art. 985, II do CPC/2015 e, nesse ponto, conduz à formação e produção coerente de efeitos de um precedente de caráter vinculante.[70]

---

68 Veja-se o caso da Alemanha, na qual foi editada em 2005 a Lei de Introdução do Procedimento-Modelo para Investidores em Mercados de Capitais, que instituiu o *Musterverfahren*, enquanto procedimento-padrão dirigido para a racionalização de milhares de ações similares propostas por investidores do mercado de capitais da Bolsa de Frankfurt e que foram alvo de prejuízos diante da divulgação de informações falsas.

69 PINHO, Humberto Dalla Bernardina de. **Direito processual civil contemporâneo.** v. 2. São Paulo: Saraiva, 2017, p. 1124.

70 Sobre os efeitos das decisões em sede de julgamento de casos repetitivos no processo pátrio, tais se estenderão, inclusive, para os processos que vierem a ser propostos após a decisão de mérito, ou seja, para processos futuros. Portanto, difere do procedimento-modelo inglês no qual, conforme a alínea "a" do item 1 da Regra 19.12 do *Civil Procedure Rules* inglês, a decisão só é aplicada àqueles processos que se encontrarem previamente inseridos no *group register* no momento do julgamento. No Brasil, não faria sentido impor ao Judiciário uma sobrecarga de trabalho além do elevado quantitativo de ações

Esse raciocínio tem sustentação na conclusão de que os processos paradigmas, diante da prévia seleção amparada em critérios válidos e eficazes, passam a garantir a representação adequada das partes de diversas causas similares e não mais apenas daquelas que integraram os processos originários, transformando-se em instrumentos públicos de aperfeiçoamento da tese jurídica. E, com a composição de tal tese jurídica, limite que se espera atingir, cumprido está o objetivo de processamento dos instrumentos de resolução de casos repetitivos.

Humberto Theodoro Júnior, Dierle Nunes, Alexandre Melo Faria Franco Bahia e Flávio Quinaud Pedron acertadamente sustentam que o CPC/2015 traz como diretriz a postura de levar a sério a necessidade de que os Tribunais, notadamente os superiores e dentro do exercício de sua função precípua de formulação de decisões que assumam a característica de precedentes qualitativamente fundamentados, venham a julgar melhor os primeiros casos que vierem a ser submetidos ao seu crivo a fim de evitar o julgamento de tantos outros processos idênticos de modo equivocado ou superficial.[71]

A partir dessa colocação e tendo por base o julgamento de casos repetitivos, extrai-se a ilação quanto à importância de seleção adequada dos casos paradigmas, visto que a partir deles partirá um lastro fático – ainda que com reduzida atenção no caso do IRDR[72] – e jurídico para a concepção

---

idênticas que já o atinge, de modo a impor-lhe, por mera limitação do aspecto temporal, o julgamento em momentos distintos da tese jurídica repetitiva. Nesse sentido: "Não faria muito sentido que a decisão do incidente valesse apenas para os processos já instaurados. Do contrário, seria impossível se instar o tribunal, todo o tempo, a se manifestar sobre uma questão que já se manifestou. Haveria grande desperdício de tempo e energia por parte dos litigantes e dos órgãos jurisdicionais. A cada vez que uma nova ação contendo aquela discussão fosse ajuizada, um novo incidente poderia ser instaurado." (BARBOSA, Andrea Carla; CANTOARIO, Diego Martinez Fervenza. O incidente de resolução de demandas repetitivas no projeto de Código de Processo Civil: apontamentos iniciais. *In*: FUX, Luiz (coord.). **O novo processo civil brasileiro - direito em expectativa**: reflexões acerca do projeto do novo código de processo civil. Rio de Janeiro: Forense, 2011, p. 480.)

71 THEODORO JUNIOR, Humberto; NUNES, Dierle; BAHIA, Alexandre Melo Franco; PEDRON, Flávio Quinaud. **Novo CPC:** fundamentos e sistematização. 3. ed. Rio de Janeiro: GEN Forense, 2016, p. 260.

72 Faz-se essa observação com ressalvas, visto que embora o procedimento do IRDR seja mais objetivo no tocante à consideração dos fatos para a formação da tese jurídica e, portanto, sustente a alegação de "reduzida atenção", entende-se que os casos paradigmas que embasaram o seu julgamento dispõem de informações fáticas em seus respectivos autos que garantem a conformação da adequada composição da *ratio decidendi*, en-

da *ratio decidendi* que seguramente comporá a configuração do precedente judicial para a questão jurídica decidida.

Há de se destacar, pois, a necessidade de fundamentação de todas as decisões exaradas no processo, isto é, não apenas a de mérito propriamente dito e que fundará a tese, mas também aquela que se debruçar sobre a seleção dos casos paradigmas, tendo em vista a sua condição de "genitora" da construção do racional decisório, a qual, se não tivesse assertividade na utilização dos critérios, seria responsável pela incompatibilidade na edificação de uma história da tese que conduziria a julgamentos em desconformidade com o direito que exsurge dos casos concretos e seus respectivos processos.

E para o julgamento dos primeiros casos ser "melhor", entende-se ainda como aplicável na leitura ora proposta quanto aos casos paradigmas extraídos dos repetitivos, o entendimento trazido por Humberto Theodoro Júnior de que o "julgar melhor para julgar menos" exige que o precedente surja a partir de elementos que compõem os critérios ora propostos para a seleção dos referidos casos representativos, a exemplo da argumentação abrangente ao se abordar todos os fundamentos favoráveis ou contrários.[73]

---

quanto elemento a ser vislumbrado na conformação da tese jurídica como precedente. Nesse sentido, sobre a relevância dos fatos no IRDR, há de se concordar com Aluisio Gonçalves de Castro Mendes quando sustenta que os aspectos fáticos subjacentes aos casos concretos paradigmas – que poderão se repetir em casos futuros – fornecerão o substrato necessário para a análise e formulação da tese jurídica, a qual deve ser entendida como precedente. (MENDES, Aluisio Gonçalves de Castro. **Incidente de resolução de demandas repetitivas:** sistematização, análise e interpretação do novo instituto processual. Rio de Janeiro: Forense, 2017, p. 260.)

73 "Nestes termos, o CPC-2015 em sua redação original busca levar a sério a necessidade de que os tribunais (especialmente os superiores), em sua função precípua de formar decisões que sirvam de precedentes qualitativamente fundamentados, julguem melhor os primeiros casos que chegarem à sua análise para não ter que julgar tantas vezes, mal e de modo superficial, processos idênticos. Julgar melhor para julgar menos à medida que um precedente aborde todos os fundamentos, favoráveis ou contrários (dever de consideração: art. 489, §1º, IV), em contraditório amplo, com participação de *amici curiae*, oitiva de argumentos em audiências públicas e respeito a um dever de congruência entre o que se fixou (preparou) para julgamento e o que se efetivamente julgou, poderá induzir uma efetiva redução do retrabalho e, inclusive, diminuição da litigiosidade pela existência de uma verdadeira opinião da corte sobre o caso, de modo a se assegurar uma jurisprudência coerente, íntegra e estável (art. 926). (THEODORO JUNIOR, Humberto; NUNES, Dierle; BAHIA, Alexandre Melo Franco; PEDRON, Flávio Quinaud. **Novo CPC:** fundamentos e sistematização. 3. ed. Rio de Janeiro: GEN Forense, 2016, p. 260.)

Na sequência, Humberto Theodoro Júnior faz menção ao dever de congruência entre o que se fixou para julgamento e o que foi efetivamente julgado, ideia que se mostra em linha com o argumento de que o que se fixou está embasado na seleção de tais casos por meio de critérios adequados enquanto antecedente lógico necessário à formação da *ratio decidendi*, de modo a conceber uma jurisprudência não apenas coerente e íntegra, mas também estável nos termos do art. 926 do CPC/2015.[74]

Com efeito, a projeção da tese jurídica formada em julgamento de casos repetitivos decorre da própria *ratio decidendi*, ou seja, a extensão dos efeitos para além dos casos paradigmas se apresenta como consequência da própria força vinculativa que se origina do precedente, o qual, por sua vez, começa a ser edificado a partir da seleção com base em critérios adequados para que esses casos fomentem, de modo coerente, a reunião das razões de decidir que embasarão a decisão judicial que assumirá qualitativamente essa condição.[75]

74 THEODORO JUNIOR, Humberto; NUNES, Dierle; BAHIA, Alexandre Melo Franco; PEDRON, Flávio Quinaud. **Novo CPC:** fundamentos e sistematização. 3. ed. Rio de Janeiro: GEN Forense, 2016, p. 260.

75 BARBOSA, Andrea Carla; CANTOARIO, Diego Martinez Fervenza. O incidente de resolução de demandas repetitivas no projeto de Código de Processo Civil: apontamentos iniciais. *In*: FUX, Luiz (coord.). **O novo processo civil brasileiro - direito em expectativa**: reflexões acerca do projeto do novo código de processo civil. Rio de Janeiro: Forense, 2011, p. 503.

CONCLUSÃO

Em vista do abordado em linhas pretéritas, os critérios de seleção dos casos paradigmas podem ser vistos como verdadeiras alavancas hermenêutico-processuais para conferir, ao órgão julgador, as reais condições para a adequada concepção e formação de precedentes coerentes.

Essa visão decorre do fato de que, uma vez que a doutrina e a jurisprudência se permitam pensar e compor as linhas mestras da matéria – a exemplo da proposta ora formulada nesta obra e que não tem qualquer pretensão de esgotamento temático, senão o objetivo de provocação à comunidade jurídica – é que se terão maiores condições para que a seleção dos paradigmas em julgamento de casos repetitivos contemplem, desde o momento preambular de formação dos incidentes até a produção dos efeitos das decisões neles proferidas, a característica tendente à uniformização.

Trata-se, portanto, de um esforço hermenêutico em se buscar a ampliação desse conceito de uniformização para abarcar, inclusive, o momento inicial de formação dos incidentes sob duplo viés: de um lado, espera-se que o tribunal, por seus órgãos jurisdicionais, adote uma postura "uniforme" de utilização desses critérios de seleção desde o momento prévio à decisão de afetação até a sua consolidação, que dar-se-á de forma devidamente fundamentada; em um segundo momento, espera-se a uniformização propriamente dita que estará viabilizada por todo o curso processual até a sua aplicação aos demais casos repetitivos, ou seja, após a decisão de mérito dos incidentes, tornando-se reforçada com a jurisprudência íntegra e estável, na forma do art. 928 do CPC/2015.

Portanto, em ambos os momentos, isto é, o anterior e o posterior à decisão, o que se nota é a consolidação do "limite" à competência do tribunal, visando, a um só tempo, impedir a ocorrência de discricionariedade judicial, e lastrear as razões de decidir para a futura projeção dos efeitos da tese jurídica.

Para chegar a essa ilação e, especialmente no tocante ao aprofundamento teórico de cada um dos critérios propostos, algumas abordagens preambulares se fizeram necessárias, pois o cenário atual de tratamento das demandas repetitivas no Brasil foi resultado de uma reunião de circunstâncias em torno de movimentos sociais, jurídicos e legislativos.

De início, se pode notar que a história caminhou com rupturas ao ponto de conduzir o desenvolvimento dos mecanismos processuais quanto às demandas repetitivas no Brasil em torno de dois pilares principais: a aderência da proteção pluri-individual às relações sociais, pois se assim não fosse a técnica processual estaria a deformar direitos, e; por conseguinte, a busca pela valorização e respeito ao princípio da igualdade, já que uma vez inobservado em casos idênticos repetitivos, a agressão aos direitos fundamentais estaria caracterizada.

Com efeito, diante da coletivização das demandas civis, o início do século XXI exibe um cenário de aumento progressivo de conflitos de massa, decorrente de diversos fatores que advém da conformação atual de uma sociedade da informação, formatando o que Norberto Bobbio denominou de "era dos direitos", com múltiplos efeitos decorrentes dessa leitura para os Estados Democráticos de Direito.

Portanto, a partir dos fatos históricos e subsequentes legislações que conduziram a um cenário de ruptura de valores sociais e jurídicos e, portanto, a necessidade de mudanças na lei processual, sucedeu a edição do CPC/2015, tendo como vetores basilares, ambos estimulados pela litigiosidade repetitiva: (i) a eficiência do Poder Judiciário, com economia processual e duração razoável do processo; e (ii) a uniformidade do Direito, em atenção à segurança jurídica e a isonomia, por meio da valorização dos precedentes.

Por conseguinte, sob a ótica das novas tendências do direito processual, o CPC/2015 fomentou a criação de dois microssistemas: (i) o de gestão e julgamento de casos repetitivos, na forma do art. 928, integrado pelo IRDR e pelos recursos extraordinário e especial repetitivos, que se apresentam enquanto técnicas complementares, no tocante à possibilidade de aplicação do mecanismo no âmbito de todo o Poder Judiciário; (ii) o de formação de precedentes judiciais vinculantes, nos termos do art. 927, III do CPC/2015, o qual contempla, além das duas técnicas citadas, também o incidente de assunção de competência.

Uma vez compreendida a nova sistemática processual, e considerando a crescente busca pela resolução de contendas junto a Poder Judiciário, juízes e tribunais têm importante papel na interpretação e aplicação do Direito, no exercício de sua competência. Nesse sentido, há de se esperar, no mínimo, que esses atos públicos tenham não apenas o respeito às suas garantias de independência e imparcialidade, mas que se prestem à atuação em conformidade com o direito e não visando a ele se sobrepor.

Pensando nisso, o CPC/2015 trouxe um ambiente de enfrentamento a possíveis atos de discricionariedade judicial, que é, sem dúvidas, um dos dilemas do direito contemporâneo. O tema se apresenta relevante em sede de resolução de demandas repetitivas seja por conta do contexto decisório impregnado no procedimento, o qual reclama que o tribunal observe o dever de integridade e coerência do direito, mas também, em inclinação ao recorte temático proposto, que a decisão de afetação, mormente por ser composta pela identificação da questão de direito e pela seleção dos casos que servirão de paradigmas para a construção da tese, contemple um necessário dever de fundamentação.

Para a construção das bases teóricas que permitiu a proposição de critérios, enquanto limites à competência do tribunal na seleção de casos paradigmas, a teoria da integridade e a crítica hermenêutica do direito foram importantes, sob a ótica da completude de significação no campo da hermenêutica filosófica, para ter-se um olhar diferenciado quanto ao exercício das funções judiciais pelos órgãos jurisdicionais, de forma coerente com uma nova teoria do direito e da decisão, que repouse na busca das respostas adequadas à Constituição.

Assim sendo, nota-se que o CPC/2015 sofreu reflexos substanciais de suas teorias, sedimentando as bases de superação da filosofia da consciência e do esquema sujeito-objeto em favor de uma teoria da decisão que oriente a atuação de juízes e tribunais de acordo com a Constituição.

Com esse aporte hermenêutico, foi um passo prévio e necessário ao entendimento da competência e os limites desta no julgamento dos incidentes de casos repetitivos, de modo que, nesse tema, restou esclarecida a existência de distinções entre a competência para o IRDR e a competência para os recursos repetitivos, justamente pelo caráter de complementariedade entre as técnicas.

Uma vez definida a competência, será o respectivo tribunal o órgão responsável pela análise de preenchimento dos critérios de seleção dos processos paradigmas, apresentando-se tais requisitos ou parâmetros como verdadeiras balizas ou limites dessa atividade cognitiva, visando garantir um grau mínimo de coerência e adequação, a fim de que do julgamento final, a tese jurídica dele resultante seja refletida de maneira legítima para os demais casos similares.

A propósito, quanto a essa etapa decisória, firmou-se o entendimento de que, a partir da perspectiva de um tratamento uno e coerente viabilizado pelo microssistema, o incidente, após a distribuição, exigirá a análise, pelo órgão julgador quanto às questões processuais, por meio de duas decisões que integram a fase de admissibilidade: a de admissão (propriamente dita) e a de afetação. Reforça-se que não há impositivo para que estas decisões ocorram necessariamente em momentos distintos, isto é, a mesma decisão poderá materializar o conteúdo decisório de ambas.

Assim, enquanto a decisão de admissão caracteriza-se pela conduta do órgão colegiado em proceder ao seu juízo de admissibilidade, avaliando a presença dos pressupostos descritos no art. 976 do CPC/2015, a decisão de afetação terá conteúdo dirigido à coletividade, ou seja, repousara na análise das questões que consubstanciarão a produção de efeitos para os demais processos repetitivos e, de um modo geral, para a sociedade, uma vez que dará as balizas para a construção da tese jurídica na fase de julgamento. É, portanto, na decisão de afetação que dar-se-á a seleção dos casos paradigmas.

Desse modo, a seleção dos casos que servirão de base para a formação da tese jurídica e, portanto, para a resolução de uma ou mais questões de direito comuns a uma série de litígios é fator determinante para a efetividade do julgamento, razão que justifica a preocupação ora posta, e legítima, quanto à sua previsão.

Com efeito, nem o CPC/1973, tampouco o CPC/2015 dispuseram de modo específico sobre os critérios que melhor pudessem apontar os casos representativos da controvérsia para fins de julgamento de casos repetitivos. Timidamente se pode evidenciar, ora nos dispositivos afetos aos recursos repetitivos, ora naqueles concernentes ao IRDR, elementos que permitem levantar a matéria, a exemplo da exigência de argumentação abrangente na seleção dos recursos representativos (art. 1.036, §6º do CPC/2015), mas decerto o legislador não se debruçou sobre a questão.

Diante disso, restou à doutrina e à jurisprudência a atividade contínua rumo à construção de bases teóricas visando a identificação de critérios adequados para a seleção de processos paradigmas, dentre as ações repetitivas que se apresentam perante o Judiciário para julgamento. Frisa-se: trata-se de "seleção" por representar uma "escolha qualificada", ou seja, a escolha feita com base em critérios e com fundamentos no tocante à sua finalidade, traduzindo-se em ponto relevante da definição que ora se destaca.

Ainda como questão importante, a ideia de representatividade adequada é fundamental para garantir a extensão dos efeitos decorrentes do julgamento dos casos selecionados para o debate da questão jurídica comum entre eles, portanto, como representativos da controvérsia, de modo que para que os processos sejam de fato representativos, os critérios que devem ser filtrados se apresentam como uma preocupação legítima, uma vez que conferirão o caráter de qualificação à escolha a ser feita ou confirmada pelo julgador.

Com efeito, é possível defender a pertinência quanto a quatro critérios para identificar os casos repetitivos que adequadamente poderão representar os demais processos e, de modo legítimo, assegurarão a repercussão coerente da tese jurídica ao final firmada, sendo eles (e suas subclassificações): a argumentação abrangente, o contraditório efetivo, a afetação subjetiva e a representação processual ampla.

Há de se notar o caráter de complementariedade entre os critérios de seleção dos casos repetitivos sob dois aspectos: seja pelo viés da ausência de hierarquia ou mesmo prevalência entre os parâmetros e, ainda, pela necessária interdependência entre eles. Em relação à ausência de hierarquia, além de todos serem igualmente relevantes sob o aspecto processual, qualquer conclusão em sentido oposto sucumbiria a ideia de limites à competência do tribunal quanto ao exercício dessa função, inclusive pela possibilidade de, como destacado anteriormente, recair em uma abertura subjetiva deletéria tendente à discricionariedade judicial. Por outro lado, no tocante à interdependência se verifica em razão do fato de que tais critérios, ao se prestarem à mesma finalidade, fundamentalmente atuam em coadjuvação recíproca para a seleção adequada dos casos paradigmas e, assim, um critério viabiliza o outro, sendo-lhe, pois, parte indissociável para a sua configuração.

O primeiro critério a exigir atenção quando da análise dos pretensos casos paradigmas é a presença de base argumentativa abrangente (ou abrangência argumentativa), sob os aspectos de quantidade e qualidade. A abrangência argumentativa está presente não apenas nos autos do processo por meio das informações, argumentos e dados apresentados, mas também pelo debate que se verifica a partir da realização de audiências públicas e do envolvimento da sociedade em torno da discussão das teses propostas, trazendo não apenas volume (quantidade) ao contexto, mas elementos que agregarão valor (qualidade) à decisão. Nesse sentido, quanto mais plural for a argumentação constante dos autos, maiores condições terá o órgão julgador de aprofundar-se e realizar uma cognição capaz de, legitima e democraticamente, firmar a tese jurídica.

O critério do contraditório efetivo traz ao contexto da seleção dos casos que servirão de base para a avaliação da questão jurídica, a atenção ao aspecto da dialética que deve permear os atos processuais, isto é, a garantia de que os sujeitos do processo, e até mesmo o juiz, podem e devem manifestar a sua colaboração por meio das informações e posicionamentos, com vistas à coerente instrução do feito. O objetivo é resguardar a efetividade do ambiente discursivo, de modo que sob essa visão, deverão ser rejeitados os processos em que a hipótese de revelia, ou seja, ausência de impugnação, se verificou.

Por sua vez, a conformação do critério da afetação subjetiva está pautada na legitimidade e pluralidade subjetiva, de modo que os sujeitos participantes dos processos selecionados terão maior poder de influenciar a futura decisão da questão jurídica em debate e, assim, conferir aos sujeitos não participantes diretamente no julgamento, com redução de possíveis objeções, incidência e plena validade da tese firmada. Assim, a ampliação da possibilidade de intervenção subjetiva estaria a garantir o pluralismo na decisão, sobretudo pela abertura à participação de interessados e intervenientes, como o *amicus curiae*.

Por fim, o critério da representação processual visa garantir do efetivo acesso à justiça mediante a viabilização do amplo exercício do contraditório, no sentido de garantir a existência, em todas as fases do processo, do mais profundo, rico e aberto debate judicial, de modo que o preenchimento de tal condição deverá ser sopesada pelo lastro de acompanhamento processual da causa na figura dos procuradores (em sentido amplo), defensores públicos e representantes do Ministério Público que atuaram nos processos originários. Os focos do critério ora proposto são o atendimento à amplitude da representação e a técnica processual, de modo que a primazia na seleção da ação coletiva em relação à ação individual confere maior abrangência.

Com a percepção desses critérios, em sua efetiva aplicação e incidência, desde que sejam devidamente fundamentados na decisão de afetação, criam um lastro importante para a futura composição da tese jurídica.

Nesse sentido, as decisões proferidas em atenção à técnica de julgamentos de casos repetitivos são de observância obrigatória pelos tribunais e juízos inferiores, os quais fixam o entendimento acerca de determinada matéria jurídica, o que importa na redução significativa da quantidade de recursos que chegam às instâncias superiores.

Assim, a resolução da questão de direito pelos tribunais superiores ou pelos próprios tribunais locais se consolida em tese jurídica deverá ser replicada para os casos similares de modo a garantir que essas causas tenham a mesma solução, prestigiando-se, assim, celeridade, isonomia e segurança jurídica no tratamento de questões com grande repercussão social.

Em relação à possibilidade de concepção de precedentes a partir do julgamento de casos repetitivos, o fato de ser aplicável a casos não tira a sua característica de precedente judicial, tendo em vista que foi produzida a partir de uma modulagem fática existente e que poderá vir a se repetir em casos futuros. Assim, nota-se uma coincidência entre a metodologia e técnicas pertinentes à tese jurídica firmada nos julgamentos repetitivos e o precedente, pois nos casos futuros é possível que se vislumbre identidade, ou necessidade de distinção ou superação.

Existe, portanto, uma moldura fática que não pode ser esquecida e que se encontra nos autos dos processos paradigmas, ainda que as partes deles venham a requerer desistência. Isso porque a construção da base decisória teve, em seu nascedouro, a seleção com base em critérios que circunscreveram questões fáticas basilares como a argumentação em torno dos pontos fático-jurídicos, que levou em cona a qualidade dos sujeitos do participantes e interessados no deslinde da causa e, assim, da questão jurídica, de modo que é a partir dessa visão, ainda que se trate de um julgamento em sua essência objetivo, dele poderão ser extraídas as razões de decidir que conformarão essa noção de precedente devidamente adaptada à cultura jurídica pátria.

Com efeito, depreende-se que o CPC/2015, por meio de dispositivos que conduzem à vinculação das decisões proferidas no rito dos repetitivos, a exemplo dos arts. 932, IV, *b*, e V, *c*, e 955, parágrafo único II, deu contornos sólidos e próprios ao sistema processual civil pátrio para o respeito aos precedentes gerados a partir do julgamento de casos repetitivos com incidência de eficácia vinculante a partir deles, por meio do estabelecimento de um complexo de técnicas voltadas à uniformização da jurisprudência.

O processo de formação de precedentes coerentes com o debate de variados casos fundados em uma idêntica questão jurídica perpassa, necessariamente, pela seleção dos casos representativos, revelando-se, então, como um passo fundamental para a delimitação da *ratio decidendi*, o qual deve abranger todos os fundamentos relevantes e essenciais para dirimir a controvérsia, sobretudo denotando a presença dos critérios adequados, a fim de obter a solução jurídica que se revele mais coerente e com condições de ser reverberada para os demais litígios de massa correlatos.

Assim, a projeção da tese jurídica formada em julgamento de casos repetitivos decorre da própria *ratio decidendi*, ou seja, a extensão dos efeitos para além dos casos paradigmas se apresenta como consequência da própria força vinculativa que se origina do precedente, o qual, por sua vez, começa a ser edificado a partir da seleção com base em critérios adequados para que esses casos fomentem, de modo coerente, a reunião das razões de decidir que embasarão a decisão judicial que assumirá qualitativamente essa condição.

Por essa razão, a proposta de critérios apresentada nesta tese, como dito no início, para além de estimular um debate na comunidade jurídica, tem como proposta principal fornecer, a partir da doutrina e com o desenvolvimento jurisprudencial, condições para que o tribunal possa adequadamente selecionar os casos paradigmas, a partir de um ideal de legitimação democrática da decisão.

O estímulo pretendido com a tese desenvolvida nesta obra é mais profundo: visa, portanto, fomentar um salto qualitativo àqueles que militam o cotidiano do Judiciário, denotando a importância do papel da doutrina e da jurisprudência nesse cenário, isto é, para além das mudanças legislativas, outras saídas hermenêuticas devem ser pensadas para resolver os problemas da vida jurídica que, no tocante a proposta ora desenvolvida, liga-se à construção de critérios de seleção dos casos paradigmáticos para resguardar a concepção de precedentes coerentes. Eis, com a presente tese, uma delas, em forma de modesta contribuição acadêmica.

REFERÊNCIAS

ABBOUD, Georges. Precedente judicial *versus* jurisprudência dotada de efeito vinculante: a ineficácia e os equívocos das reformas legislativas na busca de uma cultura de precedentes. *In*: WAMBIER, Teresa Arruda Alvim (coord.). **Direito jurisprudencial**. São Paulo: Revista dos Tribunais, 2012, p. 490-552.

ABBOUD, George; CAVALCANTI, Marcos de Araújo. Inconstitucionalidades do Incidente de Resolução de Demandas Repetitivas (IRDR) e os riscos ao sistema decisório. **Revista de Processo**, São Paulo, v. 40, n. 240, p. 221-242, fev. 2015.

ABREU, Rafael Sirangalo. A igualdade e os negócios processuais. *In*: CABRAL, Antonio do Passo; NOGUEIRA, Pedro Henrique (coord.). **Negócios processuais.** Salvador: Juspodivm, 2015.

AGRA, Walber de Moura. Neoconstitucionalismo e superação do positivismo. *In*: DIMOULIS, Dimitri; DUARTE, Écio Oto Ramos (org.). **Teoria do direito constitucional**. São Paulo: Método, 2008, p. 431-447.

ALEXY, Robert. **Conceito e validade do direito.** Tradução: Gercélia Batista de Oliveira Mendes. São Paulo: Martins Fontes, 2009.

ALEXY, Robert. **Teoria dos direitos fundamentais.** Tradução: Virgílio Afonso da Silva. São Paulo: Malheiros, 2008.

ALEXY, Robert. **Teoria da argumentação jurídica.** A teoria do discurso racional como teoria da fundamentação jurídica. Tradução de Zilda Hutchinson Silva. Revisão técnica da tradução e introdução à edição brasileira de Cláudia Toledo. 2. ed. São Paulo: 2005.

ALMEIDA, Marcelo Pereira de. **Precedentes judiciais:** análise crítica dos métodos empregados no Brasil e solução de demandas de massa. Curitiba: Juruá, 2014.

ALVIM, Teresa Arruda. O juiz criativo e o precedente vinculante – realidades compatíveis. **Revista da EMERJ**, Rio de Janeiro, v. 20, n. 1, p. 196-208, jan./abr. 2018.

ALVIM, Teresa Arruda; DANTAS, Bruno. **Recurso especial, recurso extraordinário e a nova função dos tribunais superiores no direito brasileiro.** 4. ed. São Paulo: Revista dos Tribunais, 2017.

ANDRADE, Carlos Drummond de. Nosso tempo. *In:* ANDRADE, Carlos Drummond de. **A rosa do povo.** 1. ed. São Paulo: Companhia das Letras, 2012.

ANDREWS, Neil. **O moderno processo civil:** formas judiciais e alternativas de resolução de conflitos na Inglaterra. Orientação e revisão da tradução: Teresa Arruda Alvim Wambier. 2. ed. São Paulo: Revista dos Tribunais, 2012.

ANDRIGHI, Fátima Nancy. Recursos repetitivos. **Revista de Processo**, São Paulo, v. 35, n. 185, p. 265-281, jul. 2010.

ASPERTI, Maria Cecília de Araujo. Litigiosidade repetitiva e a padronização decisória: entre o acesso à justiça e a eficiência do judiciário. **Revista de Processo,** São Paulo, v. 42, n. 263, p. 233-255, jan. 2017.

AUFIERO, Mario Vitor Magalhães. Técnicas para julgamento de casos repetitivos no novo Código de Processo Civil. **Revista de Processo,** São Paulo, v. 42, n. 265, p. 277-297., mar. 2017.

ÁVILA, Humberto. **Segurança jurídica:** entre permanência, mudança e realização no direito tributário. 2. ed. São Paulo: Malheiros, 2012.

ÁVILA, Humberto. **Teoria dos princípios**: da definição à aplicação dos princípios jurídicos. 5. ed. São Paulo: Malheiros, 2006.

BARBOSA, Andrea Carla; CANTOARIO, Diego Martinez Fervenza. O incidente de resolução de demandas repetitivas no projeto de Código de Processo Civil: apontamentos iniciais. *In*: FUX, Luiz (coord.). **O novo processo civil brasileiro - direito em expectativa**: reflexões acerca do projeto do novo código de processo civil. Rio de Janeiro: Forense, 2011, p. 436-525.

BARBOSA MOREIRA, José Carlos. O futuro da justiça: alguns mitos. *In:* BARBOSA MOREIRA, José Carlos. **Temas de direito processual** – oitava série. São Paulo: Saraiva, 2004, p. 1-13.

BARBOSA MOREIRA, José Carlos. O processo civil entre dois mundos. *In:* BARBOSA MOREIRA, José Carlos. **Temas de direito processual** – oitava série. São Paulo: Saraiva, 2004.

BARBOSA MOREIRA, José Carlos. Por um processo socialmente efetivo. **Revista de Processo**, São Paulo, v. 27, n. 105, p. 183-190, jan./mar. 2002.

BARBOSA MOREIRA, Jose Carlos. A ação popular do direito brasileiro como instrumento de tutela dos chamados "interesses difusos". *In*: BARBOSA MOREIRA, José Carlos. **Temas de direito processual civil** – primeira série. 2. ed. São Paulo: Saraiva, 1988, p. 110-123.

BARBOSA MOREIRA, José Carlos. **Temas de direito processual** – terceira série. São Paulo: Saraiva, 1984.

BARBOSA MOREIRA, José Carlos. Questões prejudiciais e questões preliminares. *In*: BARBOSA MOREIRA, José Carlos. **Direito processual civil:** ensaios e pareceres. Rio de Janeiro: Borsoi, 1971.

BARROSO, Luís Roberto. **O controle de constitucionalidade no direito brasileiro.** 3. ed. São Paulo: Saraiva, 2008.

BARRETTO, Vicente de Paulo; MOTA; Maurício. **Por que estudar filosofia do direito?** – aplicações da filosofia do direito nas decisões judiciais. Brasília: ENFAM, 2011.

BESSA, Leonardo Roscoe (Co-autor). Convivência normativa entre o incidente de resolução de demandas repetitivas e as ações coletivas: primeiras impressões. **Revista de Direito do Consumidor,** São Paulo, v. 25, n. 108, p. 121-160., nov./dez. 2016.

BRASIL. Tribunal Regional Federal da 4ª Região (2ª Seção). **IRDR 5024326-28.2016.4.04.0000/PR.** Processual Civil. Incidente de Resolução de Demandas Repetitivas – IRDR. Admissão. Resolução Nº 543/2016 do CONTRAN. Simulador de direção veicular. Afetação do Agravo de Instrumento. Relatora: Des. Federal Marga Inge Barth Tessler, 16 de setembro de 2016. Disponível em: https://www2.trf4.jus.br/trf4/controlador.php?acao=consulta_processual_resultado_pesquisa&txtValor=50243262820164040000&selOrigem=-

TRF&chkMostrarBaixados=&todasfases=&selForma=NU&todaspartes=&hdnRefId=&txtPalavraGerada=&txtChave=&numPagina=2. Acesso em: 11 nov. 2020.

BRASIL. Superior Tribunal de Justiça (Corte Especial). SIRDR 7/PR. Relator: Min. Paulo de Tarso Sanseverino, 21 de junho de 2017. **Diário da Justiça Eletrônico**: Edição 2229, Brasília, DF, 23 jun. 2017.

BRASIL. Superior Tribunal de Justiça (2ª Seção). ProAfR no REsp 1.729.593/SP. Proposta de afetação. Recurso Especial contra acórdão proferido em incidente de resolução de demandas repetitivas – IRDR. Art. 256-H do RISTJ c/c o art. 1.037 do CPC/2015. Processamento sob o rito dos recursos especiais repetitivos. Compra e venda de imóvel na planta. Controvérsias envolvendo os efeitos do atraso na entrega do bem. Relator: Min. Marco Aurélio Bellizze, 11 de setembro de 2018. **Diário da Justiça Eletrônico**: Edição 2516, Brasília, DF, 18 set. 2018.

BRASIL. Congresso Nacional. Senado Federal. **Código de processo civil:** anteprojeto / Comissão de Juristas Responsável pela Elaboração de Anteprojeto de Código de Processo Civil. Brasília: Senado Federal, Presidência, 2010. 313p.

BRASIL. Conselho Nacional de Justiça (CNJ). **Justiça em números 2020:** ano-base. Brasília: CNJ, 2020.

BRASIL. Escola Nacional de Formação e Aperfeiçoamento de Magistrados (ENFAM). **Enunciados 21 e 44**. Brasília, 26 a 28 de agosto de 2015. Disponível em: https://www.enfam.jus.br/wp-content/uploads/2015/09/ENUNCIADOS-VERS%C3%83O-DEFINITIVA-.pdf. Acesso em: 30 nov 2020.

BRASIL. Fórum Permanente de Processualistas Civis (FCCP). **Enunciados FPPC**. Salvador, 08 e 09 de novembro de 2013. Disponível em: https://riccipi.com.br/wp-content/uploads/2015/02/Enunciados-FPPC-Consolidados.pdf. Acesso em: 30 nov 2020.

BRASIL. Fórum Permanente de Processualistas Civis (FCCP). **Enunciados FPPC**. São Paulo, 18 à 20 de março de 2016. Disponível em: https://institutodc.com.br/wp-content/uploads/2017/06/FPPC-Carta-de-Florianopolis.pdf. Acesso em: 10 out 2020.

BRASIL. Senado Federal. PLS n.º 12/2006. Regulamenta o art. 102, § 3º, da Constituição Federal, para disciplinar o procedimento para exame da repercussão geral das questões constitucionais discutidas no recurso extraordinário para o Supremo Tribunal Federal. **Diário do Senado Federal**, Poder Legislativo, Brasília, DF, 24 jan. 2006.

BRASIL. Superior Tribunal de Justiça (STJ). Resolução n.º 8, de 7 de agosto de 2008. Estabelece os procedimentos relativos ao processamento e julgamento de recursos especiais repetitivos. **Diário da Justiça Eletrônico do STJ**, Poder Judiciário, Brasília, DF, 8 ago. 2008.

BRASIL. Superior Tribunal de Justiça (STJ). Emenda Regimental n.º 24, de 28 de setembro de 2016. Altera, inclui e revoga dispositivos do Regimento Interno para adequá-lo à Lei n. 13.105, de 16 de março de 2015, novo Código de Processo Civil. **Diário da Justiça Eletrônico do STJ**, Poder Judiciário, Brasília, DF, 14 out. 2016.

BRASIL. Tribunal Superior do Trabalho (TST). Resolução n. 201, de 10 de novembro de 2015 (Instrução Normativa n. 38). **Diário Eletrônico da Justiça do Trabalho**: caderno judiciário do Tribunal Superior do Trabalho, Brasília, DF, n. 1856, p. 1-4, 17 nov. 2015.

BRASIL. Tribunal Superior do Trabalho (TST). Resolução n. 203, de 15 de março de 2016 [Instrução Normativa n. 39]. **Diário Eletrônico da Justiça do Trabalho**, Brasília, DF, n. 1939, 16 mar. 2016. Caderno Judiciário do Tribunal Superior do Trabalho, p. 1-4.

CARNEIRO, Paulo Cezar Pinheiro; PINHO, Humberto Dalla Bernardina de (coord.). **Novo código de processo civil:** Lei 13.105, de 16 de março de 2015 – anotado e comparado. Rio de Janeiro: Forense, 2015.

CARNEIRO, Paulo Cesar Pinheiro. **Acesso à justiça:** juizados especiais cíveis e ação civil pública. Rio de Janeiro: Forense, 1999.

CABRAL, Antônio do Passo. A escolha da causa-piloto nos incidentes de resolução de processos repetitivos. *In*: DIDIER JR., Fredie; CUNHA, Leonardo Carneiro da (coord.). **Julgamento de casos repetitivos.** Salvador: Juspodivm, 2017, p. 37-64.

CABRAL, Antônio do Passo. Do incidente de resolução de demandas repetitivas (arts. 976 a 987). *In*: CABRAL, Antônio do Passo; CRAMER, Ronaldo. **Comentários ao novo código de processo civil**. 2. ed. Rio de Janeiro: Forense, 2016.

CABRAL, Antônio do Passo; CRAMER, Ronaldo. **Comentários ao novo código de processo civil**. 2. ed. Rio de Janeiro: Forense, 2016.

CÂMARA, Alexandre de Freitas. **O novo processo civil brasileiro.** 5. ed. São Paulo: Atlas, 2019.

CAVALCANTI, Marcos de Araujo. Mecanismos de resolução de demandas repetitivas no direito estrangeiro: um estudo sobre o procedimento-modelo alemão e as ordens de litígios em grupo inglesas. **Revista de Processo,** São Paulo, v. 39, n. 238, p. 333-377., dez. 2014.

CAPPELLETTI, Mauro. **Juízes Legisladores?** Tradução: Carlos Alberto Alvaro de Oliveira. Porto Alegre: Sergio Antônio Fabris Editor, 1993.

CAPPELLETTI, Mauro. O acesso à justiça e a função do jurista em nossa época. **Revista de Processo**, São Paulo, n. 61, p. 144-160, jan./mar. 1991.

CAPPELLETTI, Mauro; GARTH, Bryant. **Acesso à justiça.** Tradução: Ellen Gracie Northfleet. Porto Alegre: Sergio Antonio Fabris, 1988.

CARDOSO, Juliana Provedel. **O modelo brasileiro de processo coletivo**: ações coletivas e julgamento de casos repetitivos. Salvador: Juspodivm, 2018.

CASTANHEIRA NEVES, António. **Questão-de-facto - questão-de-direito ou o problema metodológico da juridicidade**. Coimbra: Almedina, 1967.

CAVALCANTI, Marcos de Araújo. **Incidente de resolução de demandas repetitivas (IRDR).** São Paulo: Revista dos Tribunais, 2016.

CIMARDI, Cláudia Aparecida. A força dos precedentes gerados no julgamento de causas repetitivas pelo novo CPC. *In*: NUNES, Dierle; MENDES, Aluisio Gonçalves de Castro; JAYME, Fernando Gonzaga (coord.). **A nova aplicação da jurisprudência e precedentes no CPC/2015:** estudos em homenagem à professora Teresa Arruda Alvim. São Paulo: Revista dos Tribunais, 2017, p. 211-230.

CINTRA, Antônio Carlos de Araújo; GRINOVER, Ada Pellegrini; DINAMARCO, Cândido Rangel. **Teoria geral do processo.** 31. ed. São Paulo: Malheiros, 2015.

CUEVA, Ricardo Villas Bôas. Técnica de julgamento dos recursos repetitivos e a constitucionalidade das decisões vinculativas e outras novidades do NCPC. **Revista de Processo,** São Paulo, v. 41, n. 257, p. 313-316., jul. 2016.

CUNHA, Leonardo José Carneiro da. O regime processual das causas repetitivas. **Revista de Processo**, São Paulo, v. 35, n. 179, p. 139-174, jan. 2010.

CUNHA, Leonardo Carneiro da. Anotações sobre o incidente de resolução de demandas repetitivas previsto no projeto do novo código de processo civil. **Revista de Processo**, São Paulo, v. 36, n. 193, p. 255-279, mar. 2011.

CUNHA JUNIOR, Dirley da. A intervenção de terceiros no processo de controle abstrato de constitucionalidade – a intervenção do particular, do co-legitimado e do amicus curiae na ADIN, ADC e ADPF. *In*: DIDIER JR., Fredie; WAMBIER, Teresa Arruda Alvim (coord.). **Aspectos polêmicos e atuais sobre os terceiros no processo civil e assuntos afins.** São Paulo: Revista dos Tribunais, 2004.

DANTAS, Bruno. Do incidente de resolução de demandas repetitivas: comentários aos artigos 976 a 987. *In*: WAMBIER, Teresa Arruda Alvim; DIDIER JR., Fredie; TALAMINI, Eduardo; DANTAS, Bruno (coord.). **Breves comentários ao novo código de processo civil.** 3. ed. São Paulo: Revista dos Tribunais, 2016, p. 2.423-2.444.

DANTAS, Bruno. **Teoria dos recursos repetitivos:** tutela pluri-individual nos recursos dirigidos ao STF e ao STJ - arts. 543-B e 543-C do CPC. São Paulo: Revista dos Tribunais, 2014.

DAVID, René. **Os grandes sistemas do direito contemporâneo.** 3. ed. São Paulo: Martins Fontes, 1998.

DEL PRÁ, Carlos Gustavo Rodrigues. Breves considerações sobre o amicus curiae na ADIn e sua legitimidade recursal. *In*: DIDIER JR., Fredie; WAMBIER, Teresa Arruda Alvim (coord.). **Aspectos polêmicos e atuais sobre os terceiros no processo civil e assuntos afins.** São Paulo: Revista dos Tribunais, 2004.

DIDIER JR., Fredie. **Editorial 45**: notas sobre o princípio da boa-fé processual objetiva. Ampliação do capítulo sobre princípios do processo do v. 1 do Curso de Direito Processual Civil. 2008. Disponível em: http://www.frediedidier.com.br/editorial/editorial-45/. Acesso em: 02 set 2020.

DIDIER Jr., Fredie; TALAMINI, Eduardo; NUNES, Dierle; CREMASCO, Suzana; FRANÇA, Marina; JAYME, Fernando. **Carta de Belo Horizonte** – Enunciados do Fórum Permanente de Processualistas Civis. Disponível em: http://esmec.tjce.jus.br/wp-content/uploads/2015/06/Carta-de-Vit%C3%B3ria.pdf. Acesso em 28 out 2020.

DIDIER JR., Fredie; ZANETI JR., Hermes. **Curso de direito processual civil:** processo coletivo. v. 4. 11. ed. Salvador: Juspodivm, 2017.

DIDIER JR., Fredie; CUNHA, Leonardo Carneiro da (coord.). **Julgamento de casos repetitivos.** Salvador: Juspodivm, 2017.

DIDIER JR., Fredie; TEMER, Sofia. A decisão de organização do incidente de resolução de demandas repetitivas: importância, conteúdo e o papel do regimento interno do Tribunal. **Revista de Processo**, São Paulo, v. 258, n. 41, p. 257-278, ago. 2016.

DIDIER JR., Fredie; CUNHA, Leonardo Carneiro da. **Curso de direito processual civil**: meios de impugnação às decisões judiciais e processos nos tribunais. v. 3. 12. ed. Salvador: Juspodivm, 2015.

DIDIER JR, Fredie; CUNHA, Leonardo Carneiro da. Do incidente de assunção de competência (art. 947). *In*: CABRAL, Antônio do Passo; CRAMER, Ronaldo. **Comentários ao novo código de processo civil**. 2. ed. Rio de Janeiro: Forense, 2016.

DINAMARCO, Cândido Rangel; LOPES, Bruno Vasconcelos Carrilho. **Teoria geral do novo processo civil**. 2. ed. São Paulo: Malheiros, 2017.

DINAMARCO, Cândido Rangel. **Instituições de direito processual civil.** v. 1. 6. ed. São Paulo: Malheiros, 2005.

DUARTE, Écio Oto Ramos; POZZOLO, Susanna. **Neoconstitucionalismo e positivismo jurídico:** as faces da teria do Direito em tempos de interpretação moral da Constituição. 2. ed. São Paulo: Landy, 2010.

DWORKIN, Ronald. **Levando os direitos a sério.** 3. ed. Tradução: Nelson Boeira. São Paulo: Martins Fontes, 2010.

DWORKIN, Ronald. **O Império do Direito**. Tradução Luis Carlos Borges. 2. ed. São Paulo: Martins Fontes, 2007.

DWORKIN, Ronald. **Uma Questão de Princípio.** Tradução: Luis Carlos Borges. 2. ed. São Paulo: Martins Fontes, 2005.

EICHLER, Hermann. Codificação do direito civil e teoria dos sistemas de direito. **Revista de direito civil**, v. 2, p. 43-58, out./dez. 1977.

FERREIRA, Luana Cristina (Co-autor). A motivação das decisões judiciais e o julgamento imediato de pedidos repetitivos: uma análise com base no CPC/1973 e no CPC/2015. **Revista Dialética de Direito Processual,** São Paulo, n. 152, p. 82-92., nov. 2015.

FUX, Luiz. **Teoria geral do processo**. 2. ed. Rio de Janeiro: Forense, 2016.

GADAMER, Hans-Georg. **Verdade e método I:** traços fundamentais de uma hermenêutica filosófica. 14. ed. Petrópolis: Vozes, 2014.

GIBBONS, Susan M. C. Group litigation, class actions and Lord Woolf´s three objectives: a critical analysis. **Civil Justice Quarterly**, v. 27, 2008, p. 231-232.

GRINOVER, Ada Pellegrini. O tratamento dos processos repetitivos. In: JAYME, Fernando Gonzaga; FARIA, Juliana Cordeiro; LAUAR, Maria Terra (coord.). **Processo civil**: novas tendências – estudos em homenagem ao professor Humberto Theodoro Júnior. Belo Horizonte: Del Rey, 2008.

GRINOVER, Ada Pellegrini. Direito processual coletivo. In: GRINOVER, Ada Pellegrini; MENDES, Aluisio Gonçalves de Castro; WATANABE, Kazuo (coord.). **Direito processual coletivo e o anteprojeto de código brasileiro de processos coletivos.** São Paulo: Revista dos Tribunais, 2007.

GRINOVER, Ada Pellegrini. A tutela dos interesses difusos. **Revista da Procuradoria Geral do Estado de São Paulo,** n. 12, 1979.

HILL, Flávia Pereira. Breves comentários às principais inovações quanto aos meios de impugnação das decisões judiciais no novo CPC. In: DIDIER JR., Fredie (coord.). **Processo nos tribunais e meios de impugnação às decisões judiciais.** Salvador: Juspodivm, 2016.

HILL, Flávia Pereira. Breves comentários às principais inovações quanto aos meios de impugnação das decisões judiciais no novo CPC. *In:* **Novo CPC doutrina selecionada, v. 6: processo nos tribunais e meios de impugnação às decisões judiciais.** DIDIER JR, Fredie (coordenador geral); MACÊDO, Lucas Buril de; PEIXOTO, Ravi; FREIRE, Alexandre (organizadores). Salvador: Juspodivm, 2015.

IORIO FILHO, Rafael Mario; DUARTE, Fernanda. **A lógica dos precedentes judiciais das súmulas vinculantes do Supremo Tribunal Federal.** In: IX ENCONTRO ABCP, 2014, Brasília. Anais do IX Encontro ABCP, 2014.

JUNOY, Joan Pico i. El debido proceso leal. **Revista Peruana de Derecho Procesal**, Lima: Palestra, v. 9, p. 341 e ss., 2006.

LEMOS, Vinícius Silva. **Recursos e processos nos tribunais no novo CPC.** São Paulo: lexia, 2015.

LÉVY, Daniel de Andrade. O incidente de resolução de demandas repetitivas no anteprojeto do novo Código de Processo Civil: exame à luz da *Group Litigation Order* britânica. **Revista de Processo**, v. 36, n. 196, p. 165-206, jun. 2011.

LORENZETTI, Ricardo Luiz. **Teoria da decisão judicial:** fundamentos de Direito. Tradução de Bruno Miragem. São Paulo: Revista dos Tribunais, 2009.

LOURENÇO, Haroldo. **Manual de Direito Processual Civil.** Rio de Janeiro: Forense, 2013.

LUIZ, Fernando Vieira. **Teoria da decisão judicial:** dos paradigmas de Ricardo Lorenzetti à resposta adequada à Constituição de Lenio Streck. Porto Alegre: Livraria do Advogado, 2013.

MACÊDO, Lucas Buril de. A análise dos recursos excepcionais pelos tribunais intermediários – o pernicioso art. 1.030 do código de processo civil e sua inadequação técnica como fruto de uma compreensão equivocada do sistema de precedentes vinculantes. In: DIDIER JR., Fredie; CUNHA, Leonardo Carneiro da (coord.). **Julgamento de casos repetitivos.** Salvador: Juspodivm, 2017, p. 329-332.

MANCUSO, Rodolfo de Camargo. **Incidente de resolução de demandas repetitivas:** a luta contra a dispersão jurisprudencial excessiva. São Paulo: Revista dos Tribunais, 2016.

MANCUSO, Rodolfo de Camargo. **Ação civil pública em defesa do meio ambiente, do patrimônio cultural e dos consumidores.** 9. ed. São Paulo: Revista dos Tribunais, 2004.

MARANHÃO, Clayton. Jurisprudência, Precedente e Súmula no Direito Brasileiro. *In:* MARANHÃO, Clayton; DIDIER JR., Fredie; CARVALHO FILHO, Antonio; SOUZA JR., Antonio Carlos F. de; GOUVEIA FILHO, Roberto Campos. (org.). **Diálogos de teoria do direito e processo.** 1. ed. Salvador: Juspodivm, 2017, v. 1, p. 103-125.

MARINONI, Luiz Guilherme. **Precedentes obrigatórios**. 5. ed. São Paulo: Revista dos Tribunais, 2016.

MARINONI, Luiz Guilherme. **Incidente de resolução de demandas repetitivas:** decisão de questão idêntica x precedente. São Paulo: Revista dos Tribunais. 2016.

MARINONI, Luiz Guilherme Bittencourt. Incidente de resolução de demandas repetitivas e recursos repetitivos: entre precedente, coisa julgada sobre questão, direito subjetivo ao recurso especial e direito fundamental de participar. **Revista dos Tribunais,** São Paulo, v. 104, n. 962, p. 131-151., dez. 2015.

MARINONI, Luiz Guilherme. **A ética dos precedentes**. São Paulo: Revista dos Tribunais, 2014.

MAZZOLA, Marcelo. **Tutela jurisdicional colaborativa:** a cooperação como fundamento autônomo de impugnação. Curitiba: CRV, 2017.

MEDINA, José Miguel Garcia. **Novo código de processo civil comentado:** com remissões e notas comparativas ao CPC/1973. 4. ed. São Paulo: Revista dos Tribunais, 2016.

MEDINA, José Miguel Garcia. WAMBIER, Teresa Arruda Alvim. Sobre o novo art. 543-C do CPC: sobrestamento de recursos especiais "com fundamento em idêntica questão do direito". **Revista de Processo**, São Paulo, v. 33, n. 159, p. 215-221, mai. 2008.

MELLO PORTO, José Roberto Sotero de. **Teoria geral dos casos repetitivos.** 1. ed. Rio de Janeiro: GZ, 2018.

MELLO, Rogerio Licastro Torres de. Recursos especiais repetitivos: problemas de constitucionalidade da resolução 8/2008, do STJ. **Revista de Processo**, São Paulo, v. 33, n. 163, p. 190-195, set. 2008.

MENDES, Aluisio Gonçalves de Castro. **Incidente de resolução de demandas repetitivas:** sistematização, análise e interpretação do novo instituto processual. Rio de Janeiro: Forense, 2017.

MENDES, Aluisio Gonçalves de Castro; SILVA, Larissa Clare Pochmann da. Ações coletivas e incidente de resolução de demandas repetitivas: algumas considerações sobre a solução coletiva de conflitos. *In:* ZANETI JR., Hermes (org.). **Processo coletivo.** Salvador: Juspodvim, 2016.

MENDES, Aluisio Gonçalves de Castro; ÁVILA, Henrique. O novo CPC e algumas das principais alterações. **Revista Justiça e Cidadania**, Rio de Janeiro, n. 176, p. 42-46, abr. 2015.

MENDES, Aluisio Gonçalves de Castro; SILVA, Larissa Clare Pochmann da; ALMEIDA, Marcelo Pereira de (org.). **Novo código de processo civil:** comparado e anotado. Rio de Janeiro: GZ, 2015.

MENDES, Aluisio Gonçalves de Castro. **Ações coletivas e meios de resolução coletiva de conflitos no direito comparado e nacional.** 4. ed. São Paulo: Revista dos Tribunais, 2014.

MENDES, Bruno Cavalcanti Angelin; SEGUNDO, Elpídio Paiva Luz (org.). **Diálogos sino-luso-brasileiros sobre jurisdição constitucional e a crítica hermenêutica do direito de Lenio Luiz Streck.** Coleção hermenêutica, teoria do direito e argumentação. Salvador: Juspodivm, 2018.

MENDES, Bruno Cavalcanti Angelin; BARRETTO, Vicente de Paulo; SEGUNDO, Elpídio Paiva Luz (org.). **Teoria da justiça:** novas perplexidades e velhos temas. Curitiba: Juruá, 2017.

MENDES, Bruno Cavalcanti Angelin. **Precedentes judiciais vinculantes:** a eficácia dos motivos determinantes da decisão na cultura jurídica. 2. ed. Curitiba: Juruá, 2015.

MENDES, Bruno Cavalcanti Angelin. A jurisdição e a aproximação entre os sistemas jurídicos do common law e do civil law, **Revista Ensinagem**, Belém, v. 2, n. 1, p. 151-187, jan./jun. 2013.

MIRANDA, Victor Vasconcelos. A parametrização do sistema de precedentes obrigatórios no CPC e a alteração legislativa promovida pela Lei 13.256/2016: uma análise do art. 1.030, I "A". **Revista de Processo,** São Paulo, v. 41, n. 258, p. 419-446., ago. 2016.

MITIDIERO, Daniel. **Cortes superiores e cortes supremas:** do controle à interpretação, da jurisprudência ao precedente. São Paulo: Revista dos Tribunais, 2013.

NALINI, José Renato. **O juiz e o acesso à justiça.** São Paulo: Revista dos Tribunais, 1994.

NEVES, Daniel Amorim Assumpção. **Manual de direito processual civil.** 9. ed. Salvador: Juspodivm, 2017.

NEVES, Daniel Amorim Assumpção. **Novo código de processo civil** - Lei 13.105/2015. 2. ed. Rio de Janeiro: Forense, 2015.

NUNES, Dierle. Do julgamento dos recursos extraordinário e especial repetitivos: comentários aos artigos 1.036 a 1.041. *In*: WAMBIER, Teresa Arruda Alvim; DIDIER JR., Fredie; TALAMINI, Eduardo; DANTAS, Bruno (coord.). **Breves comentários ao novo código de processo civil.** 3. ed. São Paulo: Revista dos Tribunais, 2016, p. 2.581-2.603.

NUNES, Dierle; PEDRON, Flávio Quinaud; HORTA, André Frederico de Sena. Art. 926 do CPC e suas propostas de fundamentação: um diálogo com concepções contrastantes. In: NUNES, Dierle; MENDES, Aluisio Gonçalves de Castro; JAYME, Fernando Gonzaga (coord.). **A nova aplicação da jurisprudência e precedentes no CPC/2015:** estudos em homenagem à professora Teresa Arruda Alvim. São Paulo: Revista dos Tribunais, 2017, p. 305-361.

NUNES, Dierle José Coelho. **Processo jurisdicional democrático.** 1. ed. Curitiba: Juruá, 2012.

OLIVA, Milena Donato. Desafios contemporâneos da proteção do consumidor: codificação e pluralidade de fontes normativas. **Revista Brasileira de Direito Civil**, Belo Horizonte, v. 16, p. 15-33, abr./jun. 2018.

OLIVEIRA, Vallisney de Souza. O incidente de resolução de demandas repetitivas introduzido no direito brasileiro pelo novo Código de Processo civil. **Revista de Informação Legislativa,** Brasília, v. 53, n. 210, p. 63-80., abr./jun. 2016.

OLIVEIRA JÚNIOR, Waldemar Mariz de. Tutela jurisdicional dos interesses coletivos. *In:* **Estudos sobre o Amanhã**: ano 2000, São Paulo, caderno 2, 1978.

OMMATI, José Emílio Medauar. A fundamentação das decisões jurisdicionais no projeto do novo código de processo civil. In: FREIRE, Alexandre; DANTAS, Bruno; NUNES, Dierle; DIDIER JR., Fredie. **Novas tendências do processo civil**: estudos sobre o projeto do novo código de processo civil. v. 3. Salvador: Juspodivm, 2014.

PEIXOTO, Ravi de Medeiros. A posição dos Tribunais Superiores e a eficácia dos precedentes nas causas repetitivas. **Revista Dialética de Direito Processual,** São Paulo, n. 119, p. 99-107., fev. 2013.

PINHO, Humberto Dalla Bernardina de. **Direito processual civil contemporâneo.** v. 2. São Paulo: Saraiva, 2017.

PINHO, Humberto Dalla Bernardina de; RODRIGUES, Roberto de Aragão Ribeiro. O microssistema de formação de precedentes judiciais vinculantes previstos no novo CPC. **Revista de Processo**, São Paulo, v. 41, n. 259, p. 405-435, set. 2016.

PINHO, Humberto Dalla Bernardina de; RODRIGUES, Roberto de Aragão Ribeiro. O microssistema de formação de precedentes judiciais vinculantes. **Revista de Processo,** São Paulo, v. 41, n. 259, set. 2016, p. 405-435.

ROCHA, Felippe Borring. **Manual dos juizados especiais cíveis estaduais:** teoria e prática. 9. ed. São Paulo: Atlas, 2017.

RODRIGUES, Marco Antônio; TIBURCIO, Antônio Augusto. Problemas sobre a decisão que nega processamento a recurso especial/extraordinário: unirrecorribilidade, efeito devolutivo e fungibilidade. **Revista de Processo,** São Paulo, v. 284, n. 43, p. 261-294, out. 2018.

RODRIGUES, Marcelo Abelha. Sistema de precedentes ou meros filtros redutores de demandas repetitivas? angústias e desconfianças. **Revista de Processo,** São Paulo, v. 41, n. 259, p. 307-329., set. 2016.

ROQUE, André Vasconcelos. Ações coletivas e procedimentos para a resolução de casos repetitivos. *In:* DIDIER JR., Fredie; CUNHA, Leonardo Carneiro da (coord.). **Julgamento de casos repetitivos.** Salvador: Juspodivm, 2017.

SANTOS, Boaventura de Souza. **Pela mão de Alice:** o social e o político na pós-modernidade. 12. ed. São Paulo: Cortez, 2008.

SCHENK, Leonardo Faria; MELLO PORTO, José Roberto Sotero de. Motivação das decisões: notas sobre seu conteúdo, histórico e algumas contradições do CPC/15. **Revista Eletrônica de Direito Processual – REDP**. Rio de Janeiro, v. 19, n. 1, p. 193-213, jan./abr. 2018.

SELEÇÃO. *In:* DICIONÁRIO da língua portuguesa. Lisboa: Priberam Informática, 2019. Disponível em: https://dicionario.priberam.org/selecao. Acesso em: 24 abr. 2019.

SICA, Heitor Vitor Mendonca. Brevíssimas reflexões sobre a evolução do tratamento da litigiosidade repetitiva no ordenamento brasileiro, CPC/1973 ao CPC/2015. **Revista de Processo,** São Paulo, v. 41, n. 257, p. 269-281., jul. 2016.

SILVA JÚNIOR, Denarcy Sousa e. **A bondade dos bons e os precedentes judiciais: integridade e coerência como limitadoras da discricionariedade judicial.** Disponível em: https://emporiododireito.com.br/leitura/a-bondade-dos-bons-e-os-precedentes-judiciais-integridade-e-coerencia-como-limitadoras-da-discricionariedade-judicial-por-denarcy-souza-e-silva-junior. Acesso em: 03 nov. 2020.

SILVA NETO, Francisco Antonio de Barros e. A conciliação em causas repetitivas e a garantia de tratamento isonômico na aplicação das normas. **Revista de Processo,** São Paulo, v. 40, n. 240, p. 267-277., fev. 2015.

SILVA, José de Anchieta da Mota e. A repercussão geral e os recursos especiais repetitivos. **Revista Síntese de Direito Civil e Processual Civil,** Porto Alegre, v. 13, n. 94, p. 122-126., mar./abr. 2015.

STRECK, Lenio. Hermenêutica constitucional. In: CAMPILONGO, Celso Fernandes; GONZAGA, Alvaro de Azevedo; FREIRE, André Luiz (coord.). **Enciclopédia jurídica da PUC-SP**. Tomo II: Direito Administrativo e Constitucional. São Paulo: Pontifícia Universidade Católica de São Paulo, 2017. Disponível em: https://enciclopediajuridica.pucsp.br/verbete/18/ edicao-1/hermeneutica-constitucional. Acesso em: 19 abr. 2019.

STRECK, Lenio Luiz. Prefácio. In: SEGUNDO, Elpídio Paiva Luz; MENDES, Bruno Cavalcanti Angelin (org.). **Diálogos sino-luso-brasileiros sobre jurisdição constitucional e a crítica hermenêutica do direito de Lenio Luiz Streck.** Coleção hermenêutica, teoria do direito e argumentação. Salvador: Juspodivm, 2018.

STRECK, Lenio Luiz. **Lições de crítica hermenêutica do direito.** 2. ed. Porto Alegre: Livraria do Advogado, 2016.

STRECK, Lenio Luiz. **Verdade e consenso:** constituição, hermenêutica e teorias discursivas. 5. ed. São Paulo: Saraiva, 2014.

STRECK, Lenio Luiz. ABBOUD, Georges. **O que é isto** – o precedente judicial e as súmulas vinculantes? 2. ed. Porto Alegre: Livraria do Advogado, 2014.

STRECK, Lenio Luiz. Porque a discricionariedade é um grave problema para Dworkin e não o é para Alexy. Dossiê, Ronald Dworkin. **Revista Direito e Práxis**, v. 4, n. 7, 2013, p. 343-367.

STRECK, Lenio Luiz. **Hermenêutica jurídica e(m) crise:** uma exploração hermenêutica da construção do direito. 10. ed. Porto Alegre: Livraria do Advogado, 2011.

STRECK, Lenio Luiz. **O que é isto – decido conforme minha consciência?** Coleção O que é isto? v. 1. 2 ed. Porto Alegre: Livraria do Advogado, 2010.

STJ. REsp 911.802/RS, Relator: Ministro José Delgado. Primeira Seção. Data de Julgamento: 24/10/2007, Data de Publicação: DJe 01/09/2008.

STJ. IUJur no CC 144.433/GO, Relator: Ministro Marco Aurélio Bellize, por unanimidade. Segunda Seção, Data de Julgamento: 14/03/2018, Data de Publicação: DJe 22/03/2018.

STJ. REsp 1110549/RS, Relator: Ministro Sidnei Beneti. Segunda Seção, Data de Julgamento: 28/10/2009, Data de Publicação: 14/12/2009.

STJ. REsp 1.669.635/SP, Relator: Ministro Paulo de Tarso Sanseverino. Data de Julgamento: 31/08/2017, Data de Publicação: 15/09/2017.

STF. ADI 2130/SC, Relator: Ministro Celso de Mello. Data de Julgamento: 28/08/2001, Data de Publicação: 04/09/2001.

STJ. REsp 1.061.530/RS, Relatora: Ministra Nancy Andrighi. Segunda Seção. Data de Julgamento: 22/10/2008, Data de Publicação: DJe 10/03/2009.

STJ. REsp 1.418.593/MS, Relator: Ministro Luis Felipe Salomão. Segunda Seção, Data de Julgamento: 14/05/2014, Data de Publicação: DJe 27/05/2014.

STJ. REsp 976.836/RS, Relator: Ministro Luiz Fux. Primeira Seção, Data de Julgamento: 25/08/2010, Data de Publicação: DJe 05/10/2010.

STJ. REsp 1.008.533/RS, Relator: Ministro Luiz Fux. Primeira Seção, Data de Julgamento: 20/10/2010, Data de Publicação: DJe 12/11/2010.

STJ. AgRg em REsp 279.889/AL, Relator: Ministro José Delgado. Primeira Turma, Data de Julgamento: 03/04/2001, Data de Publicação: DJ 11/06/2001.

STJ. QO no REsp 1.063.343/RS, Relator: Ministra Nancy Andrighi. Corte Especial. Data de Julgamento: 17/12/2008, Data de Publicação: DJe 04/06/2009.

TALAMINI, Eduardo. Do *amicus curiae*: comentário ao artigo 138. *In*: WAMBIER, Teresa Arruda Alvim; DIDIER JR., Fredie; TALAMINI, Eduardo; DANTAS, Bruno (coord.). **Breves comentários ao novo código de processo civil.** 3. ed. São Paulo: Revista dos Tribunais, 2016, p. 487-495.

TALAMINI, Eduardo. Repercussão geral em recurso extraordinário: nota sobre sua regulamentação. **Revista Dialética de Direito Processual**, São Paulo, v. 54, p. 56-68, set. 2007.

TARUFFO, Michele. Apuntes sobre las funciones de la motivación. **Revista iberoamericana de derecho procesal**, Buenos Aires, v. 2, n. 4, p. 237-249, jul./dez. 2016.

TARUFFO, Michele. La giurisprudenza tra casistica e uniformità. *In:* MENDES, Aluisio Gonçalves de Castro; MARINONI, Luzi Guilherme; WAMBIER, Teresa Arruda Alvim (coord.). **Direito jurisprudencial.** v. 2. São Paulo: Revista dos Tribunais, 2014, p. 927-937.

TARUFFO, Michele. Le funzioni dele corti supreme tra uniformità e Giustizia. **Revista Eletrônica de Direito Processual - REDP**, Rio de Janeiro, v. 14, n. 1, p. 438-449, jul./dez. 2014.

TARUFFO, Michele. Institucional factors influencing precedentes. In: MacCORMICK, D Neil; SUMMERS, Robert S. (Ed.). **Interpreting precedents:** a comparative study. Aldershot: Ashgate, 1997.

TARUFFO, Michele. **Il vértice ambiguo:** saggi sulla cassazione civile. Bologna: Il Mulino, 1991.

TAVARES JUNIOR, Homero Francisco. Recursos especiais repetitivos: aspectos da Lei 11.672/2008 e da Res. 8/2008 do STJ. **Revista de Processo**, São Paulo, v. 33, n. 166, p. 190-202, dez. 2008.

TEIXEIRA, Rodrigo Valente Giublin. Recursos fundados em idêntica questão de direito no âmbito do Superior Tribunal de Justiça. **Revista de processo**, ano 36, n. 191, p. 161-186., jul. 2011.

TEMER, Sofia. **Incidente de resolução de demandas repetitivas.** 3. ed. Salvador: Juspodivm, 2018.

TEMER, Sofia Orberg. A decisão de organização do incidente de resolução de demandas repetitivas: importância, conteúdo e o papel do regimento interno do tribunal. In: CAZZARO, Kleber (org.). **Estudos de direito processual civil à luz da Constituição Federal:** em homenagem ao professor Luiz Rodrigues Wambier. Prefácio: Luiz Edson Fachin. Erechim: Deviant, 2017, p. 79-97.

THEODORO JUNIOR, Humberto. **Curso de direito processual civil.** v. 3. 50. ed. Rio de Janeiro: Forense, 2017.

THEODORO JÚNIOR, Humberto; NUNES, Dierle; BAHIA, Alexandre Melo Franco; PEDRON, Flávio Quinaud. **Novo CPC:** fundamentos e sistematização. 3. ed. Rio de Janeiro: Forense, 2016.

THEODORO JUNIOR, Humberto. Jurisprudência e precedentes vinculantes no novo Código de Processo Civil: demandas repetitivas. **Revista de Processo,** São Paulo, v. 41, n. 255, p. 359-372., maio. 2016.

THEODORO JUNIOR, Humberto. **Curso de direito processual civil.** v. 1. 56. ed. Rio de Janeiro: Forense, 2015.

TJRJ. IRDR 0018608-85.2016.8.19.0000, Rio de Janeiro Porciuncula Vara Única, Relator: Des. Sergio Ricardo de Arruda Fernandes. Seção Cível Comum, Data de julgamento: 23/06/2016, Data de Publicação: 24/06/2016.

TOFFOLI, Vitor. Recursos especiais repetitivos: critérios de seleção dos recursos paradigmas. **Revista de processo**, São Paulo, v. 36, n. 197, p. 271-295, jul. 2011.

TRF4. IRDR 5026813-68.2016.4.04.0000, Decisão monocrática, Relator: Des. Rogério Fraveto. Data de Julgamento: 03/05/2017.

TRF4. IRDR 5033207-91.2016.4.04.0000, Relator: Des. Ricardo Teixeira do Valle Pereira, Data de Julgamento: 22/09/2016.

TRF4. IRDR 5024326-28.2016.4.04.0000, Relator: Des. Marga Inge Barth Tessler. Data de Julgamento: 08/09/2016.

VIANA, Antônio Aurélio de Souza. Precedentes vinculantes e cortes supremas: uma análise crítica. **Teoria jurídica contemporânea.** Rio de Janeiro, v.1, n. 2, p. 122-146, jul./dez. 2016.

WAMBIER, Luiz Rodrigues; VASCONCELOS, Rita de Cássia Corrêa de. Recursos especiais repetitivos: reflexo das novas regras - Lei 11.672/2008 e Resolução 8 do STJ - nos processos coletivos. **Revista de Processo**, v. 33. n. 163, p. 28-49, set. 2008.

WAMBIER, Teresa Arruda Alvim; DIDIER JR., Fredie; TALAMINI, Eduardo; DANTAS, Bruno (coord.). **Breves comentários ao novo código de processo civil.** 3. ed. São Paulo: Revista dos Tribunais, 2016.

WAMBIER, Teresa Arruda Alvim; CONCEIÇÃO, Maria Lúcia Lins; RIBEIRO, Leonardo Ferres da Silva; MELLO, Rogério Licastro Torres de. **Primeiros comentários ao novo código de processo civil, artigo por artigo.** São Paulo: Revista dos Tribunais, 2015.

WAMBIER, Teresa Arruda Alvim (coord.). **Direito jurisprudencial.** v. 2. São Paulo: Revista dos Tribunais, 2014.

WAMBIER, Teresa Arruda Alvim (coord.). **Direito jurisprudencial.** São Paulo: Revista dos Tribunais, 2012.

WAMBIER, Teresa Arruda Alvim; MEDEIROS, Maria Lúcia Lins Conceição de. Recursos repetitivos: realização integral da finalidade do novo sistema impõe mais do que a paralisação dos recursos especiais que estão no 2o grau. **Revista de Processo**, São Paulo, v. 36, n. 191, p. 187-197, jan. 2011.

WATANABE, Kazuo. Acesso à justiça e sociedade moderna. *In:* GRINOVER, Ada Pellegrini; DINAMARCO, Cândido Rangel; WATANABE, Kazuo (coord.). **Participação e processo.** São Paulo: Revista dos Tribunais, 1988.

WATANABE, Kazuo (org.). **Juizado especial de pequenas causas.** São Paulo: Revista dos Tribunais, 1985.

WOLKART, Eric Navarro. O fetiche dos microssistemas no novo código de processo civil – integrações normativas entre procedimentos para formação de precedentes e para julgamentos de processos repetitivos. *In:* NUNES, Dierle; MENDES, Aluisio Gonçalves de Castro; JAYME, Fernando Gonzaga (coord.). **A nova aplicação da jurisprudência e precedentes no CPC/2015:** estudos em homenagem à professora Teresa Arruda Alvim. São Paulo: Revista dos Tribunais, 2017, p. 363-399.

WOLKART, Eric Navarro. **Precedente judicial no processo civil brasileiro:** mecanismos de objetivação do processo. Salvador: Juspodvim, 2013.

WURMBAUER JUNIOR, Bruno. **Novo código de processo civil e os direitos repetitivos**. 2. ed. Curitiba: Juruá, 2016.

ZANETI, Jr. Hermes. **O valor vinculante dos precedentes:** teoria dos precedentes normativos formalmente vinculantes. 2 ed. rev. e atual. Salvador: Juspodvim, 2016.

ZANETI JR., Hermes. Notas sobre o processo coletivo e os casos repetitivos no sistema do novo CPC/2015: comentários ao art. 928. **Revista Forense,** Rio de Janeiro, RJ, v. 111, n. 421, p. 269-276., jan./jun. 2015.

ZAVASKI, Teori Albino. **Processo coletivo:** tutela de direitos coletivos e tutela coletiva de direitos. 4. ed. São Paulo: Revista dos Tribunais, 2009.

ZAVASCKI, Teori Albino. **Eficácia das sentenças na jurisdição constitucional.** 2. ed. São Paulo: Revista dos Tribunais, 2012.

EDITORA JusPODIVM
www.editorajuspodivm.com.br
RENOVA GRAF
www.renovagraf.com.br